utb 5961

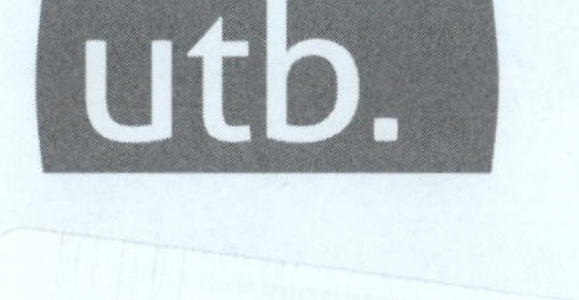

Eine Arbeitsgemeinschaft der Verlage

Brill | Schöningh – Fink · Paderborn
Brill | Vandenhoeck & Ruprecht · Göttingen – Böhlau · Wien · Köln
Verlag Barbara Budrich · Opladen · Toronto
facultas · Wien
Haupt Verlag · Bern
Verlag Julius Klinkhardt · Bad Heilbrunn
Mohr Siebeck · Tübingen
Narr Francke Attempto Verlag – expert verlag · Tübingen
Psychiatrie Verlag · Köln
Ernst Reinhardt Verlag · München
transcript Verlag · Bielefeld
Verlag Eugen Ulmer · Stuttgart
UVK Verlag · München
Waxmann · Münster · New York
wbv Publikation · Bielefeld
Wochenschau Verlag · Frankfurt am Main

Joseph Richter-Mackenstein

Sozialarbeitswissenschaftliche Diagnostik

Basiswissen zur Diagnostik in der Sozialen Arbeit

Vandenhoeck & Ruprecht

Prof. Dr. phil. habil. Joseph Richter-Mackenstein, Diplom-Psychologe, staatlich geprüfter Motopäde und Mototherapeut, Systemischer Therapeut (SG) und Körperpsychotherapeut, lehrt und forscht als Professor für psychosoziale Beratung und Diagnostik an der FH Kiel.

Online-Angebote oder elektronische Ausgaben sind erhältlich unter **www.utb.de**

Mit 26 Abbildungen und 12 Tabellen

Bibliografische Information der Deutschen Nationalbibliothek:
Die Deutsche Nationalbibliothek verzeichnet diese Publikation in der Deutschen Nationalbibliografie; detaillierte bibliografische Daten sind im Internet über https://dnb.de abrufbar.

Umschlagabbildung: © freshidea/Adobe Stock
Umschlaggestaltung: siegel konzeption | gestaltung, Stuttgart
Satz: SchwabScantechnik, Göttingen
Druck und Bindung: Plump Druck & Medien GmbH, Rheinbreitbach
Printed in the EU.

Vandenhoeck & Ruprecht Verlage | www.vandenhoeck-ruprecht-verlage.com

UTB-Band-Nr. 5961
ISBN 978-3-8252-5961-7

Inhalt

Vorbemerkungen

Die Ziele dieses Buches

Dieses Buch richtet sich in erster Linie an Studierende der Sozialen Arbeit (Sozialarbeit und Sozialpädagogik). Im Rahmen von zwei Semesterwochenstunden sollen sie durch dieses Buch für die Diagnostik als wesentliche Grundvoraussetzung „effektiver" professioneller Sozialer Arbeit sensibilisiert werden; sie sollen hierzu und darüber hinaus bei der Aneignung von grundlegendem Wissen und Können zu sowie in sozialarbeitswissenschaftlicher Diagnostik als auch bei der Habitualisierung spezifisch diagnostischer Haltungsprinzipien Sozialer Arbeit unterstützt werden. Dadurch dient dieses Buch als ideale Grundlage einer selbsttätigen Vertiefung in das Fach, seine Systematik, Methoden usw.

Studierende können – konkretisiert in Lernzielen – nach der eingehenden Lektüre des Buches

- erkennen, dass Fachkräfte Sozialer Arbeit immer diagnostizieren, sobald sie mit Fällen arbeiten,
- Gründe benennen, weshalb Fachkräfte Sozialer Arbeit professionell diagnostizieren,
- das Spezifische einer sozialarbeitswissenschaftlichen Diagnostik benennen,
- einen Überblick über Methoden, Verfahren und Haltungsprinzipien sozialarbeitswissenschaftlichen Diagnostizierens wiedergeben und verstehen.

Methodisch-didaktische Grundhaltung

Studiengänge Sozialer Arbeit sind in der Regel didaktisch darauf ausgerichtet, die Studierenden in drei sich wechselseitig bedingenden Grundkompetenzen zu wissenschaftlich reflektierten und qualifizierten Fachkräften für Soziale Arbeit auszubilden. Diese zu erwerbenden Grundkompetenzen sind professionelles Wissen, Können und professionelle Haltung (Effinger 2005) in der wissenschaftlich/theoretisch reflektierten Arbeit mit konkreten Fällen, Themen und Problemstellungen sowie in der Organisationsarbeit und im Management – und all dies vor dem Hintergrund einer u. a. sozialphilosophisch und praktisch-philosophisch reflektierten berufsethischen Werteentwicklung.

Das vorliegende Buch findet vor diesem Hintergrund vor allem eine Schwerpunktsetzung in der konkreten Bildung von Wissen und Können unter besonderer Berücksichtigung der Haltungsbildung im ersten Themenfeld. Da immer mehr Fachwissenschaftler*innen einer scientific community der Sozialarbeitswissenschaft (allen voran Heiko Kleve und Sylvia Staub-Bernasconi) zudem davon überzeugt sind, dass qualitativ hochwertige Arbeit wesentlich von der fortwährenden wissenschaftlich bzw. theoretisch sowie praktisch reflektierten Haltung der Tätigen bestimmt ist, ist es eines der Grundprinzipien didaktischer Überlegungen dieses Buches, Studierende an die selbsttätige Auseinandersetzung mit wissenschaftlichen Texten heranzuführen. Hierzu wird methodisch als auch fachlich ein Rahmen vorgezeichnet. Allerdings dient dieser Rahmen vor allem der Orientierung im Sinne einer Landkarte mit Kompass im Feld; eben weil „zwar viel Wissen (zur sozialarbeitswissenschaftlichen Diagnostik) existiert, dieses […] aber eher situationsbezogen und daher prinzipiell auch unsystematisch vorhanden [ist]“ (Röh 2012, S. 10).

Vor diesem Hintergrund wird deutlich, dass die dem Buch zugrunde liegende methodisch-didaktische Ausrichtung Methoden zum selbstgestalteten Lernen (SRL/SGL; u. a. Konrad 2008, S. 102) entspringt. Das Selbststudium und -lernen steht im Zentrum. Zur Unterstützung werden hierzu folgende methodische Mittel die Erarbeitung fachspezifischen Wissens in psychosozialer Diagnostik ergänzen:

- Lernzielformulierung zu jedem Kapitel mit Kontrollfragen am Ende jedes Kapitels.
- Vertiefende selbsttätige Textarbeit: Sie können zu jedem Kapitel die angegebenen Grundlagen- und Vertiefungstexte lesen. Hierzu unterstützend folgt nun ein Hinweis zur Erarbeitung von Textinhalten im Sinne des Cognitive Apprenticeship (u. a. Collins/Brown/Holum 1991).

Wie Expert*innen lesen

Natürlich hat jeder Mensch seine eigene Art, sich einen Text lesend zu erschließen, und wenn dies Ihnen bereits recht leichtfällt, dann wird Ihnen das nachfolgend vorgeschlagene Schema möglicherweise selbstverständlich erscheinen. Für diejenigen Leser*innen jedoch, die sich eher noch als Besucher*innen im unbekannten Land der Fachliteratur begreifen, soll der folgende Vorschlag als Erarbeitungsstütze der Inhalte dieses Buches – aber auch grundsätzlich zur Erschließung der Inhalte von Fachtexten – dienen.

Wenn Sie sich einem noch weitgehend unbekannten Themenfeld nähern, dann ergibt es Sinn, sich seiner eigenen Fragen zum Inhalt bewusst zu sein (und diese möglicherweise herauszuschreiben). Formal ist es darüber hinaus sinnvoll, sich deutlich zu machen, dass Fachtexte in der Regel einigen grundlegenden Prinzipien folgen. Diese grundlegenden Prinzipien können in Fragen umformuliert werden – wie jene in der nachfolgenden Tabelle auf der linken Seite. Lesen Sie also den Text und versuchen Sie, sowohl Ihre eigenen Fragen zum Inhalt sowie die in der Tabelle ausformulierten zu beantworten. Unterstützt werden Sie hierbei durch die auf der rechten Seite der Tabelle aufgelisteten Mittel.

Tab. V1: Inhaltliche Analyse nach formalen Prinzipien

Inhaltliche Analyse nach formalen Prinzipien	Formale Mittel
- Was ist das Hauptthema des Textes? - Was sind die wichtigsten Teilthemen? - Wie fügen sich die Teilthemen zusammen (nehmen aufeinander Bezug)? - In welchem Zusammenhang (wie) stehen die Teilthemen zum Hauptthema? - Was sind die zentralen Aussagen des Textes? - Was wird erklärt, beschrieben etc.? Was bleibt offen?	- Machen Sie sich Notizen während des ersten Lesens. - Schreiben Sie unbekannte Begriffe heraus und suchen Sie (z. B. über Internetsuchmaschinen) Übersetzungen – erstellen Sie ein Glossar. - Markieren Sie Stellen, welche noch unklar sind, und lesen Sie diese ein zweites/x-tes Mal. - Schreiben Sie selbst eine kleine Zusammenfassung von zehn bis zwanzig Zeilen. - (Um was geht es im Text? Wie werden die Ziele erreicht? Was sind die Ergebnisse/ was ist das Fazit?)

Inhalte und Aufbau des Buches

Bevor wir uns eingehender mit sozialarbeitswissenschaftlicher Diagnostik als genuin eigenem Fachgebiet Sozialer Arbeit beschäftigen, möchte ich an dieser Stelle eine erste Arbeitsdefinition zu dem, was unter Diagnostik in der Sozialen Arbeit zu verstehen ist, geben.

> *Sozialarbeitswissenschaftliche Diagnostik ist das Sammeln, Auswerten und Interpretieren von (mit geeigneten Mitteln und Methoden) gewonnenen Informationen über Chancen, Stärken, Ressourcen, Auffälligkeiten, Probleme (bzw. deren Merkmale) von Personen in Beziehung zu ihrem näheren und weiteren Umfeld – mit dem Ziel, diese geeigneten Maßnahmen zuzuführen, welche helfen, (psycho)soziale Probleme zu verhindern, zu verringern und diesbezügliche Entwicklungen zu prognostizieren sowie soziale Teilhabe zu ermöglichen.*

Diese Definition ist natürlich nur eine erste Annäherung und dient dem inhaltlichen Einstieg in Fach und Buch. Um sich nun die weiteren Inhalte sinnvoll erschließen zu können, folgt dieses Buch im inhaltlichen und formalen Aufbau der konsistenten Logik etablierter Fächer. Dies ist nicht selbstverständlich, da die sozialarbeitswissenschaftliche Diagnostik – wie oben bereits angesprochen – anders als andere Fächer bislang noch auf keine geordnete Systematik, einen geordneten Kanon oder eine einheitliche Fachterminologie zurückgreifen kann. Eigentlich muss also von einem sich etablierenden Fach gesprochen werden.

Da dies u. a. mit verstreuten Publikationen und mitunter widersprüchlichen Entwürfen einhergeht, ist es für Studierende schwierig, sich selbstständig einen Überblick über Fach, Methodik und Verfahren zu verschaffen. Insofern ist es eines der ersten Anliegen dieses Buches, einen geordneten, systematisierten Überblick über dieses Feld zu ermöglichen.

Da das „Fach" zudem noch immer mit einigen Widerständen zu kämpfen hat (u. a. Rapetti 2015), ergibt es zudem Sinn, sich mit Gründen für ein systematisiertes und an wissenschaftlichen Gütekriterien orientiertes Diagnostizieren in der Sozialen Arbeit einerseits zu beschäftigen und darüber hinaus andererseits für eine spezifisch an professionellen Haltungsprinzipien ausgerichtete Diagnostik zu sensibilisieren. Der Aufbau dieses Buches berücksichtigt diese Aspekte und orientiert sich an der oben ausformulierten Zielerreichung (siehe Abb. V.1).

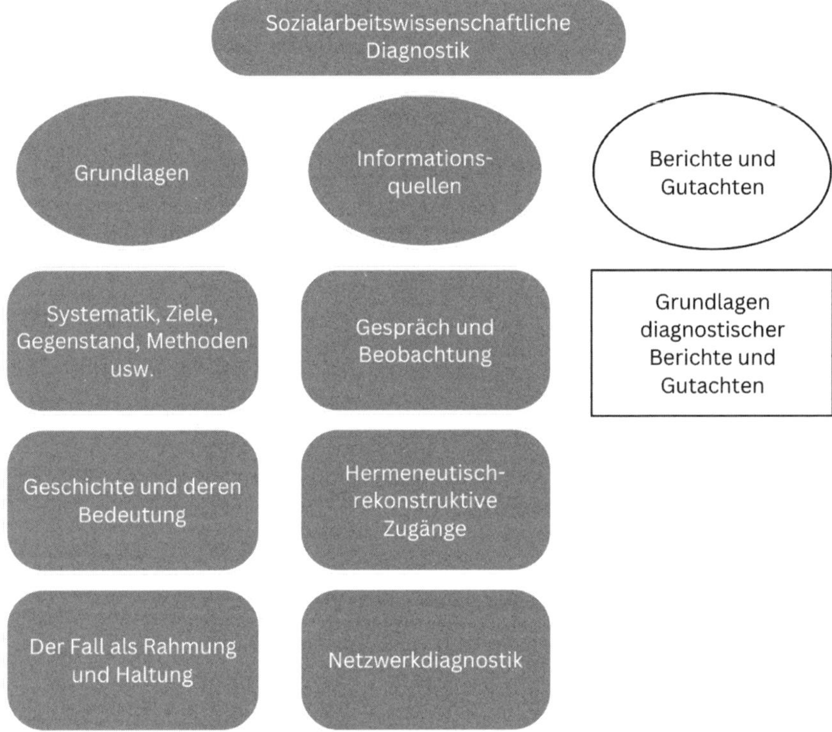

Abb. V.1: Kapitelübersicht zum Buch

Mit den ersten vier Kapiteln werden die Grundlagen geschaffen, sich spezifischen diagnostischen Methoden zuwenden zu können. Hierbei wird zuerst ein Überblick über das Fach, seine Systematik und seinen Kanon gegeben (erstes Kapitel), daran anknüpfend wird eine historische Entwicklung nachgezeichnet, um u. a. verstehen zu können, was die Alleinstellungsmerkmale sozialarbeitswissenschaftlicher Diagnostik sind (in Methodik, Gegenstand und Verfahren) und aus welchen Gründen dies sich so entwickelte (zweites Kapitel). Hieran anknüpfend wird auch vertiefend deutlich gemacht, weshalb es eine spezifische Fallarbeit in der Sozialen Arbeit gibt – wie diese konkret beschaffen ist, welchen außergewöhnlich hohen Stellenwert hier umfängliche sozialarbeitswissenschaftliche Diagnostik hat sowie welchen spezifischen Haltungsprinzipien dabei Prozess und Fallarbeit unterliegen (drittes Kapitel). Im letzten Grundlagenkapitel (viertes Kapitel) wird nochmals in besonderer Weise auf die konkreten Gefahren/Fehler und Fehlerquellen sozialarbeitswissenschaftlicher Diagnostik hingewiesen und es werden allgemeine Mittel zu deren bedingter Kontrolle vorgestellt. All diese Grundlagen werden in den Folgekapiteln immer wieder aufgegriffen.

In den anschließenden vier Kapiteln (fünftes bis achtes Kapitel) werden die zentralen Methoden sozialarbeitswissenschaftlichen Diagnostizierens behandelt und es wird grundsätzlich in diese eingeführt (Ziele, Hintergründe, Verwendungszweck, Erkenntnisinteresse usw.). Hierbei liegt der Schwerpunkt exemplarisch auf solchen Verfahren, welche von Fachkräften Sozialer Arbeit entweder selbst zur Anwendung gebracht werden oder mit welchen sie in ihrer alltäglichen Praxis konfrontiert sind – diese also deuten können müssen. Die Auswahl der vorzustellenden Instrumente folgt dabei den Idealen möglichst hoher Verfahrensgüte, hoher inhaltlicher Güte und Substanz sowie breiter Verwertbarkeit (Orientierungsdiagnostik, Gestaltungsdiagnostik, Zuweisungsdiagnostik und Risikodiagnostik).

In einem letzten und abschließenden Kapitel wird schließlich auf das Berichts- und Gutachtenwesen eingegangen.

Fachliche Voraussetzungen

Für das erleichterte Erschließen dieses Buches werden Kenntnisse in Wissenschaftstheorie sowie Theorie und Geschichte Sozialer Arbeit vorausgesetzt. An diesem Wissen wird bedingt immer wieder angeknüpft. Zudem stellt es als Basis zur Haltungsbildung Voraussetzungen bereit, sich vertiefender mit einer fachlich eingebetteten diagnostischen Haltung auseinanderzusetzen.

Neben diesen fachlichen Voraussetzungen wird damit gerechnet, dass weitere Vertiefungen zu einzelnen Verfahren und Methoden im Rahmen jeweiliger Studiengänge ermöglicht werden. So müssen bspw. vertiefende Kenntnisse zur psychologischen und medizinischen Diagnostik (u. a. Klassifikationssysteme wie ICD und DSM) an anderer Stelle erworben werden; selbiges trifft allerdings auch auf typischerweise in der Sozialen Arbeit selbst zur Anwendung gebrachte Verfahren zu (u. a. ICF). Diese Reduzierung auf die Grundlagen sozialarbeitswissenschaftlicher Diagnostik ist leider nicht zu umgehen, wenn es um eine Einführung in dieses noch sehr junge Fach geht.

Literatur

Collins, A./Brown, J. S./Holum, A. (1991): Cognitive apprenticeship. Making thinking visible. American Educator, 15 (3), 6–11.

Effinger, H. (2005): Wissen was man tut und tun was man weiß – zur Entwicklung von Handlungskompetenzen im Studium der Sozialen Arbeit. Blätter der Wohlfahrtspflege, 5/05, 223–228.

Konrad, K. (2008): Erfolgreich selbstgesteuert lernen. Theoretische Grundlagen, Forschungsergebnisse, Impulse für die Praxis. Bad Heilbrunn: Klinkhardt.

Rapetti, N. (2015): Normalität und Subjektivität. Eine Kritik klinischer Diagnostik in der Sozialen Arbeit. Herzogenrath: Shaker Verlag.

Röh, D. (2012): Längst überfällig: Unsere Profession entdeckt ihre Diagnostik (neu). Forum Sozial, 4/2012, 10–15.

1. Kapitel: Stand, Gegenstand und Methoden sozialarbeitswissenschaftlicher Diagnostik

Ziele des Kapitels

- Die Lesenden erkennen, dass sie im professionellen Kontext immer diagnostizieren. Sie kommen also nicht umhin.
- Entsprechend kennen die Lesenden gute Gründe dafür, weshalb sie so professionell wie möglich diagnostizieren.
- Die Lesenden können mit eigenen Worten ausdrücken,
  - was sozialarbeitswissenschaftliche Diagnostik ist,
  - was den Gegenstand sozialarbeitswissenschaftlicher Diagnostik darstellt,
  - welche Ziele sozialarbeitswissenschaftliche Diagnostik verfolgt,
  - welche Objekte sozialarbeitswissenschaftliche Diagnostik untersucht
  - und welche Methoden sozialarbeitswissenschaftliche Diagnostik benutzt.
- Abschließend können die Lesenden die bisherigen Anwendungsfelder sozialarbeitswissenschaftlicher Diagnostik benennen.

1.1 Zur Notwendigkeit sozialarbeitswissenschaftlicher Diagnostik

„Diagnostizieren, das heißt beobachten, unterscheiden, beschreibend kategorisieren, analysieren und bewerten tun wir alle und jederzeit – nur nennen wir es anders!" (Staub-Bernasconi 2007, S. 287 f.)

Wie dem Zitat zu entnehmen ist, wird in der Sozialen Arbeit nach wie vor nicht selbstredend von einer eigenständigen Diagnostik gesprochen – und das hat sich auch seit 2007 kaum verändert. Entsprechend betitelte Dieter Röh (2012, S. 10) einen Aufsatz mit „Unsere Profession entdeckt ihre Diagnostik (neu)!". Dass die Soziale Arbeit ihre Diagnostik aber neu entdeckt – ja vielleicht auch entdecken muss –, hängt wesentlich damit zusammen, die eigene Verantwortung für folgenschwere Fallentscheidungen zunehmend akzeptieren zu können. Denn gerade dann, wenn es um zuweisungsdiagnostische und risikoabschätzende Entscheidungen geht, sollten möglichst zuverlässige Erkenntnisse generiert werden. Um es schlicht auszudrücken, kommen wir in der Sozialen Arbeit eben nicht umhin, auch Entscheidungen zu treffen, welche mit lebensweisenden Konsequenzen verknüpft sind (z. B. in Fragen des Kindeswohls oder bei gutachterlichen Entwicklungsprognosen straffällig gewordener Jugendlicher). Infolge dieser Verantwortung sind wir unseren ethischen Rahmenbedingungen entsprechend faktisch gezwungen, bestmögliche Entscheidungen zu treffen. Wissenschaftlichkeit zur Voraussetzung nehmend, erscheint es also nur folgerichtig, dies auf einer möglichst breiten, sachlichen und sicheren Informations- und Einschätzungsgrundlage zu tun.

Das alles klingt zunächst einmal nach einem mehr oder weniger sinnvollen Appell, wird aber später auch noch fachwissenschaftlich argumentativ unterfüttert. An dieser Stelle soll es jedoch bereits an einer konkreten Fallvignette[1] exemplarisch verdeutlichen werden.

1.1.1 Ein Fall

Ein junger Sozialarbeiter ist in einem Jugendhilfezentrum neben seiner Tätigkeit für einen Jugendclub auch als Betreuer für angehende Erwachsene im Probewohnen (einer Übergangseinrichtung von der vollstationären Hilfe zur Erziehung in die Selbstständigkeit) angestellt. Im Rahmen seiner Betreuungstätigkeit begleitet er seit Kurzem einen jungen Mann (Deniz, gerade 18 Jahre alt geworden), der sich fast täglich selbst verletzt (schneidet, ritzt) und regelmäßig davon spricht, sich das Leben nehmen zu wollen.

1 Fallvignetten sind ein nicht-repräsentativer Ausschnitt eines Gesamtfalls. Diese werden in der Regel benutzt, um Sachverhalte zu veranschaulichen. Was ein „Fall" ist, wird im dritten Kapitel ausführlich besprochen. Hier sei vorwegnehmend jedoch schon erwähnt, dass sich Menschen nicht auf Fälle reduzieren lassen.

Bis vor seinem Einzug in die WG des betreuten Wohnens wurde Deniz für mehrere Wochen stationär in einer Kinder- und Jugendpsychiatrie behandelt und mit der Empfehlung entlassen, eine ambulante Psychotherapie zu machen. In das sozialpädagogisch betreute Wohnen kam Deniz, da er in seiner unmittelbaren häuslichen Umgebung wenig Unterstützung und mitunter Feindseligkeit erlebt, seine Eltern sich ein Zusammenleben nicht mehr vorstellen konnten, er zugleich jedoch über genügend Voraussetzungen verfügt, um konkret auf die selbstständige Lebensführung vorbereitet zu werden.

Der mit einer Mitarbeiterin des Allgemeinen Sozialen Dienstes ausgehandelte Auftrag für den Sozialarbeiter lautet: Unterstützung von Deniz bei der Selbstständigkeitsentwicklung (angefangen bei der Alltagsausgestaltung bis hin zu Behördengängen), Stabilisierung des Status-Quo seines seelischen Zustandes und Unterstützung im Aufbau von Selbstwirksamkeitsüberzeugung, Selbstwertgefühl und Ressourcen.

Auftrag an Sie: Stellen Sie sich vor, Sie seien der Sozialarbeiter, sind Deniz erst einmal – und zwar bei einem Hilfegespräch – begegnet und sollen nun alsbald mit der Betreuung starten. Wie könnten die nächsten Schritte aussehen? Nehmen Sie sich ein paar Minuten Zeit und machen Sie sich gern hierzu Notizen.

Ihre Antworten auf die oben formulierten Fragen werden sicherlich u. a. davon abhängen, wie Sie das Trippelmandat auslegen, welche konzeptionellen und theoretischen Vorlieben und Kenntnisse Sie haben und auf welche konkreten praktischen Erfahrungen Sie im Arbeitsfeld mit vielleicht ähnlichen Fällen zurückgreifen können. Manche von Ihnen werden nun ggf. sagen, dass Sie dem jungen Mann erst einmal begegnen wollen, um mit ihm selbst über seine Wünsche, Vorstellungen einer Zusammenarbeit, ggf. gar über seine Ziele für dieses Arrangement oder gar sein Leben zu reden. Andere werden möglicherweise bereits hier sehr konkrete Vorstellungen davon haben, was Deniz bräuchte, um ein noch besser gelingendes Leben zu führen. Und wieder andere werden gar bezweifeln, dass eine sozialpädagogische Arbeit angezeigt ist – schließlich scheint Deniz präsuizidal zu sein (sich ernsthaft über einen Suizid Gedanken zu machen). Wie auch immer Sie sich selbst ein weiteres Vorgehen vorstellen, Sie werden möglichst verlässliche Informationen benötigen, um zu Ihren Entscheidungen zu gelangen und um die folgenden Schritte zu planen. Streng genommen ist ein solches Vorgehen bereits ein diagnostisches Vorgehen und ergibt auch Sinn; schließlich wollen Sie Deniz so gut wie möglich helfen. Für eine erfolgsversprechende Interventionsplanung mit Deniz ist eine Sammlung, Auswertung, Bewertung und Interpretation hinreichend *zuverlässiger* und *hilfreicher* Informationen – und zwar vor einem professionellen Hintergrund – unabdingbar, um Ziele zu erreichen – relativ unabhängig davon, wie die konkreten Ziele am Ende aussehen mögen oder die Mittel, diese zu erreichen.

Erste Anhaltspunkte erhalten wir u. a. über spezielle Erstgespräche (Anamnese und Exploration). Unterstützt können die hier gesammelten Informationen durch

Akteneinsicht, Berichte und durch andere Informationsquellen werden. Um schließlich einen ersten Überblick über Deniz' Situation zu erhalten, können die gesammelten Informationen beispielsweise in einem psychosozialen Koordinatensystem eingeordnet werden (s. u.). Hiernach wird sehr schnell deutlich, an welcher Stelle sozialarbeiterisch angesetzt werden kann oder auch welche weiteren diagnostischen Schritte (u. U. unter Zuhilfenahme geeigneter diagnostischer Instrumente wie Fragebögen, Klassifikationssysteme und Tests) notwendig wären, um zusätzliche Informationen zu erhalten, Informationen zu spezifizieren oder auch zu sichern.

Das psychosoziale Koordinatensystem Deniz' (Abb. 1.1.1) macht nun u. a. deutlich, dass er über sehr viele persönliche Ressourcen und Stärken verfügt, welche einerseits noch ausbaufähig sind (z. B. Musikalität), oder andererseits in einen lebensbewältigenden Einsatz gebracht werden könnten (z. B. Intelligenz, Kreativität, Feinfühligkeit).

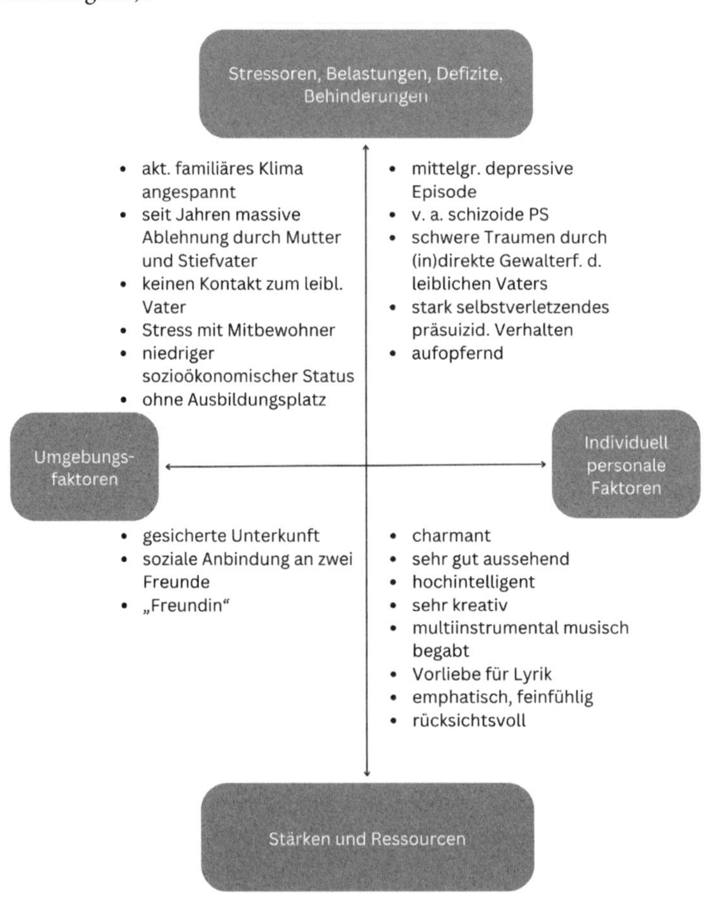

Abb. 1.1.1: Psychosoziales Koordinatensystem

Zudem wird über das Koordinatensystem deutlich, dass umweltbezogenen Ressourcen bei Deniz nur marginal ausgebildet sind; mit „gesicherter Unterkunft" ist das betreute Wohnen gemeint und auch die „Freundin" scheint noch eher ambivalent auf Deniz' seelische Stabilität zu wirken (war sie doch bis vor kurzer Zeit noch mit dem Mitbewohner von Deniz liiert). In diesem Feld könnten die personellen Ressourcen möglicherweise dabei helfen, sozialen Anschluss zu finden (z. B. in Form einer Band, Ausbildung etc.). Deutlich wird zudem, dass Deniz viele personen- und umweltbezogene Schwierigkeiten zu bewältigen oder anzuerkennen hat (gerade auch die Beziehungen zu eigenen Familienangehörigen). Dabei wird nicht alles zugleich auch zum direkten Interventionsfeld Sozialer Arbeit werden (so z. B. die mittelgradige depressive Episode); allerdings ist es sinnvoll, zu wissen, da es die Interventionen beeinflussen kann.

1.1.2 Allgemeines Begründungsbeispiel

Wenden wir uns nun den allgemeinen sachlichen Argumenten für genuin sozialarbeiterische bzw. sozialpädagogische Diagnostik zu, geht es vor allem um die Frage – wenn wir ohnehin diagnostisch vorgehen –, warum es eine systematisierte professionelle Diagnostik sein sollte. Fachlich reflektiert beobachten, beschreiben, erklären und bewerten wir alle ja so oder so. All das ist bereits Diagnostik. Warum also zusätzlich noch eine eigenständige, systematisierte Diagnostik anwenden – mit eigenen Instrumenten, Verlaufsschemata usw.?

Argumentativ lassen sich hierzu u. a. Untersuchungen zur Zuweisungssicherheit in geeignete Maßnahmen und zur Effektivität der Kinder- und Jugendhilfe heranziehen. So haben Macsenaere und Esser (2012) beispielsweise über eine Synopse aller von ihnen selbst gefundenen Ergebnisse zur Effektivität der Jugendhilfe in Deutschland Beeinflussungsvariablen für deren Erfolg herausdestilliert. Hierbei stellten sich

- die Passung zwischen Klient*in und Hilfeleistung,
- die Ausgangslagen,
- die korrekte Indikation,
- die „gute" sozialpädagogische Diagnostik,
- das Case-Management,
- die ressourcenorientierte Hilfeplanung,
- die Partizipation der Kinder und Jugendlichen in und an den Entscheidungen der Maßnahmen,
- die Kooperation zwischen Eltern und Kindern sowie zwischen Klient*innen und Hilfesystemen,
- die Hilfedauer und
- die wirkungsorientierte Steuerung

als bedeutsame Faktoren heraus (siehe nachfolgende Abb. 1.1.2).

In der Abbildung sind die von Macsenaere und Esser (2012) gefundenen Variablen so dargestellt, dass die Beeinflussung durch und der Einfluss auf sozialarbeitswissenschaftliche Diagnostik deutlich werden. Anzunehmen ist nun, dass die sozialarbeitswissenschaftliche Diagnostik (insbesondere in der korrekten Feststellung und Analyse der Ausgangslagen) erheblich zur Qualität richtiger Entscheidungen bezüglich geeigneter Maßnahmen und Interventionen (inkl. Indikation sowie Passung zwischen Hilfeleistung und Klientel) beiträgt und damit natürlich auch erheblich Einfluss auf die Hilfedauer nimmt. Dies kann wiederum wesentlich dazu beitragen, die Kooperationsbereitschaft der Klientel im Hilfesystem zu verbessern, u. a. auch darüber, dass *zusätzlich* gezielt auf Ressourcendiagnostik und Beziehungsdiagnostik im weitesten Sinne Wert gelegt wird.

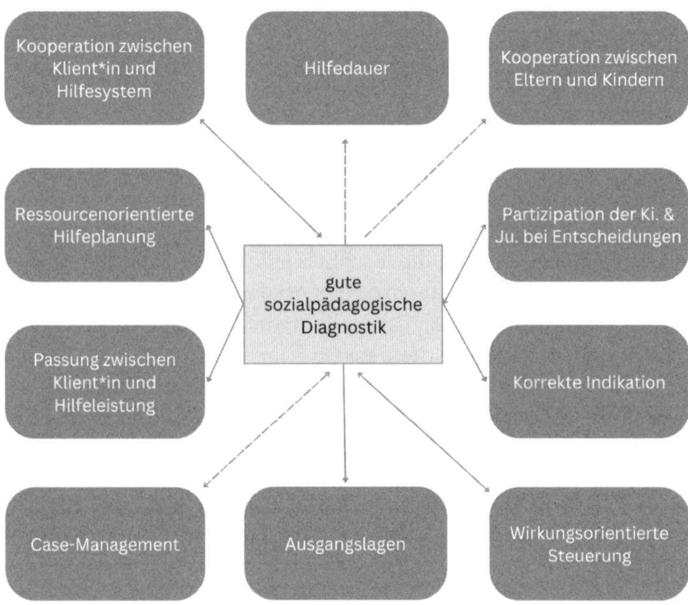

Abb. 1.1.2: »Wirkvariablen« nach Macsenaere & Esser (2012)

Sollten sich diese doch eher als Annahmen zu bezeichnenden Aspekte bestätigen, dann trägt die Diagnostik einen bedeutenden Anteil daran, Soziale Arbeit effektiv und auch effizient – besonders vom Blick unserer Klientel aus – zu gestalten. Das soll keinesfalls als Appell für eine rein auf Wirtschaftlichkeit fokussierte Soziale Arbeit missverstanden werden! Es geht aber vor einem professionstheoretischen Hintergrund mit Trippelmandat letztlich immer vor allem um inhaltliche Qualität. Dabei kann mehr Qualität durchaus kostenintensiver sein als vergleichbare Maßnahmen. Sie führt auf lange Sicht jedoch sehr wahrscheinlich zu Kostenersparnissen (Roos 2002). Gute Diagnostik dient damit hilfebedürftigen Menschen wie dem Fiskus gleichermaßen.

1.2 Definition, Ziele, Gegenstand, Methoden und Güte sozialarbeitswissenschaftlicher Diagnostik

Nachdem wir nun geklärt haben, dass es durchaus Sinn ergibt, auch in der Sozialen Arbeit systematisierte Diagnostik zu betreiben, wenden wir uns nun dem zu, was wir in der Sozialen Arbeit eigentlich unter Diagnostik zu verstehen haben. Schließlich werden wir keine psychologische oder medizinische Diagnostik betreiben, wenn es auch mitunter Überschneidungen geben kann. Was also ist Diagnostik allgemein? Und wie gestaltet sich die sozialarbeitswissenschaftliche Diagnostik im Besonderen?

Betrachten wir den fachlichen Diskurs der letzten gut eineinhalb Jahrzehnte, so werden verschiedene Begriffe (z. B. soziale, sozialpädagogische, sozialarbeiterische oder auch psychosoziale Diagnostik) synonym verwendet. Dies ist wohl auf den Streit zur korrekten Professionsbezeichnung zurückzuführen. Gängig ist es, die Diagnostik vom Fach her und gerade nicht vom Gegenstandsbereich her zu bezeichnen – beispielsweise „psychologische Diagnostik“ statt „Psychodiagnostik“, „medizinische Diagnostik“ statt „Krankheitsdiagnostik“ und „pädagogische Diagnostik“ statt „Bildungsdiagnostik“. Das hängt wesentlich damit zusammen, dass eine Bezeichnung vom Gegenstand her oft zu unspezifisch ist (in der Psychologie müsste dann z. B. von Verhaltens-, Erlebens- und Handlungsdiagnostik gesprochen werden. Themenfelder mit denen sich u. a. auch die Pädagogik, Sportwissenschaft und die Tourismusbranche beschäftigen). Außerdem würde sie voraussetzen, dass man sich auf den Gegenstandsbereich geeinigt hätte. Das aber ist bei der Sozialen Arbeit nicht der Fall (Brekke/Anastas 2019; Kraus 2018) – ein Problem, mit welchem wir uns an späterer Stelle noch beschäftigen werden – und fällt darum schon als Möglichkeit weg. Doch selbst wenn, wie abzusehen, sich Person-in-Environment als Gegenstand durchsetzen sollte, bliebe das erste Problem bestehen. Eine Bezeichnung vom Gegenstand her – also z. B. soziale, psycho-soziale, bio-psycho-soziale oder auch Person-in-Environment-Diagnostik – kommt nicht infrage. Was aber ist die Alternative?

Da davon auszugehen ist, dass sich die Soziale Arbeit weiter akademisiert und als handlungswissenschaftliche Disziplin auch weiter etabliert, ist abzusehen, dass sich der Begriff „sozialarbeitswissenschaftliche Diagnostik“ langfristig durchsetzen wird. International wird bereits von „Social Work Science“ gesprochen, was durchaus mit „Sozialarbeitswissenschaft“ zu übersetzen ist. Und auch, wenn sich im deutschen Sprachraum noch immer mitunter davor gescheut wird, die beiden Begriffe „Sozialarbeitswissenschaft“ und „Wissenschaft der Sozialen Arbeit“ synonym zu verwenden – und zwar ohne immer wieder betonen zu müssen, dass sowohl Sozialarbeit und Sozialpädagogik mitgemeint sind (Birgmeier/Mührel 2017) –, so ist diese Begrifflichkeit schlicht die pragmatischste Lösung. Konstruktionen wie „SozialArbeiterische Diagnostik“, „sozialpädagogische/sozialarbeiterische Diagnostik“ oder auch „Wissenschaft-der-Sozialen-Arbeit-Diagnostik“ sind schlicht begriffliche Ungetüme und werden nur argumentiert, damit disziplinärer Friede zwischen Vertreter*innen der Sozialen Arbeit und der universitären Sozialpädagogik herrscht. Da also mehr und bessere Argumente für den Begriff „sozialarbeitswissenschaftliche Diagnostik“ sprechen als dagegen, wird dieser in diesem Lehrbuch verwendet.[2]

1.2.1 Was ist Diagnostik?

Der Begriff der Diagnostik stammt aus dem Altgriechischen und bedeutet wortgetreu übersetzt in etwa „durch (*dia*) Erkennen (*gnosis*)“. Es handelt sich also im weitesten Sinne um ein „Durchschauen“ oder um ein „durch- bzw. hineinschauendes Erkennen“.

Fachlich ausbuchstabiert kann Diagnostik verstanden werden als:

> „die hypothesengeleitete, systematische Sammlung hochwertiger Informationen über ein diagnostisches Objekt [...] mit dem Ziel, relevante Merkmale (Eigenschaften und Zustände) des Objekts möglichst genau zu beschreiben, künftig relevante Merkmale des Objekts möglichst genau vorherzusagen, sowie Maßnahmen zu bestimmen, die bestmöglich geeignet sind, erwünschte Merkmale des Objekts herbeizuführen oder zu bewahren und unerwünschte Merkmale des Objekts zu verhindern oder zu beseitigen.“ (Schmitt/Gerstenberg 2014, S. 11)

Diese Definition muss natürlich sehr abstrakt sein, um möglichst umfänglich zu erläutern. Es erschließt sich also nicht unmittelbar, was unter den einzelnen Begriffen genau zu verstehen ist. Denn, wie wir später noch sehen werden, fallen hierunter Bedeutungen, welche bei Studierenden aber auch Fachwissenschaftler*innen durchaus eine andere Konnotation besitzen als an dieser Stelle. Wenden wir uns also ihrer Erklärung zu.

Mit *hypothesengeleitet* ist gemeint, dass Diagnostiker*innen gezielt Hypothesen überprüfen, welche sie über einen zu untersuchenden Sachverhalt vorweg aufstellen; allerdings ohne spezifischen theoretischen Standpunkten voreingenommen zu folgen. Dies ist wichtig zu begreifen, da Diagnostik Tatsachen beschreiben soll. Eine theoretische Voreingenommenheit wäre beim Blick für das Tatsächliche hinderlich. Blicke ich beispielsweise durch eine rein psychoanalytische Brille auf einen Gegenstand, so übersehe ich womöglich biologische oder soziale Phänomene. Zugespitzt suche ich dann nur noch nach der Bestätigung meiner Hypothese und begehe so einen diagnostischen Fehlschluss (siehe Kapitel 4). Natürlich können

---

2 Um noch einen draufzusetzen und eine vernünftige, aber unpolitische Lösung vorzuschlagen, verstehe ich unter „Sozialer Arbeit“ sowohl die Wissenschaft derselben als *Sozialarbeitswissenschaft* als auch die Praxis der Sozialen Arbeit als *Angewandte Sozialarbeitswissenschaft* in Form von *Sozialpädagogik* und *Sozialarbeit*. Für mein Dafürhalten ist die Sozialpädagogik keine Unterdisziplin der Pädagogik. Genauso wenig wie die Sozialarbeit eine Unterdisziplin der Soziologie ist. Pädagogik und Soziologie sind vielmehr Bezugswissenschaften der Sozialen Arbeit, genauso wie Biologie eine Bezugswissenschaft der Psychologie und Psychologie der Motologie ist.

wir uns auch in der wissenschaftlich reflektierten Diagnostik nicht von Theorien freimachen; es gilt diese aber als Hypothesen zu begreifen, welche wir versuchen zu bestätigen oder – besser noch – zu widerlegen. Insofern sollten im Idealfall immer Hypothese und Gegenhypothese formuliert und diese keinesfalls ideologisch überspannt werden.

Mit der Forderung nach einem *„systematischen"* Vorgehen ist gemeint, dass der diagnostische Prozess regelgeleitet erfolgt. Hierbei gibt es einmal ganz generelle Regeln, unter anderem zur Prozessgestaltung, Datenerhebung, Auswertung und Interpretation, welche zu beachten sind – z. B. sind die Diagnostikant*innen durch Diagnostiker*innen in keinem Falle zu beeinflussen –, es gibt aber auch spezielle Regeln, z. B. zur Durchführung etc., einzelner diagnostischer Instrumente wie Fragebögen oder Tests, die in der Regel auch in Manualen zu diesen Instrumenten zu finden sind.

„Hochwertige" Informationen werden gewonnen, indem die Instrumente zur Erhebung bestimmten ausformulierten und weithin anerkannten Gütekriterien – wie Reliabilität oder kommunikative Validität – genügen. Es soll sich letztlich um Informationen handeln, welche einer strengen Prüfung standhalten.

„Diagnostische Objekte" können Personen, Personeneigenschaften, Gruppen, Systeme usw. sein. Ein Objekt ist als Begriff damit nicht per se verdinglichend und damit reduzierend. Es ist ein abstrakter Begriff unter welchen vieles fallen kann, was diagnostisch untersucht zu werden vermag. Verdinglichend oder reduzierend wird Diagnostik erst in der interpretativen, absoluten Verwertung gesammelter Informationen, aber diesem Sachverhalt und damit der diagnostischen Haltung in der Sozialen Arbeit wenden wir uns in einem gesonderten Kapitel zu (Kapitel 3).

Unter diagnostizierbaren *„Merkmalen"* werden sowohl stabile Eigenschaften als auch vorübergehende Zustände verstanden, welche über diagnostische Instrumente zugänglich sind. Diese Merkmale stehen dann entweder für sich selbst – wie z. B. die Größe sozialer Netzwerke – oder aber als Indikatoren für etwas anderes – z. B. emotionale Unterstützung als Komponente von Erziehungsverhalten und -kompetenz; dieses wiederum als Komponente von Kindeswohl.

Relevant sind Merkmale dann, wenn diese zur Prüfung der Hypothese nutzbar sind; künftig sind sie, wenn sie herbeigeführt oder verhindert werden sollen (Abwendung von Kindeswohlgefährdung z. B. durch Interventionen, welche die Feinfühligkeit der Eltern dem Kind gegenüber stärken).

Im Idealfall sollen diagnostische Erkenntnisse auch *genaue Vorhersagen* von Verhalten, Zuständen oder ähnlichem ermöglichen – sogenannte Prognosen. Hierzu sollten Vorhersagen nur geringfügig vom tatsächlich eingetretenen Zustand abweichen. Wir kennen dies alle vom täglichen Wetterbericht und wissen daher auch, wie schwierig und unsicher viele Vorhersagen sind. Bei risikoabschätzenden Fragestellungen – wie beispielsweise zum Kindeswohl – sind an solche Vorhersagen aber auch Konsequenzen gebunden, welche nicht selten Entwicklungsverläufe von Familien und deren Angehörigen erheblich beeinflussen können. Stellen Sie sich nur vor, dass aufgrund der Vorhersage, die Eltern werden durch ihre Erziehungspraxis, beispielsweise resultierend aus ihren Persönlichkeitseigenschaften etc., das Kindeswohl ihrer zwei Jahre alten Tochter auch in Zukunft erheblich gefährden, das Kind in eine stationäre Einrichtung gegeben wird. Je nachdem wie gut diese Prognose war, kann die daraus abgeleitete Maßnahme mehr oder weniger schädigend für die kindliche Entwicklung sein. Sie sehen also, dass diagnostisch gesicherte Prognosen möglichst zuverlässig sein sollten. Allerdings gibt es bis zum aktuellen Tag kein Instrument, welches ausreichend zuverlässige Prognosen erlaubt. Wir werden uns diesem Thema in einem anderen Kapitel (Kapitel 9) noch genauer zuwenden.

Letztlich sollen diagnostische Erkenntnisse dazu dienen, geeignete Maßnahmen zu bestimmen, um beispielsweise durch therapeutische, präventive oder pädagogische Interventionen *Veränderungen* zu verhindern oder herbeizuführen.

Zusammengefasst sind somit die Ziele sozialarbeitswissenschaftlicher Diagnostik darin zu sehen, relevante Merkmale (Eigenschaften und Zustände) von Objekten möglichst genau zu beschreiben, künftig relevante Merkmale des Objekts möglichst genau vorherzusagen, hieraus Maßnahmen zu bestimmen, die bestmöglich geeignet sind, erwünschte Merkmale des Objekts herbeizuführen oder zu bewahren sowie unerwünschte Merkmale des Objekts zu verhindern oder zu beseitigen, und bisherige Erkenntnisse zu evaluieren und entsprechend zu korrigieren.

1.2.2 Formen sozialarbeitswissenschaftlicher Diagnostik

Für die Praxis Sozialer Arbeit ergeben sich, stark angelehnt an Maja Heiners Vorstellungen (2013), vier wesentliche Formen konkreter sozialarbeitswissenschaftlicher Diagnostik:

- *Orientierungsdiagnostik* – Diese Form der Diagnostik dient dazu, ein sehr umfängliches und möglichste exaktes Bild vom konkreten Einzelfall zu erhalten (Was ein Fall ist, wird in Kapitel 2 besprochen). Dies jedoch beschränkt sich nicht nur auf die Kennenlernphase, sondern durchdringt die (diagnostische) Fallarbeit bis zum Schluss. Erkenntnisse werden erweitert, neue gebildet, alte korrigiert und aktuelle Zustände evaluiert.
- *Zuweisungsdiagnostik* – Diagnostik dient nicht dem Selbstzweck, es wird nicht nur um der Erkenntnis willen diagnostiziert, sondern um eine möglichst passgenaue Zuordnung von Fällen und Personen zu geeigneten Maßnahmen (z. B. Erziehungsberatung, Unterbringung in einer vollstationären sozialpsychiatrischen Einrichtung) Sozialer Arbeit zu ermöglichen. Diagnostik sollte also dem Zweck dienen, die bestmöglichen Maßnahmen in oder für einen Fall zu bestimmen.
- *Gestaltungsdiagnostik* – Sind Maßnahmen installiert, so geht es darum, passende Interventionen (in der Erziehungsberatung z. B. Trainings oder systemische Gesprächsformen) abzustimmen. Auch hier soll die Diagnostik behilflich sein (erinnern Sie sich an das psychosoziale Koordinatensystem von Deniz).
- *Risikodiagnostik* – Im Idealfall sollten diagnostische Auskünfte auch zukünftige Ereignisse so genau wie möglich vorhersagen können. Die Schwierigkeit hier-

bei wurde bereits weiter oben formuliert und wird an anderer Stelle (Kapitel 9) noch ausführlich zu diskutieren sein.

Letztendlich ist die sozialarbeiterische bzw. sozialpädagogische Praxis, solange sie im Einzelfall anhält, durchzogen von diagnostischen Fragen und Untersuchungen. Dies wird auch „Evaluation" genannt. Es stellt sich also bis zum – hoffentlich erfolgreichen – Abschluss Sozialer Arbeit die Frage, ob installierte Maßnahmen und Interventionen noch angemessen sind, ob sich ggf. Ausgangsbedingungen verändert haben und ob Zukunftsprognosen korrigiert werden müssen. Diagnostik ist so gesehen immer im Prozess und begleitet die tägliche Praxis. Es bietet sich also an, sozialarbeitswissenschaftliche Diagnostik als *Prozessdiagnostik* zu begreifen.

1.2.3 Gegenstand sozialarbeitswissenschaftlicher Diagnostik

Bisher haben wir uns fast ausschließlich formal damit beschäftigt, was und wie wir eigentlich in der Sozialen Arbeit diagnostisch (be)handeln. Dabei ist es eine zwingende Frage, was wir konkret diagnostizieren sollten. In der alltäglichen sozialarbeiterischen bzw. sozialpädagogischen Praxis gehen hier teilweise psychologische, mitunter medizinische und andere Untersuchungsgegenstände ein, ohne dass das Spezifische einer sozialarbeitswissenschaftlichen Diagnostik bestimmt vorläge. Nun mag es zwar sein, dass wir in der Sozialen Arbeit auch psychologische Fragestellungen behandeln und entsprechende Diagnostiken betreiben, doch sind dies eher Ausnahmefälle oder sollten solche sein, da wir andere Aufträge erhalten als beispielsweise Pädagog*innen, klinische Psycholog*innen, Psychotherapeut*innen oder Mediziner*innen. Was also ist der fachspezifische diagnostische Gegenstand Sozialer Arbeit?

Diese Frage ist nicht leicht zu beantworten. Schauen wir uns Fachdiskurse anderer Wissenschaftsdisziplinen wie Psychologie, Medizin oder auch Physiotherapie, Motologie und Pädagogik an, so wird recht schnell deutlich, auf welche Gegenstandsbereiche deren Diagnostik ausgerichtet ist. In der Regel sind es jene Bereiche, welche durch deren Forschungsgegenstand vorgezeichnet bzw. gerahmt werden. In der Medizin stehen beispielsweise in erster Linie Krankheit und deren Genesung, in der Psychologie die Psyche (als Verhalten und Erleben des Menschen) und deren – in erster Instanz personenbezogene – Merkmale in Beruf, Gesundheit, Schule, Entwicklung usw. im Vordergrund. Die Motologie nimmt das Haltungs- und Bewegungsgesamt zum Gegenstand – und zwar mit Bezug auf Gesundheit, Krankheit, Bildung, Erziehung und Entwicklung des Menschen. In der Pädagogik ist es, neben der Bildung, die Erziehung. Aber was ist der Gegenstand der Sozialen Arbeit?

Bis zum heutigen Tage haben wir uns in der Sozialen Arbeit noch nicht auf einen Gegenstand einigen können (vgl. Deller/Brake 2014; Pantuček-Eisenbacher 2019). Per se wäre das auch gar nicht schlimm, würde unsere Identität nicht auch hiervon bestimmt werden. Eine Einigung ergibt also durchaus Sinn – allein schon, da hierüber auch konkrete Anwendungspraxen festgelegt werden. Es stellt sich aber die Frage, wie eng die Bestimmung eines eigenen Gegenstandes gefasst werden sollte.

Medizin, Psychologie, Motologie und Pädagogik machen es uns vor: In allen vier Professionen ist der Gegenstandsbereich recht abstrakt formuliert und ermöglicht somit ein sehr breites Anwendungsfeld in Praxis und Forschung. Ähnlich sollten wir auch den Vorschlag Lowys (1983) begreifen und als Gegenstandsbereich Sozialer Arbeit in Forschung und Praxis „Personen in ihrem näheren und weiteren Umfeld“ festlegen (s. auch Lambers 2013; Staub-Bernasconi 2007). Der Vorteil eines so abstrakt formulierten Gegenstandsbereichs besteht darin, dass alle anderen genannten Gegenstandsbereiche impliziert werden könnten. So wären hierunter sowohl psycho-soziale Probleme, soziale Ungleichheit (Benachteiligung), soziale Teilhabe (Ermöglichung) u. a. in Bildung, Gesundheit, Beruf usw. zu fassen als auch deren Verhinderungs- bzw. Ermöglichungsbedingungen. Zugleich können wir einen bio-psycho-sozialen, ökonomisch-materiellen, systemisch-institutionellen und politisch-kulturellen Anspruch ausformulieren. Sozialarbeitswissenschaftliche Diagnostik zielt nun genau auf diese, gerade genannten Bereiche; je nach Schwerpunktsetzung einmal aus einer Personenperspektive und ein anderes Mal aus einer eher sozialen Perspektive (näheres bis sehr weites Umfeld).

Das Besondere der sozialarbeitswissenschaftlichen Diagnostik ist nun der Blick auf die Beziehung zwischen Person und Umfeld. Den eigentlichen Gegenstandsbereich bilden die Beziehungen und nicht die Elemente dieser. Dieter Röh bringt es (2013) grafisch auf den Punkt.

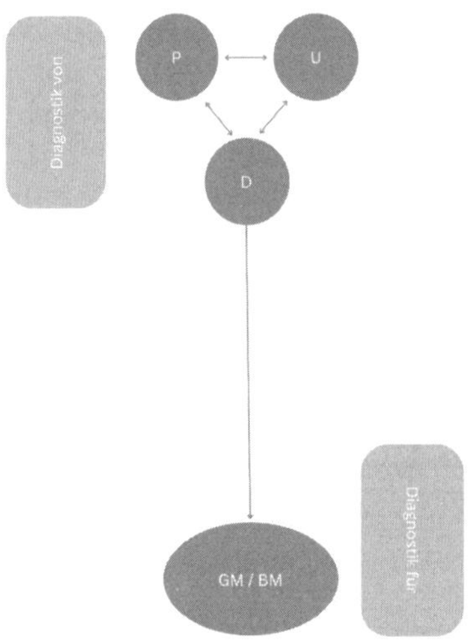

Abb. 1.2.3: Spannungsfeld der sozialen Diagnostik

Das Besondere sozialarbeitswissenschaftlicher Diagnostik ist der Fokus auf die „Person-in-Environment“, also auf das Spannungsfeld von Personenvariablen (P), Umweltbedingungen (U), der Passung zwischen Personenvariablen und Umweltbedingungen sowie sozialer Dienstleistungen (D) und Beziehungen zwischen Personenvariablen und Dienstleistung. Hierdurch sollen letztlich Gestaltungs-, Ermöglichungs- und Behinderungsmerkmale (GM/BM) gelingender sozialer Teilhabe erkannt und durch Zuführung zu geeigneten sozialarbeiterischen, sozialpädagogischen oder anderen bio-psycho-sozialen Leistungen beseitigt oder verhindert werden (siehe Grafik nebenan).

1.2.4 Methoden sozialarbeitswissenschaftlicher Diagnostik

Um den oder die Gegenstandsbereiche sozialarbeitswissenschaftlicher Diagnostik abbilden zu können und letztlich zu erkennende Merkmale von Einzelfällen zu erfassen, wird sich in der Regel nicht nur auf die gesunde Beobachtungsgabe von uns Menschen verlassen. Um Informationen möglichst hoher Güte zu erfassen, bedienen wir uns in der sozialarbeitswissenschaftlichen Diagnostik, je nach Fragestellung, ganz unterschiedlicher Instrumente. Stellen Sie sich nur vor, ein*e Handwerker*in würde beim Hausbau ausschließlich nach Augenmaß mauern, zimmern usw. Je nach seiner oder ihrer persönlichen Begabung wird das Haus dann mehr oder weniger schief werden. Hätte er oder sie aber Instrumente zur exakten Bestimmung von Höhe, Breite, Tiefe usw. nutzen können bzw. genutzt, so wäre dem Haus wohl sehr damit geholfen gewesen. Bei einem kleinen Vogelhäuschen mag das Augenmaß noch ausreichend sein, ohne dessen Statik zu gefährden. Doch umso komplexer, größer usw. ein Haus wird, desto exakter müssen Maße eingehalten werden, um Stabilität und Sicherheit zu gewährleisten. Ähnlich ist es auch in der Verwendung diagnostischer Instrumente zur Sammlung von Informationen. Die Verwendung – wohlgemerkt – geeigneter Instrumente erhöht die Sicherheit, die zu untersuchenden Merkmale auch wirklich und so exakt wie nur möglich bestimmen zu können – und dies auch möglichst unabhängig von der Begabung der Diagnostiker*innen. Der Umgang damit muss dennoch gelernt werden.

Angelehnt an Pantuček-Eisenbacher (2019) können mindestens sieben Verfahrens- bzw. Instrumentenkategorien unterschieden werden, welche in der sozialarbeitswissenschaftlichen Diagnostik zur Anwendung gebracht werden:

Beobachtungen können frei oder gebunden bezüglich des Beobachtungsgegenstands sein und strukturiert oder unstrukturiert bezüglich der Merkmale und deren Ausprägung. So kann diagnostisch beobachtend, beispielsweise beiläufig während eines Gesprächs, auf das Interaktionsverhalten geachtet werden (gebunden, aber unstrukturiert) oder aber es wird, z. B. gezielt anhand eines Beobachtungsbogens, das Interaktionsverhalten in seinen unterschiedlichen Facetten erkundet (strukturiert).

Diagnostische Gespräche/Befragungen können ebenso frei oder gebunden sein, finden in Form von Explorationen (Problemerkundung), Anamnesen (Problem- und Problemlösungsgeschichte) bzw. diagnostischen Interviews (zur gezielten Diagnosefindung) jedoch in der Regel zuerst problemorientiert[3], gebunden und zudem strukturiert über Leitfäden (Fragekataloge und -schemata) statt.

Unterlagenanalysen finden in der Regel immer dann statt, wenn Berichte, Gutachten oder gar ganze Fallakten bereits vorliegen. Es handelt sich letztlich um eine

3 „Problemorientierung" meint, dass das Problem, seine Geschichte usw. zuerst in den Mittelpunkt der Betrachtungen gerückt werden. Es umfasst, im Unterschied zur Problemfokussierung, jedoch bereits auch den Blick auf potenzielle Lösungsansätze oder gar Lösungen.

mehr oder weniger strukturierte bzw. systematisierte Sichtung des Materials. Zu welchem Zeitpunkt diese Informationen genutzt werden und ob überhaupt, ist von unterschiedlichen Voraussetzungen abhängig. Wir werden uns im Rahmen dieses Buches jedoch nicht weiter damit beschäftigen. Zur weiteren Auseinandersetzung lesen Sie mehr bei Pantuček-Eisenbacher (2019).

Grafiken/Notationssysteme sind in der Regel grafische Veranschaulichungen relativ komplexer Sachverhalte. Sie haben den Vorteil, auf den ersten Blick Übersicht herzustellen, und bieten zusätzliche Erkenntnismöglichkeiten. Beispiele sind soziale Netzwerkkarten, Familienstammbäume, Genogramme oder Soziogramme, welchen wir uns in einem gesonderten Kapitel zuwenden werden (Kapitel 7).

Schriftliche Befragungen (Texte) und Fragebögen finden/liegen in der Regel systematisiert und standardisiert[4] statt/vor. Dabei sind zumindest die Fragen vorgezeichnet, oftmals aber auch die Antwortmöglichkeiten. Bei vollstandardisierten Instrumenten sind zudem die Auswertungsmöglichkeiten und mitunter auch die Interpretationsmöglichkeiten – bis zu einem gewissen Grad – festgelegt. Auch dieser Instrumentenkategorie widmen wir uns in einem gesonderten Kapitel (Kapitel 8).

Tests sind, mit wenigen Ausnahmen (z. B. psychodynamische Tests), vollstandardisierte und normierte Instrumente, welche ganz gezielt bestimmte Fähigkeiten untersuchen (z. B. Intelligenz, motorische Leistungsfähigkeit usw.). Sie unterscheiden sich von anderen Instrumenten in der Regel durch die Ausrichtung auf dauerhafte Eigenschaften (sog. states), Merkmale oder Leistungsunterschiede und deren exakte graduelle Ausprägungen.

Da Tests in der Sozialen Arbeit noch immer eher eine nachrangige Rolle spielen und zudem noch keine genuin sozialpädagogischen bzw. sozialarbeiterischen Instrumente existieren, soll in diesem Buch nicht näher hierauf eingegangen werden.

Klassifikationssysteme sind strenggenommen keine diagnostischen Untersuchungsinstrumente, sondern Systematisierungshilfen, welche es u. a. erlauben, unter bestimmten Voraussetzungen klar definierte Diagnosen zu stellen. Da sie in der psychosozialen Diagnostik eine immer stärkere Rolle spielen (z. B. Sozialpädagogische Diagnosetabellen [SPDT], Person-in-Environment [PIE], Internationales Klassifikationssystem für Krankheiten [ICD] und Internationales Klassifikationssystem für Funktionsstörungen und Behinderungen [ICF]), beschäftigen wir uns mit diesen ebenfalls in einem gesonderten Kapitel (Kapitel 9).

4 „Standardisiert" bedeutet, dass es generalisierte Vorgaben gibt, wie ein Instrument anzuwenden ist. Vollstandardisierte Instrumente verfügen zudem über generalisierte Vorgaben bezüglich der Inhalte (Fragen, Antwortmöglichkeiten), Durchführung, Auswertung und Interpretation.

1.2.5 Güte diagnostischer Instrumente

Nun kommt es aber nicht nur darauf an, dass wir Instrumente zur Bestimmung von Informationen nutzen, sondern auch darauf, dass diese Informationen eine möglichst hohe Güte aufweisen. Uns wäre beispielsweise nicht damit geholfen, wenn wir zwar viele Informationen zu einem Fall hätten, diese Informationen aber Gerüchte sind. Wir benötigen zum einen Fakten bzw. Tatsachen und zum anderen sicher verstandene Bedeutungen. Sicher verstandene Tatsachen oder Fakten sind jene, welche einer harten Prüfung standhalten können. Damit dies gelingt, wird auf geeignete Instrumente zugegriffen.

Die Güte erhaltener Informationen ist wesentlich, wenn auch nicht allein von der Güte der verwendeten Erhebungsinstrumente abhängig. Je nach zu untersuchendem Gegenstand bedient man sich entweder idiografischer (verstehender) oder nomothetischer (erklärender) Instrumente.

„Verstehend" nennen wir solche Instrumente, mit denen versucht wird, den Sinn bzw. die Bedeutung von beispielsweise Erlebnisinhalten zu erschließen; also Instrumente, welche subjektives Empfinden und Bedeuten abbilden sollen (sogenannte qualitative oder besser *idiografische Verfahren*[5]). Als *„erklärend"* hingegen werden solche Instrumente bezeichnet, welche versuchen, objektivierte Tatsachen abzubilden; also Faktisches wie beispielsweise die Größe oder Dichte von sozialen Netzwerken (sogenannte quantitative oder besser *nomothetische Verfahren*).

Erstere werden *„idiografisch"* genannt, da sie auf das Antlizhafte des Einzelfalls blicken: auf das Einmalige, Besondere und subjektiv Erlebte. *„Nomothetisch"* werden zweitere genannt, da sie Daten erheben, welche das Besondere im Allgemeinen – Gesetzmäßigen – suchen[6] und damit direkte Vergleiche und dadurch auch Klassifikation ermöglichen.[7] So kann z. B. das Erleben der eigenen biografischen Ereignisse etwas über die subjektive Bewertung dieser Ereignisse aussagen und uns dabei helfen, für diesen konkreten Menschen Angebote zu machen, welche es ihm beispielsweise ermöglichen, mit dem daraus resultierenden Leid besser umzugehen (ideografisch). Es können aber über geeignete Instrumente auch Grade psychosozialen Leids im Vergleich zu einer Referenzgruppe bestimmt (nomothetisch) und damit z. B. die Schwere des Leids skaliert werden.

---

5 In der Literatur zur sozialarbeitswissenschaftlichen Diagnostik wird immer wieder von „biografischer Diagnostik" gesprochen, da viele etablierte Verfahren (siehe Kapitel 6) hermeneutisch-verstehend Biografien zu erschließen helfen. Allerdings ist diese Bezeichnung ein wenig verkürzend, da verstehende (idiografische) Diagnostik auch Momentaufnahmen zu durchschauen versucht. Zwar mögen diese auch biografische Züge haben, der Schwerpunkt der Diagnostik läge dann aber nur nebensächlich hierauf. Zudem ist zum Verstehen nicht in jedem Fall die Biografie wichtig.

6 *nomos:* „Gesetz"; *thesis:* „aufbauen"; *idios:* „eigen"; *graphein:* „beschreiben".

7 In der Sozialen Arbeit werden diese Verfahren auch oft als klassifikatorisch bezeichnet. Das jedoch ist ein wenig irreführend, da erhobene quantitative Merkmale nicht zwingend auch klassifiziert oder klassifizierend verwendet werden (z. B. um auffällig von unauffällig abzugrenzen). Zudem kann es mit dieser Bezeichnung zu Verwirrungen kommen, da es dann auch klassifikatorische Klassifikationssysteme geben müsste – ein etwas unglückliches Wortspiel, wie ich finde.

Da aber beispielsweise das subjektiv Erlebte, das Einmalige usw. nicht unmittelbar zu wiederholen – selbst nicht in der wiederholten Erzählung – und zudem nur intrasubjektiv vergleichbar sind, braucht es für idiografische Verfahren andere Gütekriterien als für nomothetische (vgl. Schmitt/Gerstenberg 2014). In Tabelle 1.2.5 sind diese Gütekriterien je nach Verfahrensgruppen aufgelistet. Wenden wir uns also deren Erklärung zu.

Tab. 1.2.5: Gütekriterien je nach Verfahrensgruppen

Gütekriterien *idiografischer* Verfahren	**Gütekriterien *nomothetischer* Verfahren**
Verfahrensdokumentation	Reliabilität
Argumentative Interpretationsabsicherung	Validität
Regelgeleitetheit	Objektivität (Intersubjektivität)
Nähe zum Gegenstand	Ökonomik
Kommunikative Validierung	Nützlichkeit
Triangulierung	Fairness
	(Normiertheit)

Gütekriterien idiografischer Verfahren

Verfahrensdokumentation: Das, was wir im diagnostischen Prozess tun, welche Fragen wir stellen, wie wir diese auswerten und interpretieren sollte kleinschrittig und akkurat dokumentiert werden. Diese Dokumentation erlaubt uns – und anderen Diagnostiker*innen – genau nachvollziehen zu können, wie wir zu unseren Ergebnissen gelangt sind.

Argumentative Interpretationsabsicherung: Wenn aus Erzählungen unserer Diagnostikant*innen interpretative Schlüsse gezogen werden, wir also von der reinen Beschreibung (Deskription) zur Interpretation dieser Beschreibungen gelangen, sollten diese möglichst mit konkreten Aussagensätzen jener Diagnostikant*innen untermauert werden. Dieses Untermauern wird auch „theoretische Sättigung" genannt. Sollte darüber hinaus beispielsweise auch auf theoretische Kenntnisse – z. B. bei der stellvertretenden Deutung für unsere Klient*innen aus der Entwicklungs- oder Sozialpsychologie, Soziologie usw. – Bezug genommen werden, dann ist dies durch Quellen zu belegen.

Regelgeleitetheit: Sie kennen Regeln zum hermeneutischen, phänomenologischen und tiefenhermeneutischen Verstehen aus Wissenschaftstheorie und Theorien Sozialer Arbeit (z. B. bei Hans Thiersch und Lothar Böhnisch). Darüber hinaus haben viele idiografische Verfahren sehr konkrete Regeln, wie Daten zu gewinnen, wie diese auszuwerten und schlussendlich auch zu interpretieren sind (vgl. Kapitel 6).

Nähe zum Gegenstand: Stellen Sie sich vor, Sie wollen Informationen zur Biografie Ihrer Klientel erhalten und hier im Besonderen z. B. Aufschluss über Lebens- und

Beziehungsthemen. Es ergibt nun natürlich Sinn, dass Sie hierauf konkret fokussieren und nicht etwa ausschließlich über Fußball sprechen. Die Nähe zum eigentlich zu diagnostizierenden Gegenstand sollte durch die Art des Vorgehens sichergestellt sein.

Kommunikative Validierung: Haben Sie Ihre Ergebnisse gesichtet, gewichtet und interpretiert, so ist es sinnvoll, dieses auch durch Klient*innen, andere Fachkräfte Sozialer Arbeit (Diagnostiker*innen) oder auch in interdisziplinären Teams transparent zu machen. Es stellt sich die Frage – manchmal in einem Ringen um das Passende – ob Ihre Kolleg*innen zu ähnlichen oder gar gleichen Schlüssen gelangen. Die Interpretationen werden in jenem Grad gültig (valide), in welchem Übereinstimmungen kommunikativ geschaffen werden können.

Trinangulierung: Im Idealfall werden idiografische Daten durch nomothetisch gewonnene – wenigstens personenbezogene Daten wie Alter, Geschlecht usw. – ergänzt. Dieser Prozess wird Triangulierung genannt.

Gütekriterien nomothetischer Verfahren

Reliabilität und Validität: An nomothetische Verfahren wird die Erwartung gerichtet, objektiviertes Material generieren zu können – um eben u. a. Vergleichbarkeit herzustellen und damit generalisierte Aussagen zu ermöglichen. Damit dies gelingen kann, muss sichergestellt werden, dass die Informationen sehr exakt sind. Stellen Sie sich ein Lineal vor, bei welchem die Abstände zwischen den Strichen nicht stimmen. Dann mag es zwar noch Länge messen, aber eben eine, welche nur durch eben dieses Lineal bestimmbar ist. Generalisiert sagen die hiermit ermittelten Zahlenwerte weniger aus. Lineale sollten also alle gleich messen und ideal auch dasselbe.

Die Messgenauigkeit wird Reliabilität (Zuverlässigkeit) genannt, die Gültigkeit – also dass z. B. wirklich Millimeter und Zentimeter gemessen werden – Validität. Instrumente sind nur für bestimmte Gegenstände geeignet. So brächte es wohl recht wenig, wenn ich versucht wäre, mit einem Lineal das Gewicht einer Person zu bestimmten. Genauso sind auch andere diagnostische Instrumente nur für bestimmte Fragestellungen geeignet, bilden also nur bestimmte Konstrukte (z. B. Inklusion, Erziehungsverhalten oder anderes) ab.

Objektivität (Intersubjektivität): Eine von Beobachter*innen vollkommen unabhängige Welt wird heute nur noch von sehr wenigen Wissenschaftler*innen und Erkentnistheoretiker*innen angenommen. Dennoch spielt der Begriff der Objektivität – also einen zu beobachteten Gegenstand so originalgetreu wie nur möglich abzubilden – eine sehr bedeutende Rolle. Nun haben wir es in der Sozialen Arbeit und damit natürlicherweise auch in der sozialarbeitswissenschaftlichen Diagnostik außerordentlich selten mit natürlichen Gegenständen wie Dingen – z. B. Steinen – zu tun. In der Regel beschäftigen wir uns mit sogenannten Konstrukten wie beispielsweise sozialer Inklusion, Teilhabe, Gerechtigkeit, psychosozialem Wohlbefinden,

Kindeswohl usw. Bei solchen Konstrukten spielt die sogenannte „intersubjektive Einigung" (Konsens) auf das, was den jeweiligen Gegenstand ausmacht und unter welchen Voraussetzungen es gemessen werden kann, eine zentrale Rolle. Werden nun solche Einigungen getroffen – also z. B. festgelegt, wie Instrumente verwendet werden, bei wem und wann –, dann wird von Objektivität oder eben Intersubjektivität gesprochen. Die Objektivität der mit dem jeweiligen Instrument ermittelten und interpretierten Ergebnisse steigt mit dem Grad der Strukturierung und Standardisierung der Instrumente, deren Durchführung, Auswertung und Interpretation an.

Neben den drei gerade ausgeführten– welche als die wichtigsten nomothetischen gelten – gibt es noch eine kleine Anzahl weiterer Gütekriterien. Vier davon sollen an dieser Stelle noch Erwähnung finden. Weiter hinten im Buch werden wir uns dann auch noch mit zwei weiteren Gütekriterien beschäftigen (*Spezifität* und *Sensitivität*), welche besonders in der klassifizierenden Diagnostik (also z. B. bei Fragen der sicheren Zuweisung in Klassen) eine sehr wichtige Rolle spielen.

Ökonomik: Diagnostische Instrumente sollten so beschaffen sein, dass der betriebene Aufwand in verhältnismäßiger Beziehung zum Nutzen der hierdurch ermittelten Ergebnisse steht.

Nützlichkeit: Diagnostische Instrumente – und das ist bereits an mehreren Stellen erwähnt worden – dienen nicht dem Selbstzweck. Nützlich sind Instrumente daher dann, wenn sie Erkenntnisse liefern, welche direkt in die Praxis und Wissenschaft einfließen können.

Fairness: Diagnostische Instrumente, welche generalisierte Aussagen zu generellen Konstrukten ermöglichen sollen – z. B. wie stark ein Mensch sozial inkludiert ist –, sollten auch nur Werte ermitteln, welche Aussagen diesbezüglich zulassen. Die Ergebnisse sollten also durch Variablen, welche hiermit nichts zu tun haben, auch nicht beeinflusst werden. So wäre es beispielsweise unfair, wenn aus einem fremdsprachigen Land geflüchteten Menschen ohne hinreichende Deutschkenntnisse ein deutschsprachiger Fragebogen zur Kindeswohlgefährdung vorgelegt würde. Genauso unfair wäre es, kulturelle Unterschiede in der normenorientierten Bewertung seelischen Wohlbefindens unberücksichtigt zu lassen.

Normiertheit: Im Idealfall liegen nomothetisch ausgerichteten diagnostischen Instrumenten Normen zugrunde. Erst solche Normen – und damit der Vergleich mit Durchschnittswerten (Referenz- bzw. Vergleichswerten) – ermöglichen generalisierbare Aussagen zu Einzelfällen. Bei jenen Normen handelt es sich also ausschließlich um statistische Normen, nicht aber um ethische oder moralische. Der IQ ist hierzu ein allgemein bekanntes Beispiel. Der von einem einzelnen Menschen mit einem bestimmten Test ermittelte IQ von 103 besagt, dass dieser Mensch durchschnittlich intelligent ist, da der statistisch ermittelte Durchschnitt (Norm) zwischen 85 und 115 liegt. Der von einem anderen Menschen ermittelte IQ von 121 hingegen verweist auf eine überdurchschnittliche Intelligenz.

1.3 Systematik sozialarbeitswissenschaftlicher Diagnostik

Wie weiter oben bereits angesprochen, ist die sozialarbeitswissenschaftliche Diagnostik noch auf dem Weg, sich als eigenständiges Fach Sozialer Arbeit, neben anderen Anwendungsfächern wie z. B. Klinischer Sozialarbeit, zu etablieren. Etablierten Fächern gemein ist u. a. eine je eigene Systematik, welche mehreren Zwecken dient, z. B.:

- Identitätsbildung durch Rahmung der zugehörigen Inhalte,
- „Lehrbarmachung" durch Benennung, Beschreibung, Verknüpfung usw. der Inhalte,
- Orientierung im Fach durch Übersicht.

In gewisser Weise gehört die Etablierung von Fachsystematiken zu den Kerngeschäften der Wissenschaften und sie entstehen fast zwangsläufig im Verlaufe von Fachentwicklungen. Denn letztendlich sind Systematiken nichts anderes als strukturierte und in einer bestimmten Weise geordnete Beschreibungen der Inhalte des Faches selbst. All das, was wir auf den bisherigen Seiten besprochen haben, fand in geordneter Weise statt, sodass auch hier bereits von einer Systematik gesprochen werden könnte. Allerdings umfasst sozialarbeitswissenschaftliche Diagnostik weit mehr als das bisher Besprochene. Um nun die Inhalte des gesamten Fachs in seiner Breite und Tiefe nachvollziehbar und damit auch lehrbar zu machen, bietet es sich an, eine Ordnungsstruktur zu entwickeln. Eine solche Ordnungsstruktur soll nachfolgend vorgestellt werden.

1.3.1 Entwicklungslinien einer Systematik sozialarbeitswissenschaftlicher Diagnostik

Eine Systematisierung bedeutet im gewissen Sinne immer eine Festlegung, z. B. auf Begriffe oder Inhalte. Solche Festlegungen ergeben Sinn, damit alle am Fachdiskurs und der Lehre Beteiligten wissen, wovon gesprochen und wie gehandelt wird. Darüber hinaus erzeugen bzw. reproduzieren Festlegungen Bedeutungen bzw. Bedeutungszuschreibungen – und damit Wirklichkeiten – in einer genau umrissenen und damit reduktionistischen Weise. Nicht Mitgenanntes wird damit vorerst ausgeschlossen. Das ist notwendig – wenn auch zugleich ein nicht zu unterschätzender Nachteil –, um Kommunikation überhaupt realisieren zu können und damit handlungsfähig zu werden.

Ritscher (2004) sowie Macsenaere, Paries und Arnold (2009) systematisieren nun das Fach von den Handlungsfeldern und Zugangsweisen Sozialer Arbeit ausgehend. Ritscher (2004, S. 73–75) begreift dabei sozialarbeitswissenschaftliche Diagnostik als eine Art Kompendium aus

- medizinisch-psychiatrischem Vorgehen,
- behavioristisch-psychologischem Vorgehen,
- sozialarbeitswissenschaftlicher Diagnostik in Form eines idiografischen und nomothetischen Vorgehens in der Kinder- und Jugendhilfe,
- sozialpädagogischer Diagnostik im Sinne hermeneutisch-rekonstruktiver Verfahren (s. u.),
- systemischer Diagnostik und
- sozialpädagogischem Fallverstehen (s. u.).

Ähnlich systematisieren auch Macsenaere, Paries und Arnold (2009) Diagnostik in der Sozialen Arbeit als Kompendium aus
- psychosozialer Diagnostik im Sinne Heiners (u. a. 2007) diagnostischem Fallverstehens sowie Harnachs (2007) psychosozialer Diagnostik („klassifizierend", nomothetisch),
- dialogischem Fallverstehen/Fallverständigung im Sinne Merchels (2003) und Kunstreichs (Kunstreich et al. 2004; dialogisches Verstehen, idiografisch), sozialpädagogischer Diagnose im Sinne Mollenhauers und Uhledorffs (u. a. 1992; biografisch-rekonstruktiv, idiografisch) und
- sozialpädagogischer Diagnostik im Sinne Schrappers (2004; beziehungsanalytisch-inszenierend, idiografisch).

Dieserart Systematisierungen sind jedoch problematisch. Die größten Schwierigkeiten liegen zum einen in der Mehrfachverwendung einzelner Begriffe mit je unterschiedlichen Bedeutungszuschreibungen – also einer mangelnden Begriffsschärfe – sowie in der unklaren Bestimmung des Fachspezifischen Sozialer Arbeit selbst. Zum anderen handelt es sich um eine zu starke Engführung auf spezifische Verfahren, was für sich genommen schon dann Probleme bereiten wird, wenn die Menge der Verfahren weiterhin in der bisherigen Form anwächst. Es ist demnach sinnvoll, auch das Allgemeine sozialarbeitswissenschaftlicher Diagnostik zu bestimmen. Dies leisten u. a. Silke Gahleitner (2014) und Maja Heiner (2013), indem sie unter sozialarbeitswissenschaftlicher Diagnostik ganz allgemein sowohl
- die klassifikatorische Diagnostik
  - (sozialarbeitswissenschaftliche Diagnostik als Informationsgewinnung von „‚faktischen' Daten"; u. a. Harnach 1999, Pantuček-Eisenbacher 2019, Röh/Ansen 2014)
- als auch die hermeneutische bzw. rekonstruktive[8] Diagnostik
  - (Diagnostik zur Gewinnung von Lebens-, Beziehungs- sowie Entwicklungsthemen, Selbstdeutungsmustern und Entwicklungsaufgaben; u. a. Mollenhauer/Uhlendorff 1992 u. 1995, Höpfner/Jöbgen 2001, Jöbgen 2004, Fischer/Goblirsch 2004)

verstehen.

---

8 Rekonstruktiv ist hier gleichbedeutend mit biografisch.

Gerahmt wird sozialarbeitswissenschaftliche Diagnostik hiernach durch diagnostisches Fallverstehen (u. a. Heiner 2012, Müller 2012).

Damit aber ist der Prozess noch lange nicht abgeschlossen, handelt es sich bei dieserart System letztlich doch noch immer um ein rein anwendungsspezifisches. Im Sinne Staub-Bernasconis jedoch muss

> „eine professionelle sozialarbeiterische Diagnostik von einem theoretisch-wissenschaftlich begründeten Menschen- und Gesellschaftsbild und einer Vorstellung über den Zusammenhang zwischen Individuum und Gesellschaft/Kultur sowie den dabei möglicherweise entstehenden psychobiologischen, psychischen und sozialkulturellen Problemen ausgehen." (2007, 288 f.)

Vor diesem Hintergrund und orientiert an Maja Heiners (2013) Idee einer integrativen Grundlagendiagnostik[9] kann eine erweiterte Systematik des gesamten Fachs sozialarbeitswissenschaftlicher Diagnostik vorgenommen werden. Diese Systematik muss sich geschmeidig in das Fach Soziale Arbeit einfügen lassen, muss also Anschluss an andere Teilfächer und Grundlagen Sozialer Arbeit allgemein finden. Zudem sollte sie Allgemeines in Form von Anwendungsfeldübergreifendem als auch Spezielles in Form von Anwendungsfeldspezifischem sozialarbeitswissenschaftlicher Diagnostik erfassen.

1.3.2 Eine Fachsystematik sozialarbeitswissenschaftlicher Diagnostik

Ganz grundsätzlich kann sozialarbeitswissenschaftliche Diagnostik in einen allgemeinen und einen speziellen Teil unterschieden werden. Während sich die allgemeine sozialarbeitswissenschaftliche Diagnostik mit der Beantwortung von Fragen nach den grundlegenden Gemeinsamkeiten des Fachs, den Methoden, Vorgehensweisen, Instrumenten und Anwendungsfeldern beschäftigt, sucht die spezielle Diagnostik nach Antworten auf Fragen nach den grundlegenden Unterschieden bzw. Besonderheiten im Vergleich. Die spezielle sozialarbeitswissenschaftliche Diagnostik ist demnach im Wesentlichen eine vergleichende Diagnostik, die Unterschiede herausarbeitet. Führen wir dies ein wenig genauer aus.

Zu den Aufgaben *allgemeiner sozialarbeitswissenschaftlicher Diagnostik* gehört u. a., das Wesen psychosozialer Diagnostik zu bestimmen. Was zeichnet eine genuin eigenständige Diagnostik Sozialer Arbeit im Kern aus? Was ist der Gegenstand sozialarbeitswissenschaftlicher Diagnostik? Auf welche Grundfragen und Anforderungen der Profession Sozialer Arbeit ist sozialarbeitswissenschaftliche Diagnostik eine Antwort und wie muss diese beschaffen sein, um der Profession, ihren Aufgaben und bei der Beantwortung ihrer Fragestellungen hilfreich zu sein? Welche grundsätzlichen Handlungs- und Haltungsprinzipien zeichnen sozialarbeitswis-

9 Damit ist gemeint, dass Fachkräfte Sozialer Arbeit sowohl nomothetisch als auch idiografisch diagnostisch arbeiten.

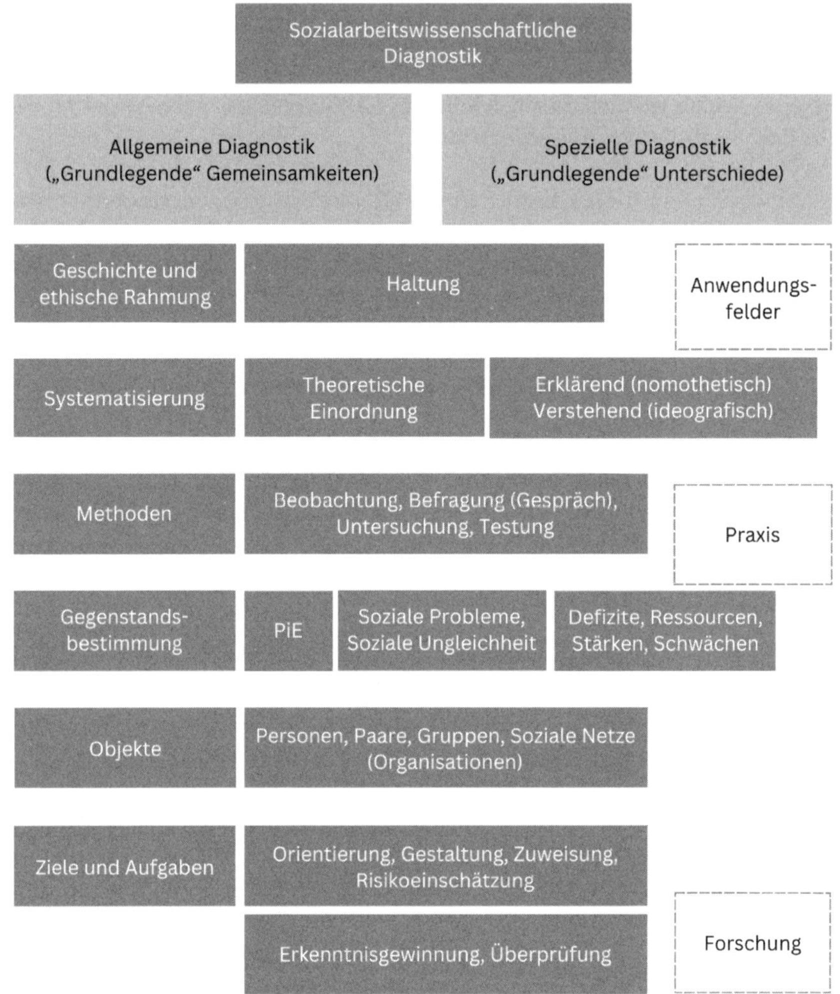

Abb. 1.3.2: Vorschlag einer Fachsystematik

senschaftliche Diagnostik aus? Auf welchen (wissenschafts)theoretischen Fundamenten gründet das Fach? Wer oder was soll durch sozialarbeitswissenschaftliche Diagnostik untersucht werden und mit welchen Zielen? All diese Fragen beschäftigen sozialarbeitswissenschaftliche Diagnostik bzw. sich im Themenfeld bewegende Fachwissenschaftler*innen. Und auch im vorliegenden Buch beschäftigen wir uns zumeist mit diesen allgemeinen Fragen zur sozialarbeitswissenschaftlichen Diagnostik, wobei ihre Beantwortung nicht ohne Bezug zur speziellen Diagnostik – und damit u. a. in Abgrenzung zu anderem – zu leisten ist.

Zu den Aufgaben *spezieller sozialarbeitswissenschaftlicher Diagnostik* gehört, das Besondere über Unterschiede herauszuarbeiten. Welche unterschiedlichen Formen sozialarbeitswissenschaftlicher Diagnostik gibt es und wie unterscheiden sich diese (nomothetisch vs. idiografisch; Orientierungs-, Zuweisungs-, Risiko- und Gestaltungsdiagnostik usw.)? Wie müssen diagnostische Methoden und Instrumente beschaffen sein, damit sie in speziellen Arbeitsfeldern, bei bestimmter Klientel auf bestimmte Fragestellungen etc. treffsicher und mit hoher Güte der Ergebnisse angewandt werden können?

Wie unterscheiden sich Haltungsprinzipien und welche sind in welcher konkreten Praxis anwendbar? All diese Fragen und natürlich noch weitere werden über spezielle Diagnostik zu beantworten versucht.

So ist auch die an dieser Stelle gegebene Veranschaulichung (Abb. 1.3.2) zu lesen. An einem Beispiel verdeutlicht, macht es z. B. keinen Unterschied, in welchem konkreten diagnostischen Arbeitsfeld Sozialer Arbeit ich mich befinde, wenn es darum geht, grundlegende sozialarbeiterische Haltungsprinzipien wie „Ganzheitlichkeit" zu realisieren. Wie stark ich jedoch Klient*innen an der Entscheidung über einen Befund und sich daraus ergebenden Konsequenzen beteilige (partizipative Haltung), ist wesentlich vom Arbeitsumfeld und der Aufgabe bestimmt. Soll z. B. eine risikodiagnostische Entscheidung bezüglich des Kindeswohls getroffen werden, wird die Erhebung und Befunddarstellung weniger partizipativ gehandhabt als bei einer gestaltungsdiagnostischen Fragestellung in der Flüchtlingshilfe. Genauso gibt es diagnostische Methoden (wie z. B. Anamnese) oder Instrumente (z. B. das psychosoziale Koordinatensystem), welche recht global anwendbar sind, andere hingegen sind sowohl bezüglich der Fragestellung als auch der Klientel und des Anwendungsfeldes sehr spezifisch (z. B. wird ein Fragebogen zur Erziehungskompetenz wenig zuverlässiges Material zur Arbeitsmarktintegration leisten und auch zur psychosozialen Gesundheit scheinen andere Instrumente bessere Erkenntnisse zu liefern).

1.4 Anwendungsfelder sozialarbeitswissenschaftlicher Diagnostik

Wie wir weiter oben bereits erfahren haben, kommen wir in der Sozialen Arbeit nicht umhin zu diagnostizieren. Dennoch – und auch das wurde bereits angesprochen – ist eine ausgearbeitete sozialarbeitswissenschaftliche Diagnostik erst in den Anfängen und umfasst längst nicht alle Anwendungsfelder Sozialer Arbeit. Umfänglich ausgearbeitete diagnostische Methoden, Verfahren und Prozessschemata liegen bis heute nur in der Kinder- und Jugendhilfe (von ASD über JGH bis HzE; z. B. Harnach 2007, Müller 2012, Gahleitner et al. 2013) vor. Der Grund hierfür besteht darin, dass im Jahr 1991 mit der Verabschiedung des Kinder- und Jugendhilfegesetzes eine umfängliche und verantwortungsbewusste sozialarbeitswissenschaftliche Diagnostik eingefordert wurde. Ähnlich gut ausgebildet sind diagnostische Ansätze in der klinischen Sozialarbeit (z. B. Gahleitner/Hahn/Glemser 2013, Pantuček/Röh 2009,

Hansjürgens/Schulte-Derne 2020). Und auch wenn dies nicht darüber hinwegtäuschen kann, dass wir selbst in diesen beiden gerade genannten Bereichen noch viel zu leisten haben, um sozialarbeitswissenschaftliche Diagnostik durchgängig hoher Güte anzubieten, so handelt es sich im Vergleich zu anderen Arbeitsfeldern Sozialer Arbeit, wie beispielsweise der Betreuungspraxis (z. B. Röh/Ansen 2014), dem sozialpsychiatrischen Dienst, der betrieblichen Sozialarbeit, der Schulsozialarbeit, sozialen Diensten der Justiz (Gerichtshilfe, Bewährungshilfe) und vielen anderen mehr, um bedeutsame Arbeitsfelder. Die Notwendigkeit, hier aktiver zu werden, ist bekannt. Das jedoch bis heute Schwierigkeiten bestehen, lässt sich vor dem historischen Hintergrund unserer Profession verstehen und wird uns im kommenden Kapitel näher beschäftigen. Eine recht aktuelle, wenn auch sicher nicht vollständige Übersicht liefern Buttner, Gahleitner, Hochuli-Freund und Röh (2020).

Zielevaluation

Abschließend zum ersten Kapitel nun ein paar Fragen und Denkanstöße für Sie:

- Nennen Sie mindestens drei Gründe für die Etablierung und Entwicklung einer professionellen sozialarbeitswissenschaftlichen Diagnostik.
- Beschreiben Sie (mit eigenen Worten):
  - Was ist sozialarbeitswissenschaftliche Diagnostik?
  - Was ist der Gegenstand sozialarbeitswissenschaftlicher Diagnostik?
  - Welche Ziele verfolgt sozialarbeitswissenschaftliche Diagnostik?
  - Mit welchen „Objekten“ wird sozialarbeitswissenschaftliche Diagnostik durchgeführt?
- Welche Methoden sozialarbeitswissenschaftlicher Diagnostik kennen Sie und können Sie benennen?
- Was sind die drei großen Anwendungsfelder sozialarbeitswissenschaftlicher Diagnostik? Fallen Ihnen noch zusätzliche Anwendungsfelder ein?

Vertiefende Literatur

Zur Vertiefung der Inhalte sind drei Texte empfohlen:

- Heiner, M. (2013): Wege zu einer integrativen Grundlagendiagnostik. In: Gahleitner, S. B./Hahn, G./Glemser, R. (Hg.): Psychosoziale Diagnostik (S. 18–60). Köln: Psychiatrieverlag.
- Schmitt, M./Gerstenberg, F. (2014): Psychologische Diagnostik (S. 11–27). Weinheim: Beltz.
- Pantuček-Eisenbacher, P. (2019): Soziale Diagnostik (4. Aufl.; S. 25–55). Göttingen: Vandenhoeck & Ruprecht.

Literatur

Birgmeier, B./Mührel, E. (2017): Wissenschaftliche Grundlagen Sozialer Arbeit. Frankfurt a. M.: Wochenschauverlag.

Brekke, J./Anastas, J. (2019): Shaping a Science of Social Work. Professional Knowledge and Identity. New York: Oxford University Press.

Buttner, P./Gahleitner, S. B./Hochuli-Freund, U./Röh, D. (Hg.) (2020): Soziale Diagnostik in den Handlungsfeldern der Sozialen Arbeit. Berlin: Deutscher Verein für öffentliche und private Fürsorge.

Deller, U./Brake, R. (2014): Soziale Arbeit. Opladen: Budrich (UTB).

Fischer, W./Goblirsch, M. (2004): Narrativ-biographische Diagnostik in der Jugendhilfe. In: Heiner, M. (Hg.): Diagnostik und Diagnosen in der Sozialen Arbeit (S. 127–140). Freiburg: Lambertus.

Gahleitner, S. B. (2014): Kennzeichen einer Diagnostik in der Sozialen Arbeit. Klassifikatorisch, rekonstruktiv, kooperativ. Unveröffentl. Manuskript.

Gahleitner, S. B./Wahlen, K./Bilke-Hentsch, O./Hillenbrand, D. (Hg.) (2013): Biopsychosoziale Diagnostik in der Kinder- und Jugendhilfe: Interprofessionelle und interdisziplinäre Perspektiven. Stuttgart: Kohlhammer.

Gahleitner, S. B./Hahn, G./Glemser, R. (2013): Psychosoziale Diagnostik. Köln: Psychiatrieverlag.

Hansjürgens, R./Schule-Derne, F. (Hg.) (2020): Soziale Diagnostik in der Suchthilfe. Leitlinien und Instrumente für die Soziale Arbeit. Göttingen: Vandenhoeck & Ruprecht.

Harnach, V. (1999): Ohne Prozessqualität keine Ergebnisqualität – Sorgefältige Diagnostik als Voraussetzung für erfolgreiche Hilfe zur Erziehung. In: Peters, F. (Hg.): Diagnosen, Gutachten, hermeneutisches Fallverstehen. Frankfurt a. M.: IGFH.

Harnach, V. (2007): Psychosoziale Diagnostik in der Jugendhilfe: Grundlagen und Methoden für Hilfeplan, Bericht und Stellungnahme. Weinheim: Beltz Juventa.

Heiner, M. (2004): Pro-Ziel-Basisdiagnostik. Ein prozessbegleitendes, zielbezogenes, multiperspektivisches und dialogisches Diagnoseverfahren im Vergleich. In: Heiner, M. (Hg.): Diagnostik und Diagnosen in der Sozialen Arbeit (S. 218–238). Freiburg: Lambertus.

Heiner, M. (2012): Handlungskompetenz Fallverstehen. In: Becker-Lenz, R./Busse, S./Ehlert, G./Müller-Hermann, S. (Hg.): Professionalität Sozialer Arbeit und Hochschule (S. 201–217). Wiesbaden: Springer VS.

Heiner, M. (2013): Wege zu einer integrativen Grundlagendiagnostik. In: Gahleitner, S. B./Hahn, G./Glemser, R. (2013): Psychosoziale Diagnostik (S. 18–60). Köln: Psychiatrieverlag.

Höpfner, N./Jöbgen, M. (2001): Pädagogische Diagnostik. In: Ader, S./Schrapper, C./Thiesmeier, M. (Hg.): Sozialpädagogisches Fallverstehen und sozialpädagogische Diagnostik in Forschung und Praxis (S. 38–45). Koblenz: Votum.

Jöbgen, M. (2004): Und doch kein Fall für die Justiz. Oder: Vom Nutzen der hermeneutischen Diagnostik. In: Heiner, M. (Hg.): Diagnostik und Diagnosen in der Sozialen Arbeit (S. 141–152). Freiburg: Lambertus.

Kraus, B. (2018): Sozialarbeitswissenschaft/Wissenschaft Soziale Arbeit. https://www.socialnet.de/lexikon/Sozialarbeitswissenschaft-Wissenschaft-Soziale-Arbeit (Zugriff am 06.09.2021).

Kunstreich, T./Langhanky, M./Lindenberg, M./May, M. (2004): Dialog statt Diagnose. In: Heiner, M. (Hg.): Diagnostik und Diagnosen in der Sozialen Arbeit (S. 26–39). Freiburg: Lambertus.

Lambers, H. (2013): Theorien Sozialer Arbeit. Kompendium und Vergleich. Opladen: Budrich (UTB).

Lowy, L. (1983): Sozialarbeit, Sozialpädagogik als Wissenschaft im angloamerikanischen und deutschsprachigen Raum. Stand und Entwicklung. Freiburg: Lambertus.

Macsenaere, M./Paries, G./Arnold, J. (2012): Evaluation der Sozialpädagogischen Diagnose-Tabellen. Abschlussbericht. Mainz: IKJ.

Macsenaere, M./Esser, K. (2012): Was wirkt in der Erziehungshilfe. München: Ernst-Reinhardt.

Merchel, J. (2003): „Diagnose“ im Hilfeplanverfahren: Anforderungen und Problemstellungen. Neue Praxis, 33 (6), 527–542.

Mollenhauer, K./Uhlendorff, U. (1992): Sozialpädagogische Diagnosen. Weinheim: Beltz Juventa.

Mollenhauer, K./Uhlendorff, U. (1995): Sozialpädagogische Diagnosen II. Weinheim: Beltz Juventa.

Müller, B. (2012): Sozialpädagogisches Können. Ein Lehrbuch zur multiperspektivischen Fallarbeit. Freiburg: Lambertus.

Müller, W. C. (1992): Wie Helfen zum Beruf wurde. Band 1: Eine Methodengeschichte der Sozialarbeit 1883–1945. Weinheim: Beltz.

Pantuček-Eisenbacher, P. (2019): Soziale Diagnostik. Verfahren für die Praxis Sozialer Arbeit (4. Aufl.). Göttingen: Vandenhoeck & Ruprecht.

Pantuček, P./Röh, D. (2009): Perspektiven Sozialer Diagnostik: Über den Stand der Entwicklung von Verfahren und Standards. Berlin: LIT.

Pauls, H. (2011): Klinische Sozialarbeit. Grundlagen und Methoden psycho-sozialer Behandlung. Weinheim: Beltz Juventa.

Ritscher, W. (2004): Prinzipien und Verfahren systemischer Diagnostik in der Sozialen Arbeit. In: Heiner, M. (Hg.): Diagnostik und Diagnosen in der Sozialen Arbeit (S. 68–84). Freiburg: Lambertus.

Röh, D. (2012): Längst überfällig: Unsere Profession entdeckt ihre Diagnostik (neu). Forum Sozial, 4/2012, 10–15.

Röh, D. (2013): Klassifikationen in der Sozialen Arbeit – Vorschlag eines gegenstands- und funktionsbasierten Rahmens. In: Gahleitner, S. B./Hahn, G./Glemser, R. (Hg.): Psychosoziale Diagnostik (S. 80–93). Köln: Psychiatrieverlag.

Röh, D./Ansen, A. (2014): Sozialdiagnostik in der Betreuungspraxis: Ein Leitfaden für den Sozialbericht in der Betreuungsbehörde. Köln: Bundesanzeiger Verlag.

Roos, K. (2002): Kosten-Nutzen-Analyse von Jugendhilfemaßnahmen. Seckach: Kinder- und Jugenddorf Klinge.

Schmitt, M./Gerstenberg, F. (2014): Psychologische Diagnostik. Weinheim: Beltz.

Schrapper, C. (2004): Sozialpädagogische Diagnostik zwischen Durchblick und Verständigung. In: Heiner, M. (Hg.): Diagnostik und Diagnosen in der Sozialen Arbeit (S. 40–54). Freiburg: Lambertus.

Staub-Bernasconi, S. (2007): Soziale Arbeit als Handlungswissenschaft. Stuttgart: Haupt (UTB).

2. Kapitel: Historische Entwicklungslinien sozialarbeitswissenschaftlicher Diagnostik im deutschsprachigen Raum

Ziele des Kapitels

Die Auseinandersetzung mit den Wurzeln sozialarbeitswissenschaftlicher Diagnostik ist wichtig, um deren historischen Wert für die Entwicklung professionalisierter Sozialer Arbeit zu verdeutlichen. Noch wichtiger aber ist diese Auseinandersetzung, um das aktuelle Wesen des Fachs zu begreifen. Mit den vielversprechenden Anfängen der 1920er Jahre kam es durch die Zeit des Nationalsozialismus zu einem Bruch, dessen Aufarbeitung verständlich macht, wie heutzutage Diagnostik in der Sozialen Arbeit gedacht und praktiziert wird – insbesondere vor dem Hintergrund ihrer ethischen Verpflichtung. Dieses Kapitel soll dabei helfen, die Entwicklung sozialarbeitswissenschaftlicher Diagnostik historisch einzuordnen. Ein wesentliches weiteres Ziel ist zudem, deutlich werden zu lassen,

- warum sozialarbeitswissenschaftliche Diagnostik als Teildisziplin Sozialer Arbeit ethischen und wissenschaftlichen Prinzipien verpflichtet ist – u. a. in Form
  - einer Sensibilisierung für die Menschenwürde (Ethik und Werte) sowie
  - einer hohen fachlichen Expertise –
- und dass ethische und wissenschaftliche Prinzipien in Form eines professionellen „Habitus" in Haltung und Handeln – vermittelt u. a. über allgemeine Gütekriterien sozialarbeitswissenschaftlichen Diagnostizierens – realisiert werden.

2.1 Die Ursprünge sozialarbeitswissenschaftlicher Diagnostik bei Alice Salomon

Die Entwicklung sozialarbeitswissenschaftlicher Diagnostik ist eng mit der Professionalisierung Sozialer Arbeit in Deutschland verbunden. Eine wesentliche Wegbereiterin war Alice Salomon mit ihrem Werk „Soziale Diagnose“. In ihrem Buch arbeitet Alice Salomon bereits 1926 ein diagnostisches Vorgehen als Grundlage professionellen Handels heraus. Soziale Arbeit wurde analog heutiger Terminologie als Kunst des Fallverstehens und des entsprechenden Handelns verstanden. Der ganze Mensch in und mit seinen biografischen und sozialen Verflechtungen wurde ins Zentrum sozialarbeiterischen Betrachtens und Vorgehens gerückt. Diagnostik sollte hiernach nicht nur einzelne Facetten beleuchten, und damit einen bestimmten Blickwinkel einnehmen, sondern vielmehr Zusammenschau und Erkenntnisse zu Zusammenhängen aller Informationen ermöglichen, um umfängliches Verstehen zu realisieren und das Passende in sachlichen und persönlichen Bedarfen für hilfebedürftige Menschen zu ermitteln (Salomon 1926).[10]

Sozialarbeitswissenschaftliche Diagnose diente bei Alice Salomon formal dennoch einer Unterschiedsbildung, und zwar in der Bestimmung von Notwendigkeiten sowohl äußerer bzw. sachlicher als auch persönlicher Hilfen. Sozialarbeitswissenschaftliche Diagnostik sollte so dazu führen, herauszufinden, ob Menschen materielle und formale Unterstützung beispielsweise in Form von Almosen, Einrichtungsplätzen usw. oder auch pädagogisch-psychologische Begleitung in Form von Erziehungsberatung und -begleitung benötigten. Es war mithin eine in erster Linie individuumszentrierte Vorgehensweise. Politisch sollten Fachkräfte Sozialer Arbeit erst dann aktiv werden, wenn Notlagen in einer Weise gehäuft auftraten und auf ähnliche äußere Bedingungen zurückgeführt werden konnten, sodass sie auf systematische Probleme bzw. Strukturdefizite verwiesen. Im Vorgehen bediente sich Alice Salomon in ihren Ausarbeitungen eines Fünf-Schritte-Programms, auf welches nachfolgend ausführlicher eingegangen wird.

10 Natürlich umfasst der Ganzheitsbegriff aus einer mehr phänomenologisch, hermeneutisch oder auch gestaltpsychologisch ausgerichteten Perspektive umfänglichere Bedeutungen als mit den Worten „Alles“ oder „Zusammenschau“ zu sagen ist. Alice Salomon nahm aber tatsächlich den begegneten und begegnenden Menschen in seiner Wesenhaftigkeit und in seiner Weltlichkeit bzw. Lebensweltlichkeit in den Blick.

2.1.1 Erkundigungen einholen

In einem ersten diagnostischen Schritt werden Erkundigungen zum Fall eingeholt. Hierzu werden so viele Informationen wie nur möglich über Fall und Problem gesammelt. Alice Salomon ging dabei von einem ganzheitlichen bzw. allumfassenden Sammeln aus, d.h. einem bio-psycho-sozialen Sammeln. Nicht nur das Problem in seiner vielfältigen Vernetzung soll im Fokus der Datensammlung stehen, sondern auch potenzielle Ausnahmen, Ressourcen der Problembewältigung, Rahmenbedingungen zur Entstehung des Problems sowie zur potenziellen Beseitigung, und zwar auf personaler und materieller sowie sachlicher Ebene. Dabei sollten Fachkräfte Sozialer Arbeit darauf achten, dass die diagnostischen Informationsquellen strengen Prüfungen standhalten. Hierzu ist es jedoch vorausgesetzt, dass neben der Güte externer Quellen ebenso die eigene Erhebung und Interpretation einer reflexiven Kompetenz der Fachkräfte Sozialer Arbeit unterworfen ist. Insofern bietet es sich nach Alice Salomon an, solche Untersuchungsmethoden und -instrumente zu verwenden, welche eine ähnliche instrumentelle Güte aufweisen, wie diejenigen Instrumente und Methoden der Psychologie und Medizin.

2.1.2 Interpretation

Nach der Sammlung zureichender Informationen folgt die hilferelevante Interpretation. Hierbei ist darauf zu achten, dass keine vorschnellen Deutungen stattfinden. Fachkräfte Sozialer Arbeit sollten (besonders gegenüber dem Alltag verhafteten Urteilen) eine gesunde Skepsis an den Tag legen (siehe viertes Kapitel). Sollte es zudem einen vertiefenden Erläuterungsbedarf geben, ist die weiterführende Recherche bestenfalls mithilfe offen gestellter Fragen an die Klientel durchzuführen; Suggestivfragen sind hingegen zu vermeiden. In der Konsequenz formulierte Alice Salomon entsprechend:

> „Es bleibt daher nichts anderes übrig, als die Sozialbeamten so auszubilden, dass sie ihre eigene Voreingenommenheit als solche begreifen, dass sie ihre Einstellung richtig bewerten und dadurch die Gefahr vermeiden, bestimmte Tatsachen zu stark, andere zu gering zu beachten und zu bewerten." (1926, S. 16)

2.1.3 Ressourcenermittlung in der Lebenswelt

Im dritten Schritt sozialarbeitswissenschaftlicher Diagnostik wird vertiefend nach potenziellen Vorschlägen gesucht, welche zur Umweltgestaltung durch die Klientel (z.B. über Bildung, Gesundheitsfürsorge etc. und Voraussetzung für deren Realisierung) genutzt werden könnten. In der aktuellen Fachdiskussion wird von Bewältigungsorientierung, Empowerment oder Partizipation gesprochen (Lambers 2011). Gemeint ist bei Alice Salomon etwas recht Ähnliches, geht es doch in erster Linie darum, die Klientel zu befähigen, selbst befähigt zu werden. Fachkräfte Sozialer Arbeit sollten in diesem dritten Schritt jene Ressourcen hervorheben, welche der Klientel dienlich sein könnten, (eigene) psychosoziale Probleme selbstständig zu bewältigen.

2.1.4 Stellvertretende Deutung

Angelehnt an die Lesart Kuhlmanns (2004) schloss sich im vierten Schritt ein lebensweltorientiertes phänomenologisch-psychoanalytisches Deuten der Probleme an. Es diente dem Verstehen von (unbewussten) Motiven und Gründen besonders für jenes Verhalten, welches zur Entstehung und/oder Aufrechterhaltung der Schwierigkeiten einen Beitrag leistete. Das Vorgehen könnte man als dialogisch beschreiben. Es ging dabei nicht nur darum, Verstehen aufseiten der Fachkraft zu erzeugen, sondern den Adressat*innen Sozialer Arbeit alternative Deutungen und anschließende Hilfen aufzuzeigen, welche es ihnen letztlich ermöglichen sollten, das eigene Verhalten selbstbestimmt hilfreich zu verändern (ganz im Sinne stellvertretenden Deutens bei Hans Thiersch – siehe sechstes Kapitel).

Ganz im dialogischen Verständnis späterer Jahre (z. B. Kunstreich et. al 2004) war es bereits bei Alice Salomon erst dann angezeigt, „zwanghaft" und damit „gegen oder ohne den Willen der Menschen" einzugreifen, „wenn […] er bewiesen hat, dass er unfähig ist, allgemein als wesentlich anerkannt Aufgaben zu erfüllen; wenn er seine Kinder vernachlässigt oder gefährdet, wenn er Leben und Gesundheit anderer bedroht" (Salomon 1926, S. 56).

2.1.5 Hilfeplanung

In einem abschließenden Schritt werden alle Informationen, Interpretationen sowie Deutungen zusammentragen und in ein Team eingebracht. Hier sollte es schließlich zu einer vorläufig ersten kollegialen Entscheidung über konkret geplante Hilfe und deren Form kommen. Da u. a. die nun installierten Interventionen jedoch zu Veränderungen führen, bleibt auch der diagnostische Weg fortbestehend. Immer wieder werden, und dies solange Soziale Fallarbeit stattfindet, Entscheidungen in regelmäßig stattfindenden Teams evaluiert und einer Modifikation unterworfen.

2.1.6 Resümee

Besonders unter der modernen Lesart der Darstellung des diagnostischen Vorgehens Alice Salomons wird ersichtlich, wie zeitlos ihr Fünf-Schritte-Programm ist. Vieles von dem, was sie bereits erarbeitet hat, finden wir auch heute noch als zentrale Grundlagen sozialarbeitswissenschaftlicher Diagnostik (vgl. besonders Kapitel eins bis vier). Alice Salomon leistete damit einen wesentlichen Beitrag zu den diagnostischen Fundamenten Sozialer Arbeit.

2.2 Diagnostik in der Zeit des Nationalsozialismus

In den späten 1920er und frühen 1930er Jahren setzte ein Wandel im Geiste der Sozialen Arbeit ein. Hintergrund waren die Weltwirtschaftskrise von 1929 und die damit einhergehende Verarmung des Fiskus sowie der Bürger*innen Deutschlands. Es kam in der Folge zu Notverordnungen, Einschränkungen des Fürsorgegesetzes und einer immer stärker wachsenden Beliebtheit – als wissenschaftlich geltender – rassenideologischer Ansichten, auch in den Kreisen professioneller Sozialer Arbeit. So fragte u. a. Otto Schirmel:

> Wie weit darf Hilfe gehen, „ohne die eindringlichste Aufgabe, Erhaltung des Volkes durch Kräftigung seiner erbgesunden Glieder in einer Zeit höchster biologischer Selbstgefährdung hintanzustellen [...]. Auch hier zeigt sich wieder, dass sich die liberale Menschenauffassung nicht gemeinschaftsfördernd, sondern gemeinschaftszerstörend auswirkt." (Schirmel 1932 zit. n. Müller 1994, S. 205)

Damit aber wandelten sich auch die diagnostischen Aufgaben Sozialer Arbeit. Sie diente zunehmend – ebenso wie die medizinische Diagnostik – der sozialdarwinistischen Rassenhygiene und sozialen Selektion. Da die Leitung auch privater Wohlfahrtspflege später von der Nationalsozialistischen Volkswohlfahrt übernommen wurde, war auch diese zunehmend einer zugespitzten nationalsozialistischen Rassenideologie verpflichtet. Sozialarbeitswissenschaftliche Diagnostik diente vor allem dem Ausschluss aller „Fremdrassigen", erblich Belasteten oder Kranken sowie der Sorge für Kinder gesunder Eltern und deren Erziehung zu guten Volksdeutschen. „Die Nationalsozialisten hatten an die Stelle der alten Ermessensentscheidung des Armenpflegers, die pseudowissenschaftliche Diagnose des rassenbiologisch geschulten Amtsarztes gestellt" (Müller 1994, S. 214) und so letztlich dafür gesorgt, dass überwiegend solche Menschen Unterstützung erhielten, welche als „rassisch wertvoll" galten. Fachkräfte Sozialer Arbeit fungierten hierbei zumeist als zuarbeitende Helfer*innen amtsärztlicher Entscheider*innen. Die Gesundheitsfürsorge, Gesundheitspflege und das neu eingerichtete Gesundheitsamt (inkl. Jugendamt) bildeten neben Irren-, Fürsorge-, Erziehungs- und Armenanstalten schlussendlich die hauptsächlichen Selektionseinrichtungen.

2.3 Wechselhafte Bewertung der Diagnostik von 1945 bis 1990

Die ersten zwanzig Jahre nach dem Krieg sind in Folge der 1920er bis 1940er Jahre wesentlich von einer starken Hinwendung zu US-amerikanischen Modellen des „Social Work" geprägt. Diese bildeten neben einigen sozialpädagogischen Entwicklungen (Lambers 2013) Anschlussfähigkeit an alte Ansätze wie die Alice Salomons. So spielten zunehmend Soziale Einzel(fall)hilfe, Soziale Gruppenarbeit und Gemeinwesenarbeit eine zentrale Rolle, wobei die Einzelperson auch weiterhin im Zentrum des

Wirkens stand. Durch die US-amerikanische Entwicklung rückte die Soziale Arbeit auch in Deutschland zunehmend in die Nähe einer Counselling Psychology (Sickendiek et al. 2002) oder (sozialen) Psychotherapie (Galuske 2002, Pauls 2013). Das aber leitete – wesentlich vermittelt über die 68er-Bewegung und die damit einhergehende Aufklärung politischer Verantwortung auch Sozialer Arbeit in der Zeit des NS-Regimes – die Forderung nach einer gesellschaftstheoretischen Positionierung Sozialer Arbeit ein. Soziale Arbeit sollte auch politische Arbeit sein. Das, was bereits bei Alice Salomon angelegt war, sollte nun sowohl theoretisch als auch praktisch ausbuchstabiert und die Gleichberechtigung und Gleichstellung Aller sozialarbeiterisch realisiert werden. Selektion, Diskriminierung und Stigmatisierung Unschuldiger durfte sich nicht wiederholen (vgl. Müller 1992, S. 133–135). Sachliche Kritik gab es entsprechend vor allem an den drei Grundmethoden Sozialer Arbeit. Diesen wurde

- mangelnde theoretische Fundierung,
- zu große Differenz zwischen gesellschaftlicher Funktion und Selbstwahrnehmung
- und Pathologisierung der Klientel (Galuske 2002, S. 109–112)

attestiert. In der Folge entwickelte sich eine verstärkte Hinwendung zu einer gesellschaftstheoretischen und -kritischen Fundierung Sozialer Arbeit und Entwicklungen verstehender Konzepte (u. a. Thiersch 2005). Sozialarbeitswissenschaftliche Diagnostik galt mit einigen Ausnahmen (u. a. Mollenhauer 1989) vielfach als Stigmatisierungsinstrument und damit als Beitrag zur Reproduktion sozialer Ungerechtigkeit (z. B. Kunstreich et. al 2004). Dies begann sich erst Anfang der 90er Jahre des letzten Jahrhunderts zu wandeln. Zunehmend wurde erkannt, dass das Problem nicht die Diagnostik per se ist, sondern die Art und Weise, Diagnostik zu denken, zu praktizieren und Ergebnisse zu interpretieren sowie zu verwerten.

2.4 Entwicklungen um den Jahrtausendwechsel bis heute – Diagnostik verpflichtet sich normativer Prozessgüte

Eine wesentliche Bedingung dafür, dass sich die Soziale Arbeit der Diagnostik wieder verstärkt zuwenden konnte, war der achte Jugendbericht der Bundesregierung aus dem Jahr 1990. In diesem Bericht wurde

> „die Entwicklung eines (*eigenen*) Instrumentariums angeregt, mit dessen Hilfe es gelingen könnte, die Erziehungs- und Lebensschwierigkeiten einzelner Jugendlicher mit den institutionellen Möglichkeiten der Jugendhilfe zu vermitteln. Auf diese Weise sollte […] der Weg dafür geebnet werden, auf der Basis von fundiertem Wissen […] mit [jungen Menschen] zielgerichtet sozialpädagogisch arbeiten zu können." (Krumenacker 2004, S. 7)

Nun schien es sogar geboten, sich mit eigenständigen diagnostischen Methoden, Instrumenten und Ansätzen auseinanderzusetzen. Verstärkt wurde dies durch das

1991 in Kraft getretene Kinder- und Jugendhilfegesetz (KJHG). Dieses legte für die Entwicklung sozialarbeitswissenschaftlicher Diagnostika

> „die gesetzlichen Rahmenbedingungen fest […]. Eine qualifizierte Hilfeplanung (§ 36 KJHG) sollte fortan die Auswahl der richtigen Hilfe im Zusammenwirken mehrerer Fachkräfte ermöglichen und damit eine zentrale Voraussetzung für die erfolgreiche, akzeptierte und effiziente Gestaltung von Hilfeprozessen bilden." (Krumenacker 2004, S. 7)

Diese Forderung führte im Verlauf der folgenden zweieinhalb Jahrzehnte zuerst zu einer intensiven Debatte um Wesen, Sinn und ethische Vertretbarkeit einer eigenständigen Diagnostik in der Sozialen Arbeit, mündete schließlich aber in einer, im Vergleich zu den Jahrzehnten zuvor, umfänglichen Entwicklung eigenständiger diagnostischer Ansätze und Instrumente, besonders in der Kinder- und Jugendhilfe sowie der klinischen Sozialarbeit. Allerdings ist diese Entwicklung wesentlich historisch aufgeklärt und die Diagnostik heute damit den Haltungsprinzipen (u. a. Kleve 2007, Lambers 2013, Pantuček-Eisenbacher 2019, Pauls 2013, Staub-Bernasconi 2007, Thiersch 2008, DBSH 2014) Sozialer Arbeit verpflichtet. Soziale Arbeit sollte demnach

- eklektisch/integrativ[11] bezüglich erkenntnis- und wissenschaftstheoretischer Ansätze, u. a.
  - systemisch (konstruktivistisch),
  - phänomenologisch-hermeneutisch,
  - (kritisch) realistisch,
- ganzheitlich/bio-psycho-sozial,
- partizipativ,
- reflexiv,
- ethisch (menschenwürdig) und
- politisch engagiert

ausgerichtet sein.

11 Übrigens ist es ein Leichtes, den Nachweis zu führen, dass eklektisches Handeln und Denken erkenntnis- und wissenschaftstheoretisch legitim ist (Richter 2011). Die Forderung von Silvia Staub-Bernasconi (u. a. 2007 und 2019) und besonders Werner Obrechts (u. a. 2005), sich ausschließlich einem (wissenschaftlichen/kritischen) Realismus zu verpflichten, schließt logisch konsistente Integration und auch wissenschaftlich legitimen Eklektizismus aus. Darüber hinaus konterkariert es die Idee, normative Wissenschaft zu sein – zumindest unter einem Realismus Bunges. Warum? Verkürzt formuliert, weil letzten Endes der Realismus Bunges – und damit Obrichts und Staub-Bernasconis – nur das als real anerkennt, was die Naturwissenschaften beforschen können. Alles andere sind Illusionen (Virtuelles) mit Wirkung im Realen. Streng genommen gibt es also keine Liebe, keine Gefühle, keine Ideen, keine sozialen Probleme, keine Rechte und Werte usw. Und dennoch folgen – besonders in der klinischen Sozialarbeit und Diagnostik (z. B. Dieter Röh, Silke B. Gahleitner) – nicht wenige Sozialarbeitswissenschaftler*innen dieser Aufforderung (z. B. auch Birgmeier und Mührel 2017 oder mit besonders dramatischen Folgen Nauerth 2016). Und selbst eine mögliche Lösung des Problems über den Neuen Realismus und die Sinnfeldontologie Markus Gabriels (2016) verschiebt letztendlich das Problem nur. Denn es bleibt bei einer realistischen Perspektive, wodurch allein schon konstruktivistische Positionen und auch phänomenologische uminterpretiert und damit verstümmelt werden müssten.

Das allein schon unterscheidet sozialarbeitswissenschaftliche Diagnostik heutzutage beispielsweise von der psychologischen oder medizinischen. Der Mensch wird aus sozialarbeitswissenschaftlicher Perspektive ausgeprägter ganzheitlich-phänomenal betrachtet – zumindest aber bio-psycho-sozial. Stärker als in der Medizin oder Psychologie werden nomothetische und idiografische Instrumente und Methoden in Konsequenz gleichwertig angewandt und in den Dienst umfassenden Fallverstehens gestellt. Zusätzlich werden allgemeine *Gütekriterien für diagnostische Prozesse* (u. a. Ansen 2012, Heiner 2013, Pantuček-Eisenbacher 2019, Nauerth 2012) in höheren Maße standardisiert und wesentlich an den grundlegenden Haltungsprinzipien Sozialer Arbeit festgemacht. Diagnostik ist dann – und nur dann – eine sozialarbeitswissenschaftliche, wenn sie mindestens folgende Kriterien erfüllt:

- *Ideologiefreiheit.* Ideologische Überzeugungen oder gar Welt- und Menschenbilder engen die Sicht auf die Dinge wesentlich ein, handelt es sich bei diesen doch um Dogmen, also Glaubenssätze, welche nicht unbezweifelbar bewiesen oder widerlegt werden können (Richter 2011). Da es bis zum heutigen Tag jedoch weder wissenschafts- und erkenntnistheoretisch noch anderswie gelungen ist, unabhängiges und damit absolut wahres (theoretisches oder praktisches) Wissen zu erlangen, sollten wir uns der Relativität insbesondere diagnostisch ermittelter Erkenntnisse bewusst sein. Demzufolge sollte auch kein theoretischer Standpunkt gegenüber anderen Standpunkten bevorzugt werden, außer gegenüber Positionen, welche sich nicht mit den ethischen Grundlagen Sozialer Arbeit vereinbaren lassen.
- *Partizipationsmöglichkeit.* Sozialarbeitswissenschaftliche Diagnostik sollte seine Klientel an jedem wesentlichen diagnostischen Schritt beteiligen und im Diagnostizieren aushandlungsorientiert vorgehen. Eingeschränkt werden sollte dieses partizipative Vorgehen nur dort, wo – vereinbar mit den ethischen Grundlagen Sozialer Arbeit – das Wächteramt auszuführen ist (so z. B. bei Fragen zum Kindeswohl und allgemein bei unvertretbarer Selbst- und Fremdschädigung).
- *(Selbst-)Reflexion.* Sozialarbeitswissenschaftliche Diagnostik verlangt von seinen Anwender*innen einen hohen Grad professioneller (Selbst-)Reflexionsfähigkeit. Dies ist besonders im Hinblick auf den erstgenannten Punkt wesentlich, um letztlich nüchterne Entscheidungen zu ermöglichen. Insofern ist der diagnostische Prozess ein ewig rekursiver, um letztlich Fallverstehen und Veränderung zu generieren (siehe kommende zwei Kapitel).
- *sozialökologische Ausrichtung.* Sozialarbeitswissenschaftliche Diagnostik ist wesentlich auf Personen in ihrem näheren und weiteren sozialen und materiellen Umfeld ausgerichtet, also auf deren Wirken im gesellschaftlichen Leben und dessen Wirkung auf Einzelpersonen. Insofern hat sozialarbeitswissenschaftliche Diagnostik diese Beziehungen in den Blick zu nehmen, da hier das hauptsächliche Tätigkeitsfeld der professionellen Sozialen Arbeit liegt. Sozialökologisch gesehen, sollte sozialarbeitswissenschaftliche Diagnostik umfeldbezogen, interaktionsbezogen und infrastrukturbezogen ausgerichtet sein (vgl. Heiner 2013).
- *Multidimensionalität.* Sozialarbeitswissenschaftliche Diagnostik zielt auf den „ganzen" Menschen in seinen vielfältigen Verflechtungen und seiner gelebten

Ganzheit als bio-psycho-soziales, erlebendes und erlebtes sowie sinnentwerfendes Wesen.

- *Mehrperspektivität.* Sozialarbeitswissenschaftliche Diagnostik braucht die Perspektivenvielfalt auf Problem- und Lösungsdimensionen, um ihrer Komplexität oder Kompliziertheit gerecht zu werden. Da der Mensch zudem als ganzheitliches Wesen in seiner Weltbezüglichkeit gesehen wird, oder zumindest als bio-psycho-soziales Wesen, sollten auch unterschiedliche disziplinäre und personelle Blickwinkel Berücksichtigung finden.
- (*ökonomische Sinnhaftigkeit*). Mit „ökonomisch" ist gemeint, dass der betriebene diagnostische Aufwand im sinnvollen Verhältnis zum Ertrag stehen sollte, und zwar im Sinne einer Nützlichkeit für die Klientel. Wirtschaftliche Belange spielen dabei zwar auch eine Rolle, allerdings eine untergeordnete, wenn wir das Trippelmandat ernst nehmen.

Den genannten Prozessgütekriterien kann man die normative Gründung der Sozialen Arbeit regelrecht ansehen. Soziale Arbeit ist als normative Wissenschaft den Menschenrechten verpflichtet, was logisch zur Folge hat, auch die Praxis allgemein und die diagnostische Praxis im Besonderen letztendlich in den Dienst der Realisierung der Menschenrechte und damit unter das Primat der Vernunft zu stellen.[12] Zusammenfassend ausgedrückt ist diagnostisches Arbeiten, welches sich nicht an diesen Parametern ausrichtet, keine sozialarbeitswissenschaftliche Diagnostik.

Fazit

Die Entwicklung Psychosozialer Diagnostik ist von Brüchen durchzogen. Diese Brüche scheinen aber notwendig gewesen zu sein, um ein zunehmend eigenständiges Profil herausarbeiten zu können, welches zum einen den Menschenrechten verpflichtet ist und zum anderen hohe Standards in der Gestaltung und dem Anwenden diagnostischer Ansätze, Methoden und Instrumente verlangt. Hiervon ist ein großer Teil bereits bei Alice Salomons diagnostischem Fünf-Schritt angelegt gewesen.

Noch sind wir allerdings nicht am Ende der Geschichte einer sozialarbeitswissenschaftlichen Diagnostik angelangt. Das betrifft sowohl die zukünftige Entwick-

12 Auf eine kurze Formel heruntergebrochen kann gesagt werden, dass wir als Menschen allesamt freie geistige Lebewesen sind, welche stets im Lichte einer Vorstellung davon, wer oder was wir – andere Menschen und Menschen allgemein – sind, handeln und auch unser Verhalten immerzu mit Blick auf das Verhalten anderer koordinieren. Wir sind also immer die anderen der anderen und niemals nur die Eigenen. Zudem will niemand unfreiwillig auf seinen freien Willen verzichten und unfreiwillig leiden, benachteiligt werden usw. Ethisch richtiges (vernünftiges) Handeln ist nun also jenes Handeln, welches aus genau dieser Erkenntnis heraus entsteht, ein Handeln also, welches anerkennt, je selbst der andere und der Eigene zu sein, ohne aber zu wissen, welcher der anderen ich bin oder ob doch der Eigene (zu alledem siehe u. a. Gabriel 2020). Kant (2000) hat es in etwa so formuliert: Handle stets so, als ob du alle Menschen und jeder Mensch zugleich (dich eingeschlossen) wärest.

lung als auch die Aufarbeitung der Vergangenheit. Was die zukünftige Entwicklung angeht, stecken wir bezüglich der Entwicklung geeigneter Verfahren noch in den Kinderschuhen– sowohl was die Ausreifung bereits bestehender Instrumente angeht als auch die Konstruktion neuer. Das betrifft auch die Bestimmung konkreterer fachspezifischer Untersuchungsmerkmale. Und was die Aufarbeitung der Vergangenheit anbelangt, fehlt es besonders an Kenntnissen zum diagnostischen Wirken Sozialer Arbeit in der DDR.

Zielevaluation

Abschließend zum zweiten Kapitel ein paar Fragen und Reflexionsaufgaben:

- Welche Funktionen übernahm und welche Stellung hatte die sozialarbeitswissenschaftliche Diagnostik vor 1929, während der NS-Zeit und nach dem zweiten Weltkrieg?
- Warum ist die sozialarbeitswissenschaftliche Diagnostik als Teildisziplin Sozialer Arbeit ethischen und wissenschaftlichen Prinzipien verpflichtet und wie sehen diese Prinzipien aus?
- Warum hat die sozialarbeitswissenschaftliche Diagnostik bis heute ein schwieriges Standing in der Sozialen Arbeit?
- Nennen Sie drei bis vier zentrale Haltungsprinzipien sozialarbeiterischer Fallarbeit und sozialarbeitswissenschaftlicher Diagnostik und beschreiben Sie, was darunter zu verstehen ist.

Vertiefende Literatur

Zur Vertiefung dieser Themen sind die folgenden Texte empfohlen:

- Müller, C. W. (1992): Wie Helfen zum Beruf wurde. Band 1 (S. 199–221) sowie Band 2 (S. 133–165). Weinheim: Beltz.
- Matter, D. (2000): Behinderte Menschen in der Gesellschaft (S. 35–74). Stuttgart: Kohlhammer.

Literatur

Ansen, H. (2012): Soziale Diagnosen in der fallbezogenen Sozialen Arbeit. Forum Sozial, 4/2012, 15–19.

Birgmeier, B./Mührel, E. (2017): Wissenschaftliche Grundlagen Sozialer Arbeit. Frankfurt a. M.: Wochenschauverlag.

DBSH (2014): Deutschsprachige Definition Sozialer Arbeit des Fachbereichstag Soziale Arbeit und DBSH (Fassung von 2016). https://www.dbsh.de/media/dbsh-www/redaktionell/bilder/Profession/20161114_Dt_Def_Sozialer_Arbeit_FBTS_DBSH_01.pdf (Zugriff am 18.05.2022).

Gabriel, M. (2016): Sinn und Existenz. Eine realistische Ontologie. Frankfurt a. M.: Suhrkamp.

Gabriel, M. (2020): Moralischer Fortschritt in dunklen Zeiten. Universale Werte für das 21. Jahrhundert. Berlin: Ullstein.

Galuske, M. (2002): Methoden der Sozialen Arbeit. Weinheim: Beltz Juventa.

Heiner, M. (2012): Handlungskompetenz Fallverstehen. In: Becker-Lenz, R./Busse, S./Ehlert, G./Müller-Hermann, S. (Hg.): Professionalität Sozialer Arbeit und Hochschule. Wissen, Kompetenz, Habitus und Identität im Studium Sozialer Arbeit (S. 201–217). Wiesbaden: Springer VS.

Heiner, M. (2013): Wege zu einer integrativen Grundlagendiagnostik. In: Gahleitner, S. B./Hahn, G./Glemser, R. (2013): Psychosoziale Diagnostik (S. 18–60). Köln: Psychiatrieverlag.

Kant, I. (2000): Kritik der praktischen Vernunft. Grundlegung zur Metaphysik der Sitten. Werkausgabe in 12 Bänden: Band VII. Frankfurt a. M.: Suhrkamp.

Kleve, H. (2007): Postmoderne Sozialarbeit. Ein systemtheoretisch-konstruktivistischer Beitrag zur Sozialarbeitswissenschaft. Wiesbaden: Springer VS.

Krumenacker, F. J. (2004): Zehn Jahre Sozialpädagogische Diagnosen. In: ders. (Hg.): Sozialpädagogische Diagnosen in der Praxis (S. 7–13). Weinheim: Beltz Juventa.

Kuhlmann, C. (2004): Die historischen Dimensionen der Diagnostik am Beispiel Alice Salomon. In: Heiner, M. (Hg.): Diagnostik und Diagnosen in der Sozialen Arbeit (S. 11–25). Freiburg: Lambertus.

Kunstreich, T./Langhanky, M./Lindenberg, M./May, M. (2004): Dialog statt Diagnose. In: Heiner, M. (Hg.): Diagnostik und Diagnosen in der Sozialen Arbeit (S. 26–39). Freiburg: Lambertus.

Lambers, H. (2013): Theorien Sozialer Arbeit. Kompendium und Vergleich. Opladen: Budrich (UTB).

Mollenhauer, K. (1989): Brief an Jürgen Blandow. In: Krumenacker, F. S. (Hg.): Sozialpädagogische Diagnosen in der Praxis (S. 15–22). Weinheim: Beltz Juventa.

Müller, W. C. (1992): Wie Helfen zum Beruf wurde. Band 1: Eine Methodengeschichte der Sozialarbeit 1883–1945. Weinheim: Beltz.

Müller, W. C. (1994): Wie Helfen zum Beruf wurde. Band 2: Eine Methodengeschichte der Sozialarbeit 1945–1990. Weinheim: Beltz.

Nauerth, M. (2012): Soziale Diagnostik stärkt Herrschaftskritik und Partizipation. Einige gute Gründe für die Methodisierung des Fallverstehens in der Sozialen Arbeit. Forum Sozial, 4/2012, 20–23.

Nauerth, M. (2016): Verstehen in der Sozialen Arbeit. Handlungstheoretische Beiträge zur Logik sozialer Diagnostik. Heidelberg: Springer VS.

Obrecht, W. (2005): Der emergentistische Systemismus Mario Bunges und das Systemtheoretische Paradigma der Sozialarbeitswissenschaft und der Sozialen Arbeit (SPSA). http://www.freies-institut-tpsa.com/documents/Bunge_SPSA.pdf (Zugriff am 18.05.2022).

Pantuček-Eisenbacher, P. (2019): Soziale Diagnostik. Verfahren für die Praxis sozialer Arbeit (4. Aufl.). Göttingen: Vandenhoeck & Ruprecht.

Pauls, H. (2013): Klinische Sozialarbeit. Grundlagen und Methoden psychosozialer Behandlung. Weinheim: Beltz.

Richter, J. (2011): Freie Fundamente. Wissenschaftstheoretische Grundlagen für eklektische und integrative Theorie und Praxis. Göttingen: Vandenhoeck & Ruprecht.

Salomon, A. (1926): Soziale Diagnose. Die Wohlfahrtspflege in Einzeldarstellungen. Band 3. Berlin: Carl Heymann Verlag.

Sickendiek, U./Engel, F./Nestmann, F. (2002): Beratung. Eine Einführung in sozialpädagogische und psychosoziale Beratungsansätze. Weinheim: Beltz Juventa.

Staub-Bernasconi, S. (2007): Soziale Arbeit als Handlungswissenschaft. Stuttgart: Haupt (UTB).
Staub-Bernasconi, S. (2019): Menschenwürde, Menschenrechte, Soziale Arbeit. Verlag Barbara Budrich.
Thiersch, H. (2005): Soziale Arbeit und Lebensweltorientierung. Handlungskompetenz und Arbeitsfelder. Weinheim: Beltz Juventa.
Thiersch, H. (2008): Lebensweltorientierte Soziale Arbeit. Weinheim: Beltz.

3. Kapitel: Der Fall als Rahmung sozialarbeitswissenschaftlicher Diagnostik

Ziele des Kapitels

Soziale Arbeit ist in der Praxis eine berufsspezifische Form der Fallarbeit, und zwar insofern, als dass, im Unterschied z. B. zu technischen Berufen, Menschen einen besonderen Stellenwert zugesprochen bekommen. Soziale Fallarbeit ist Arbeit mit und für Menschen mit und in ihren näheren und weiteren Umweltbezügen (Röh 2013). Sozialarbeitswissenschaftliche Diagnostik findet demnach im Rahmen personenbezogener Fallarbeit statt. Allerdings sind Personen nicht per se Fälle und Fallarbeit muss sich nicht auf einzelne Menschen beziehen (so kann es sich auch um Gemeinwesenarbeit oder gesellschaftspolitische Tätigkeiten handeln). Was aber ist unter diesen Umständen „der Fall“ und welchen Stellenwert hat hier die sozialarbeitswissenschaftliche Diagnostik? Das zu klären, ist Aufgabe des folgenden Kapitels. Nach der Lektüre sollten Sie

- mit eigenen Worten beschreiben können, was ein Fall ist,
- mit eigenen Worten beschreiben können, was professionelle Fallarbeit auszeichnet,
- deutlich machen können, welchen Beitrag sozialarbeitswissenschaftliche Diagnostik in der professionellen Fallarbeit zu leisten hat und
- benennen können, in welcher Form Fallarbeit den Rahmen sozialarbeitswissenschaftlicher Diagnostik bildet und warum sozialarbeitswissenschaftliche Diagnostik unverzichtbar für professionelle Fallarbeit ist.

3.1 Was ist „der Fall"?

Zur Klärung der vielleicht dringlichsten Frage, nämlich was wir unter „Fall" in der Sozialen Arbeit verstehen, hier ein Beispiel:

Frau K. (33 Jahre alt) litt bis vor rund zwei Monaten wiederholt unter schweren depressiven Episoden. Zurzeit besucht sie eine psychiatrische Tagesklinik und erhält hier ambulante Hilfen in Form von Ergotherapie, Gruppengesprächen und begleiteten Einzelgesprächen durch eine Sozialarbeiterin.

Während des ersten Einzelgesprächs schildert Frau K., dass sie sich als alleinerziehende Mutter eines sechsjährigen Sohnes (Lukas) vollkommen überfordert erlebe. Zwar helfe ihre Mutter vielfach, allerdings könne diese natürlich nicht immer da sein. Von Lukas sei sie schnell genervt und dann ihm gegenüber laut und ungehalten. Zwar liebe sie ihren Sohn, das merke sie besonders, wenn er in der Kita sei, sobald er jedoch wieder heimkomme, fühle sie viel Ablehnung und Erschöpfung.

In ihren Beruf – in dem sie schon drei Jahre nicht mehr arbeitet – möchte sie auch nicht zurück (sie arbeitete als Erzieherin), da sie sich weder den Anforderungen an den Job noch ihren Kolleginnen oder Kollegen gewachsen erlebe. Eigentlich wünsche sie sich, noch einmal von vorn anzufangen – einfach abzuhauen, alles hinter sich zu lassen und neu zu starten (am besten mit einem Mann).

Das gerade von Ihnen Gelesene beschreibt einen Fall. Ein Fall besteht also aus Sachverhalten, an denen Menschen beteiligt sind (z. B. die alleinerziehende Mutter eines Kindes, welche sich als überfordert erlebt). Menschen sind per se keine Fälle, können aber als solche missverstanden werden.

Ein Sachverhalt wiederum ist die Gesamtheit von (in einem bestimmten Zusammenhang, unter einem bestimmten Gesichtspunkt) bedeutsamen Umständen oder Tatsachen. Zwei Tatsachen wären im oben genannten Fall z. B., dass es sich um eine alleinerziehende Mutter handelt und dass eine Sozialarbeiterin der Tagesklinik mit dieser in Kontakt steht.

Wie aber bereits hier zu sehen ist, werden die obigen Informationen der Fallbeschreibungen nicht ausreichend sein, um professionelle Soziale Arbeit hoher Güte durchführen zu können. Ja, es ist noch nicht einmal geklärt, ob es sich überhaupt um einen Fall für die Soziale Arbeit handelt. Das, und um was für eine Art Fall (z. B. Kindeswohlgefährdung, Beziehungsprobleme, Selbstunsicherheit usw.) es sich handelt, oder auch mit welchen Personen gearbeitet werden soll (z. B. ausschließlich mit der Mutter oder dem Kind, mit Mutter und Kind in einem gemeinsamen Setting oder mit der Großmutter, alten Kolleginnen usw.), gilt es noch zu klären (Müller 2004, 2012).

3.1.1 Vom Fall erster bis dritter Ordnung und wieder zurück

Fallbeschreibungen sollen im Verlauf so exakt und hilfreich wie möglich ausfallen, also den „tatsächlichen" Fall so gut wie denkbar abbilden. Da dies jedoch mit einem kurzen Blick kaum möglich ist und Fälle steter Veränderung unterliegen, schlägt Maja Heiner vor, diagnostisches Fallverstehen über die Analyse von Fällen in drei Ordnungen stattfinden zu lassen (2012, S. 201 f.). Beim *Fall erster Ordnung* handelt es sich um „Sequenzen konkreter Begebenheiten oder Geschehnisse, an welchen Menschen beteiligt sind" (Heiner 2012, S. 201); ganz wie die obige Darstellung. Bei einem *Fall zweiter Ordnung* werden nun einige Aspekte als bedeutsam hervorgehoben, andere Aspekte dafür vorläufig ausgeblendet und damit bestimmte Interpretationen nahegelegt. So könnte z. B. das Augenmerk im diagnostischen Prozess Frau K.s darauf gerichtet werden, dass sie als eine alleinerziehende Mutter von ihrem Sohn genervt ist, in ihrem alten Beruf nicht mehr arbeiten möchte und sich als überfordert erlebt. Mit dem Wissen um vergangene depressive Episoden könnte die Sozialarbeiterin nun zum interpretativen Schluss gelangen, es handele sich um eine neuerliche akute depressive Episode, und ihr eine entsprechende Abklärung zur Notwendigkeit einer akutpsychiatrischen Hospitalisierung empfehlen.

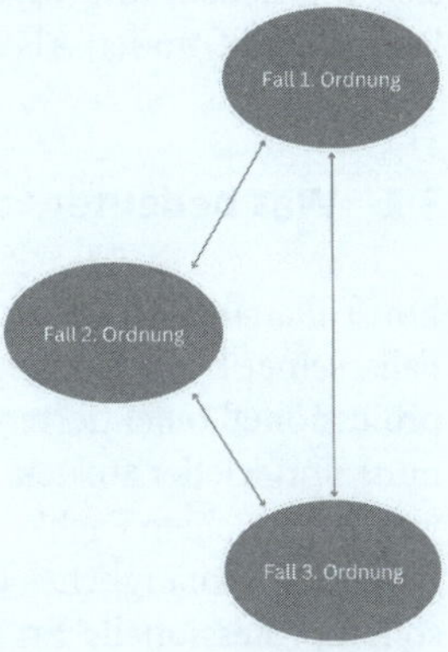

Abb. 3.1.1: Vom Fall erster bis dritter Ordnung

Beim Fall zweiter Ordnung handelt es sich also um eine erste Reduktion der Komplexität von Informationen, um beispielsweise konkrete Hilfsangebote machen zu können. Es dabei zu belassen, würde allerdings die Gefahr maximieren, falsche Schlüsse gezogen und damit auch falsche Entscheidungen getroffen zu haben. Um diese Gefahr zu minimieren, werden im *Fall dritter Ordnung* die Entscheidungs- und Unterscheidungsprozesse, die zu den Fällen zweiter Ordnung führten, reflektiert. Hierbei werden nun die zuvor ausgeblendeten Sachverhalte neuerlich in den Blick genommen und Interpretationsalternativen bzw. erweiterte Interpretationen sowie alternative diagnostische Hypothesen aufgestellt (vgl. Höllmüller 2009). Um beim obigen Beispiel zu bleiben, wird nun u. a. in den Blick genommen, dass Frau K. gerade aus der Klinik entlassen wurde, mehrere Jahre aus dem Beruf ausgeschieden ist und den Eindruck hat, Job und Kolleg*innen nicht gerecht werden zu können, sie den Wunsch nach einem Neuanfang (am besten mit Mann) hegt und dankbar dafür ist, Unterstützung durch ihre Mutter zu erfahren. Mögliche zusätzliche oder alternative Interpretationen sind nun beispielsweise: Frau K. hat Sorge, im Alltag (aus eigener Kraft) nicht bestehen zu können, sie hat Sehnsucht nach und Hoffnung auf Veränderung, hat die Bereitschaft, Unterstützung anzunehmen, und ist liebesfähig.

Mit der Durchdringung des Falls dritter Ordnung sind der diagnostische Prozess, die Fallanalyse und das Fallverstehen jedoch noch nicht abgeschlossen. Der Fall dritter Ordnung führt nun zum erweiterten Fall erster Ordnung, angereichert durch neue Fragestellungen, Informationen und Ergebnisse. Der Prozess beginnt also von neuem und wird solange durchgeführt, bis die soziale Fallarbeit ihr vorläufiges Ende findet. Als iterativer Prozess wird er „Fallanalyse“ genannt.

3.2 Was bedeutet Fallanalyse?

Eine Fallanalyse ist der einzelheitliche und umfängliche Durchdringungsprozess des Falls, seiner Bedingungen und Wechselwirkungen. Es handelt sich mithin um einen professionell reflektierten analytischen Prozess über den Fall erster bis dritter Ordnung und wieder zurück. Der Analyseprozess ist dabei spiralförmig im Erkenntnisweg, bei welchem Fachkräfte Sozialer Arbeit versuchen, mit diagnostischen Mitteln möglichst umfängliches und zuverlässiges Fallverstehen zu generieren. Hierdurch sollen professionelle Entscheidungen und Prognosen so zuverlässig wie möglich getroffen werden können (vgl. u. a. Schrapper 2004), um orientierungsdiagnostisch die Frage, um *„was“* für einen Fall es sich handelt, zuweisungsdiagnostisch die Frage, *„für wen“* es ein Fall ist, und gestaltungsdiagnostisch die Frage, *„mit wem“* gearbeitet werden sollte, beantworten zu können (Müller 2012).

Da Fallanalysen schlussendlich die Voraussetzung sind, um professionell verantwortliches und möglichst umfängliches Fallverstehen zu ermöglichen, ist es zwingend notwendig, klar zwischen dem *Beobachten* von Sachverhalten (Informationsgewinnung), deren *Beschreibung* (Ergebnisdarstellung sowie Darstellung des Prozesses der Informationsgewinnung), ihrer *Erklärung* (Interpretation) und *Bewertung* (interpretativer Schluss) zu unterscheiden. Wie schwierig dies mitunter sein kann, macht ebenfalls das obige Fallbeispiel deutlich:

So schildert Frau K., dass sie sich als mit ihrem Sohn überfordert erlebt. Natürlich handelt es sich hierbei um eine interpretative Bewertung. Nun könnte daraus geschlossen werden, dass der Grund hierfür möglicherweise ihre Depression sei (Erklärung). Dieser Schluss ist jedoch nicht zulässig, da es sich um eine interpretative Bewertung, vorgenommen durch Frau K. selbst, handelt. Somit handelt es sich um die Beschreibung einer „Beobachtung“. Die Unterscheidung zwischen Beobachten, Beschreiben, Erklären und Bewerten bezieht sich auf Diagnostiker*innen und nicht auf die Klientel. Die gesamte obige Fallbeschreibung befindet sich demnach auf den Ebenen Beobachten und Beschreiben, enthält an dieser Stelle aber weder Erklärungen noch Bewertungen durch die Diagnostiker*innen. Die Erklärungen und Bewertungen werden erst im weiteren Verlauf (Fall erster bis dritter Ordnung) angeboten, und zwar dann, wenn ausreichend valide Informationen vorhanden und beschrieben sind.

3.2.1 Einfaches prozessschematisches Beispiel

Ein einfaches prozessschematisches Beispiel (Abb. 3.2.1) soll veranschaulichen, wie fallanalytisch diagnostisch vorzugehen ist.

Mit der ersten Begegnung – diese hätte natürlich auch beispielsweise telefonisch stattfinden können – befinden wir uns in der ersten diagnostischen Phase. Hier findet neben dem Beziehungsaufbau zuerst eine Exploration (Erkundung) der Anliegen, Befürchtungen, Wünsche, Sorgen, Probleme sowie derer Erklärungen und Bewertungen, vorgenommen von der „hilfesuchende" Person selbst oder Dritter, statt. Man könnte also bezüglich der Fallbeschreibung zu Frau K. von einem verschriftlichten Ausschnitt eines ersten explorativen Gesprächs sprechen. Wird zudem noch umfänglich über die Entstehungsgeschichte und deren Bewältigungsversuche recherchiert, so sprechen wir von einer Anamnese. Sowohl Exploration als auch Anamnese sind im weitesten Sinne zuerst beobachtend – im weitesten Sinne, da es sich bei den Informationsquellen auch um Gesprächsprotokolle handeln kann – und in der Verschriftlichung beschreibend. Hiernach folgt eine erste Interpretation in Form von Erklärungen und Bewertungen, welche in Form von Hypothesen ausformuliert werden und dabei alle drei Ordnungsformen von Fällen durchlaufen.

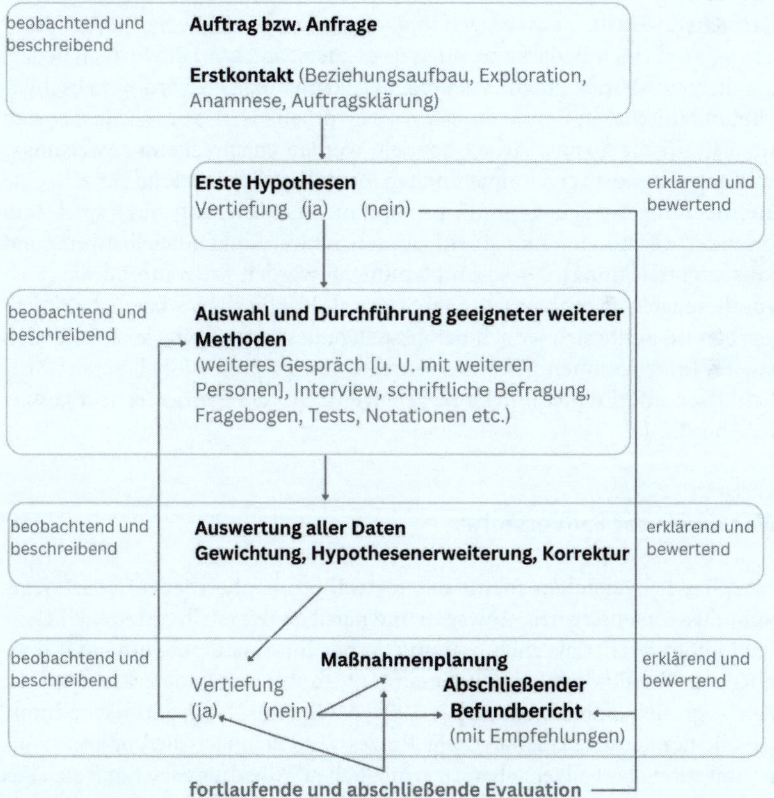

Abb. 3.2.1: Einfaches prozessschematisches Beispiel

Die Vielzahl der Hypothesen, wie z. B., dass Frau K. im Selbstwerterleben Zuwachs bedarf, werden zuerst auf ihren Nutzen bei einer potenziellen „Auftragsbewältigung“ hin überprüft (bspw. ob Hilfe durch eine Fachkraft Sozialer Arbeit notwendig wird und, wenn ja, in welcher Form – z. B. Erziehungsberatung) und schließlich auf ihre Bewährung im Prozess hin untersucht. Hierbei können dann geeignete diagnostische Methoden und Verfahren hinzugezogen werden, deren Ergebnisse wiederum nüchtern sachlich beschrieben und erst im weiteren interpretativen Schritt erklärt und bewertet werden.

So könnten weitere Gespräche mit Frau K., ihrer Mutter, dem Sohn, aber auch Klinikberichte und ähnliches zusätzliche Informationen zur Interaktion und Erziehung liefern, aber auch zu den Ressourcen Frau K.s. Darüber hinaus könnten Fragebögen zu Erziehungskompetenz, Lebensqualität und seelischen Belastung weitere Informationen hoher Güte generieren und konkrete Anhaltspunkte für Interventionen bereitstellen bzw. Hypothesen auf deren Gültigkeit hin überprüfen.

Als nächster Schritt folgt in der Regel ein erstes abschließendes Bewerten des Falls, wobei weitere Empfehlungen ausgesprochen werden. Sollte sich an dieser Stelle bereits herausstellen, dass es sich um keinen Fall für die Soziale Arbeit handelt – sei es, da es keinen Bedarf gibt, oder, da es zuerst anderer Hilfeformen bedarf (wie im Fall Frau K.s z. B. einen erneuten Klinikaufenthalt) – wird ein abschließender Befund mit diesen Empfehlungen verschriftlicht. Ist es aber so, dass es sich um einen Fall für die Soziale Arbeit handelt, werden entsprechend zuweisungs- und gestaltungsdiagnostische Empfehlungen formuliert (im Fall Frau K.s z. B. eine Erziehungsberatung mit Schwerpunkt auf Bindungsstabilisierung durch spiel- und körperorientierte Methoden und einem zweiten Schwerpunkt auf Selbstwert- und Selbstkonzeptentwicklung). Diese Empfehlungen werden fortwährend diagnostisch hypothesengeleitet evaluiert, bis der Status als Fall für die Soziale Arbeit nicht mehr gegeben ist. Sollte sich jedoch herausstellen, dass noch keine ausreichenden zuverlässigen Informationen gefunden wurden, um zu professionell verantwortlichen Schlüssen und Empfehlungen zu gelangen, wird der Prozess erneut gestartet (siehe Abb. 3.2.1).

3.3 Was bedeutet Fallverstehen?

Diagnostisches Fallverstehen meint das fortwährende „hermeneutische“ Zwischen- und Zusammenschauen, Abwägen und partizipative (stellvertretende) Deuten sowohl idiografischer als auch nomothetischer Informationen, um ein immer umfänglicheres Verständnis für den Gesamtfall, so wie er gerade erlebt wird, zu entwickeln (vgl. Heiner 2012, Schrapper 2004, Müller 2012). Diagnostische Informationen und der iterative fallanalytische Prozess sind demnach die Voraussetzungen, um professionelles Fallverstehen zu ermöglichen. Allerdings erschöpft sich das Fallverstehen niemals in einem „Vollständig-verstanden-Haben“, da Verstehen nie endgültig und damit abschließbar ist.

Von dieser grundsätzlichen Form diagnostischen Fallverstehens unterscheidet sich das rein phänomenologisch-hermeneutische Fallverstehen als „Methode" (u. a. Jöbgen 2004, Mollenhauer/Uhlendorff 1992, Krumenacker 2004). Die hermeneutisch-phänomenologische Form des Fallverstehens haben wir weiter oben unter idiografischer bzw. verstehender Diagnostik eingeordnet und werden ihr ein eigenes Kapitel widmen (Kapitel 6). Als eigene diagnostische Methode bzw. Zugangsweise liefert sie aber nur einen Teil der Informationen zum Gesamtfall, kann also selbst nur Bestandteil des diagnostischen Fallverstehens im oben gemeinten Sinne sein (Heiner 2012, Schrapper 2004, Müller 2012, 2004).

3.4 Kompetenzvoraussetzungen Sozialer Fallarbeit

Die sozialarbeitswissenschaftliche Diagnostik findet immer im Rahmen professioneller Fallarbeit statt; schlicht da Fälle die Voraussetzung sind, um Diagnostik betreiben zu können. Um aber hochwertige Soziale (Fall-)Arbeit zu gewährleisten, ist sie auch, wie gesehen, auf hochwertige sozialarbeitswissenschaftliche Diagnostik – u. a. in Form von Prozessabläufen, Methoden und Instrumenten – angewiesen. Damit aber beides – sowohl hochwertige sozialarbeitswissenschaftliche Diagnostik als auch Fallarbeit – zusammen zu leisten ist, werden wesentliche Kompetenzen abverlangt.

Wie die Abb. 3.4 verdeutlicht, sind neben den im letzten Kapitel bereits beschriebenen Haltungsprinzipien noch andere Kompetenzen vorausgesetzt. So benötigen Fachkräfte Sozialer Arbeit z. B. methodisches Können und Wissen über Methoden (Effinger 2005, von Spiegel 2018, Staub-Bernasconi 2007). Dies benötigen sie aber nicht nur, um selbst konkrete Hilfen anbieten zu können, sondern auch, um sie aufgrund zuweisungsdiagnostischer und gestaltungsdiagnostischer Erkenntnisse zu empfehlen.

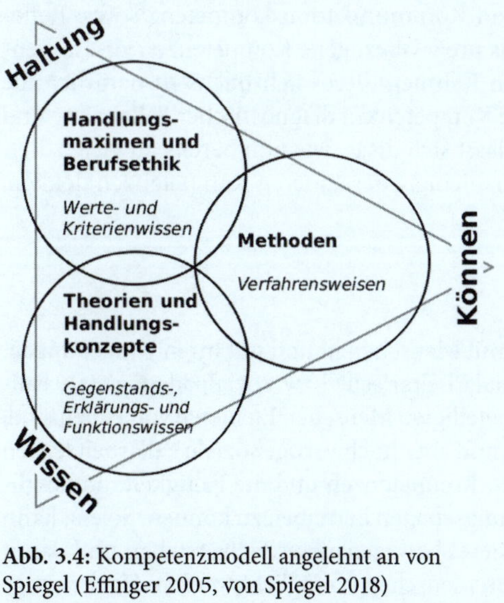

Abb. 3.4: Kompetenzmodell angelehnt an von Spiegel (Effinger 2005, von Spiegel 2018)

Fachkräfte Sozialer Arbeit sollten also umfängliche Verfahrenskenntnisse besitzen und dies nicht nur – wenn auch besonders – bezüglich sozialarbeiterischer und sozialpädagogischer Interventionen.

Darüber hinaus sollten Fachkräfte Sozialer Arbeit hinreichendes Gegenstands-, Erklärungs- und Funktionswissen, auch aus der integrativen bzw. eklektischen Perspektive unterschiedlichster Ansätze

Sozialer Arbeit, aufweisen, um u. a. diagnostische Erkenntnisse im Sinne prozessbezogener Kompetenzen (siehe Tabelle 3.4) auf allen Ordnungsebenen von Fällen angemessen interpretieren und schließlich mit Dritten und der Klientel selbst verhandeln zu können.

Tab. 3.4: Notwendige Kompetenzen zur Fallarbeit nach Heiner (2012)

Bereichsbezogene Kompetenzmuster	Prozessbezogene Kompetenzmuster
Selbstkompetenz Weiter-Qualifizierung, Identitätsentwicklung, Selbstregulation	Planungs- und Analysekompetenz
Fallkompetenz Fallanalyse und Fallbearbeitung	Interaktions- und Kommunikationskompetenz
Systemkompetenz Angebotsvermittlung und -koordination, Organisationsentwicklung	Reflexions- und Evaluationskompetenz

Umfänglicher betrachtet sollten Fachkräfte Sozialer Arbeit – um mit Maja Heiner (2012, S. 204) zu sprechen – über bereichsbezogene und prozessbezogene Kompetenzen verfügen, welche sich aus Selbstkompetenz, Fallkompetenz und Systemkompetenz als bereichsbezogene Kompetenzen und aus allgemeiner Planungs- und Analysekompetenz, Interaktions- und Kommunikationskompetenz sowie Reflexions- und Evaluationskompetenz als prozessbezogene Kompetenzen zusammensetzen. Besonders hervorzuheben im Rahmen dieses Lehrbuchs ist natürlich die Fallkompetenz, welche in erster Linie Kompetenzen diagnostischer Fallanalyse und Fallverstehen beinhaltet. Allerdings lässt sich diese, wie nun bereits an vielen Stellen des Buches beschrieben, nicht unabhängig der anderen Kompetenzen denken.

Fazit

Soziale Arbeit ist immer eine Arbeit mit Menschen in und mit ihren Umgebungen. Diese Arbeit kann als spezifisch sozialarbeiterische bzw. sozialpädagogische Fallarbeit verstanden werden, wobei die beteiligten Menschen Elemente von Fällen sind, ohne zugleich auch Fälle zu sein. Um nun aber hochwertige soziale Fallarbeit leisten zu können, braucht es eine Reihe von Kompetenzen und die Fähigkeit, umfängliche Fallanalysen über mehrere Ordnungsebenen betreiben zu können. So erst kann fortlaufendes und immer umfänglicheres bzw. genaueres Fallverstehen und damit letztlich auch Verstehen der beteiligten Menschen ermöglicht werden. Hochwertige

Fallanalysen haben zuverlässige Informationen und deren wissenschaftliche Interpretation zur Grundlage. Um solche Informationen zu erhalten und zu interpretieren, bedienen wir uns in der Sozialen Arbeit wesentlich diagnostischer Konzepte, Instrumente und Prozessverlaufsschemata – u. a. vor dem Hintergrund, klar zwischen Beobachten, Beschreiben, Erklären und Bewerten zu unterscheiden. Der Fall stellt demnach den Rahmen sozialarbeitswissenschaftlicher Diagnostik – zugleich ist soziale Fallarbeit allerdings immer auch diagnostisch (vgl. Heiner 2012).

Zielevaluation

Abschließend zum dritten Kapitel ein paar Fragen und Reflexionsaufgaben:
- Beschreiben Sie mit eigenen Worten, was „ein Fall" ist.
- Beschreiben Sie mit eigenen Worten, was professionelle Fallarbeit auszeichnet.
- Machen Sie deutlich, welchen Beitrag psychosoziale Diagnostik zur professionellen Fallarbeit zu leisten hat.
- Benennen Sie, warum Fallarbeit den Rahmen psychosozialer Diagnostik bildet.
- Warum kommt professionelle Fallarbeit nicht ohne gute psychosoziale Diagnostik aus?

Vertiefende Literatur

Zur Vertiefung der Themen sind folgende zwei Texte empfohlen:
- Müller, B. (2004): Was ist die Sache? „Fall von …" als kasuistisches Arbeitskonzept. In: Heiner, M. (Hg.): Diagnostik und Diagnosen in der Sozialen Arbeit (S. 55–67). Freiburg: Lambertus.
- Schwerpunkt Diagnostik (Forum Sozial, 4/2012, S. 10–27).

Literatur

Effinger, H. (2005): Wissen was man tut und tun was man weiß – zur Entwicklung von Handlungskompetenzen im Studium der Sozialen Arbeit. https://docplayer.org/10500551-Wissen-was-man-tut-und-tun-was-man-weiss.html (Zugriff am 18.05.2022).

Heiner, M. (2012): Handlungskompetenz Fallverstehen. In: Becker-Lenz, R./Busse, S./Ehlert, G./Müller-Hermann, S. (Hg.): Professionalität Sozialer Arbeit und Hochschule (S. 201–217). Wiesbaden: Springer VS.

Höllmüller, H. (2009): Erkenntnistheoretische Grundlagen von Diagnostik in der Sozialen Arbeit. In: Pantuček, P./Röh, D. (Hg.): Perspektiven sozialer Diagnostik (S. 15–35). Münster: Lit.

Jöbgen, M. (2004): Und doch kein Fall für die Justiz. Oder: Vom Nutzen der hermeneutischen Diagnostik. In: Heiner, M. (Hg.): Diagnostik und Diagnosen in der Sozialen Arbeit (S. 141–152). Freiburg: Lambertus.

Krumenacker, F. J. (2004): Von Lebensthemen zu Selbstdeutungsmustern und Entwicklungsaufgaben. In: ders. (Hg.): Sozialpädagogische Diagnosen in der Praxis (S. 23-38). Weinheim: Beltz Juventa.

Mollenhauer, K./Uhlendorff, U. (1992): Sozialpädagogische Diagnosen. Weinheim: Beltz Juventa.

Müller, B. (2004): Was ist die Sache? „Fall von …" als kasuistisches Arbeitskonzept. In: Heiner, M. (Hg.): Diagnostik und Diagnosen in der Sozialen Arbeit (S. 55–67). Freiburg: Lambertus.

Müller, B. (2012): Sozialpädagogisches Können. Ein Lehrbuch zur multiperspektivischen Fallarbeit. Freiburg: Lambertus.

Röh, D. (2013): Klassifikationen in der Sozialen Arbeit – Vorschlag eines gegenstands- und funktionsbasierten Rahmens. In: Gahleitner, S. B./Hahn, G./Glemser, R. (Hg.): Psychosoziale Diagnostik (S. 80–93). Köln: Psychiatrieverlag.

Schrapper, C. (2004): Sozialpädagogische Diagnostik zwischen Durchblick und Verständigung. In: Heiner, M. (Hg.): Diagnostik und Diagnosen in der Sozialen Arbeit (S. 40–54). Freiburg: Lambertus.

Spiegel, H. von (2018): Methodisches Handeln in der Sozialen Arbeit: Grundlagen und Arbeitshilfen für die Praxis. München: Ernst Reinhardt Verlag (UTB).

Staub-Bernasconi, S. (2007): Soziale Arbeit als Handlungswissenschaft. Stuttgart: Haupt (UTB).

4. Kapitel: Diagnostische Fehlerquellen

Ziele des Kapitels

Diagnostische Fehlleistungen sind keine ausgezeichneten Ausnahmen (Gäbler 2017, Lampartner/Schmidt 2018). Dies hängt zum einen mit der Komplexität jener Phänomenbereiche zusammen, mit welchen wir uns in der Sozialen Arbeit beschäftigen, zum anderen aber auch mit dem diagnostischen Prozess selbst und allen an diesem beteiligten Faktoren in ihrer Gesamtheit. Nicht nur die zu diagnostizierenden Phänomene erweisen sich in der Regel als komplex, sondern der diagnostische Prozess selbst, besonders weil der Mensch selbst diagnostizierend tätig wird. Das wurde bereits in den vorangegangenen Kapiteln angesprochen und hierzu u. a. argumentiert, dass es aus solchen Gründen Sinn ergibt, sozialarbeitswissenschaftliche Diagnostik sowohl in Handlung und deren zugrunde liegenden Methoden, Verfahren und Abläufen zu systematisieren, als auch in deren fachwissenschaftlicher Fundierung. In diesem Kapitel wenden wir uns nun einer Reihe diagnostischer Fehlleistungen, Fehlerquellen und deren Kontrollmöglichkeiten zu. Hierbei wird sich u. a. zeigen, dass eine Reihe der hier vorgestellten Fehlleistungen ohne große Anstrengungen kaum zu verhindern sind, selbst dann nicht, wenn sie Diagnostiker*innen bekannt sind.

Konkret lauten die Ziele dieses Kapitels, dass Sie

- konkrete Fehlleistungen diagnostischen Vorgehens benennen und beschreiben können,
- Orte des Auftretens von Fehlerquellen im diagnostischen Prozess benennen können und
- Maßnahmen zur Vorbeugung, zur Reduzierung und zum Umgang von und mit Fehlerquellen benennen und beschreiben können.

4.1 Grundsätzliches

Nehmen Sie sich bitte eine Minute Zeit und schauen Sie – möglichst ohne zu blinzeln – dreißig Sekunden auf die vier kleinen Punkte in der Mitte des unten abgedruckten Bildes (Abb. 4.1). Wenden Sie nach diesen 30 Sekunden nun den Blick auf das nebenstehende weiße Quadrat und blinzeln Sie dabei immerzu und möglichst schnell. Was sehen Sie?

Abb. 4.1: Nachhall

Die Antworten fallen in der Regel recht unterschiedlich und spontan aus. Eines allerdings haben fast alle Beschreibungen gemein; es wird ein bärtiger Mann gesehen – ob als Jesus, Rocker oder dergleichen bezeichnet.

Drei Dinge werden dabei bereits deutlich: Bestimmte Wahrnehmungsleistungen geschehen einfach mit uns – wenn auch durchaus aktiv beeinflusst. Erkenntnisleistungen sind wesentlich durch Erinnerungen bestimmt und Erkenntnisse oftmals eher Interpretationen bzw. konstruierte Zuschreibungen anstelle wahrer Tatsachen oder deren Abbilder (u. a. Müsseler/Rieger 2017). Wie problematisch dies mitunter sein kann, zeigt folgendes Beispiel.

4.1.1 Eine Fallvignette

Eine ältere alleinerziehende Mutter berichtet in einem Gespräch mit einer Sozialarbeiterin, dass sie sich mit ihrer Tochter überfordert fühle. Auf die Sozialarbeiterin wirkt sie zudem gedankenzerfahren, verwahrlost und alkoholisiert. Allerdings verneint die Mutter die Frage nach Drogen- oder Alkoholkonsum.

Nehmen Sie sich bitte wieder einen Moment Zeit und lassen Sie diesen kurzen Fallausschnitt auf sich wirken. Was für ein Bild bekommen Sie von der Mutter? Was vermuten Sie, wie ernst die Lage der Tochter einzuschätzen ist? Wie schätzen Sie die Verneinung der Mutter bezüglich ihres Alkohol- und Drogenkonsums ein?

Der obige Ausschnitt legt eine eher pessimistische Sicht auf die Mutter und ihre Erziehungskompetenz nahe. Dies liegt zum einen an den verwendeten Begrifflichkeiten und damit einhergehenden vermeintlichen Zuschreibungen. Andererseits liegt es auch daran, dass wir die „Fähigkeit" besitzen, möglichst schnell und auch bei wenigen Informationen interpretativ urteilend zu schließen. Selbst wenn Sie noch unter dem Einfluss des vorangegangenen Kapitels stehen sollten, wird es Ihnen möglicherweise schwergefallen sein, sich eines ersten, wenn auch vorläufigen, eher negativen Urteils zu enthalten. Das Lesen solcher Fallausschnitte macht etwas mit uns; es beeinflusst unsere Stimmung und unser Denken. Die Fähigkeit, bereits aufgrund weniger und zudem kaum validierter Informationen Schlüsse zu ziehen, erschwert es uns, die Kontextbedingungen des Falls zu berücksichtigen. Das Gespräch zwischen Sozialarbeiterin und Mutter hätte aber sowohl in der Schule, im Jugendamt oder auf der Straße stattfinden können, und zwar entweder mit einer befreundeten Sozialarbeiterin, der Schulsozialarbeiterin oder auch der Sozialpädagogischen Familienhelferin der Familie. Unter Berücksichtigung dieser jeweiligen Kontextvariablen werden auf einmal andere Schlüsse möglich. Vielleicht erfährt die Sozialarbeiterin (befreundet oder nicht), dass die Mutter zwei Nächte nicht schlafen konnte, da sie sich beruflich als Professorin in einer kritischen Situation befindet oder die Kinder schwer erkrankt sind. Vielleicht hat die Mutter eine Drogenvergangenheit oder in der letzten Nacht ihren Geburtstag gefeiert. All diese „Kontextinformationen" verändert das Bild – mitunter nuanciert oder eben radikal – und führen unter Umständen zu vollkommen anderen Schlüssen. Als diagnostisch mangelhaft sensibilisierte Fachkräfte jedoch neigen wir dazu, diese Kontextinformationen zu vernachlässigen und Personeneigenschaften zuzuschreiben. Und da wir zudem bereits viele Jahre Sozialisation erfahren und damit auch viele Erinnerungen gespeichert haben, schöpfen wir in unserem Schließen besonders leicht aus diesem Fundus, generalisieren und chronifizieren.

4.2 Wahrnehmungsfehler, kognitive Verzerrungen und andere Störgrößen

Wie aus obiger Fallvignette zu ersehen, liegen die Wurzeln diagnostischer Fehler nicht immer eindeutig in einem Ursprung allein. Oftmals handelt es sich um Mischungen, sodass eine einfache systematische Zuordnung – auch der nachfolgend vorzustellenden Fehler – oft unmöglich ist. Dennoch können vier Quellorte diagnostischer Fehlleistungen ausgemacht werden (u. a. Schmitt/Gerstenberg 2014):

- Diagnostiker*innen,
- Diagnostikant*innen,

- diagnostische Situation,
- diagnostisches Verfahren.

Einfache typische Einflüsse auf die diagnostische Fehlerbereitschaft von Menschen sind hierbei u. a. Atmosphären (im Raum), die Tagesform, die Stimmung, die der diagnostischen Situation vorausliegenden oder nachfolgenden Ereignisse, die Leistungsfähigkeit der Diagnostiker*innen und Diagnostikant*innen, die Güte der verwendeten Verfahren, die professionelle Kompetenz der Diagnostiker*innen (u. a. Reflexionsfähigkeit) sowie die menschliche Konstitution im Allgemeinen (u. a. Bierhoff 2006). Wenden wir uns nun einigen diagnostischen Fehlern etwas genauer zu.

Selektive Aufmerksamkeit. Das menschliche Bewusstsein funktioniert seriell. Wir entscheiden bei einer Reihe von Inhalten in einem Zeitfenster von circa fünf Sekunden, welchen Inhalten wir besondere Aufmerksamkeit schenken und welchen nicht. Dabei können wir uns in der Regel auf nur einen Inhalt konzentrieren (selektive Aufmerksamkeit), während andere Inhalte im Hintergrund verleiben und nach ungefähr fünf Sekunden ausgeblendet werden (u. a. Müsseler/Rieger 2017). Dabei erregen bestimmte Objekteigenschaften (u. a. Bewegung, starke Kontraste, intensive Farbreize, emotional verknüpfte Reize) von sich aus besonders leicht unsere Aufmerksamkeit, während andere Reize deutlich mehr Anstrengung bedürfen. Interessant ist nun, dass wir dies oftmals nicht einmal bemerken und somit möglicherweise wichtige Informationen ungesehen bleiben. Dies geschieht selbst dann, wenn die Informationen sehr deutlich in unserem Wahrnehmungsfeld auftauchen. Werden Proband*innen nachträglich auf diese Information hingewiesen und die Szene wiederholt, ist die Überraschung der Proband*innen, diese nicht bewusst wahrgenommen zu haben, zumeist sehr groß. Auf Youtube gibt es hierzu eine Reihe spannender Experimente, welche Sie selbst ausprobieren können (selective attention, z. B. https://www.youtube.com/watch?v=IGQmdoK_ZfY, Zugriff am 12.08.2022).

Kontexteffekte. Eine klassische kognitive Verzerrung ist der *Kontrasteffekt* – auch Primingeffekt (Schmitt/Gerstenberg 2014) genannt. Hierbei beeinflussen die Kontextinformationen die eigentlich wahrzunehmenden Informationen. Durch Kontextinformationen – erinnert sei an den obigen Fallausschnitt – werden die eigentlich zu untersuchenden Inhalte über- oder unterschätzt. An der nächsten Abbildung (Abb. 4.2a) soll dies verdeutlicht werden.

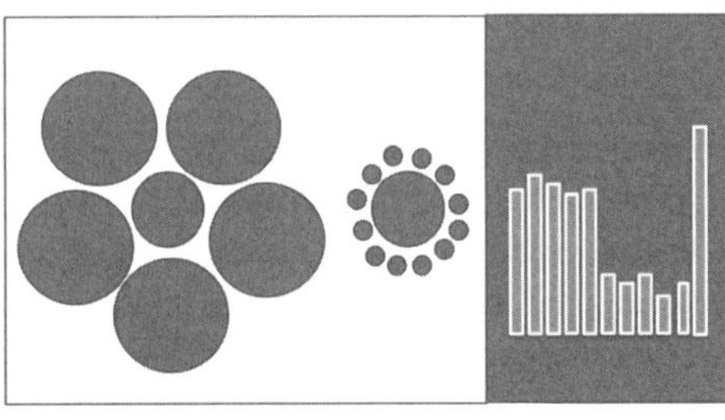

Abb. 4.2a: Beispiel des Kontexteffekts

Halten Sie das Buch in Armlänge vor sich hin und schauen Sie sich die beiden inneren Kreise genau an. Welcher Kreis ist Ihrer Wahrnehmung nach größer?

In der Regel wird bei Beobachter*innen der Eindruck erzeugt, dass es sich bei dem rechten inneren Kreis um den größeren von beiden handelt. Die geometrische Wahrheit ist jedoch, dass beide Kreise gleich groß sind.

Zwei andere aufmerksamkeitsgebundene kognitive Verzerrungen sind der *Assimilations- und der Akkommodations-Effekt.* Bei diesen beiden Effekten spielen – im Unterschied zum gerade genannten – Erinnerungen und teilbewusste oder ahnungsbewusste Bewertungen eine zusätzliche Rolle. So sind Menschen einerseits geneigt, sich schnell an sich wiederholende Ereignisse zu gewöhnen und damit Erlebnisse zu unterschätzen (Akkommodationseffekt), oder andererseits, aus der Routine herausragende Ereignisse im Erleben überzubewerten (Assimilationseffekt). So ist es auch zu erklären, dass Fachkräfte Sozialer Arbeit bei bestimmten Fallkonstellationen quasi abstumpfen und andererseits bestimmte neue Konstellationen überdehnen. Ein Beispiel:

Ein Kollege arbeitete über 25 Jahren im Allgemeinen Sozialen Dienst des Jugendamtes eines sozialen Brennpunktes einer größeren Kleinstadt. Er besuchte im Fall einer angezeigten potenziellen Kindeswohlgefährdung (massive körperliche und seelische Misshandlung des jüngsten der fünf Kinder) eine noch junge Familie. Bei dem Besuch fiel ihm ein sehr unaufgeräumter und dreckiger Haushalt auf, zugleich konnte er beobachten, wie die Kinder sich gegenseitig schlugen und weder auf die Ermahnungen der Eltern noch anderer anwesender Erwachsener hörten, damit aufzuhören. Nach Gesprächen mit den Eltern und den Kindern und auf Grundlage der ihm bereits bekannten Familiengeschichte und seiner Vorerfahrung in diesem Stadtteil entschied der Kollege, das jüngste Kind vorerst in Obhut zu nehmen.

Seit gut einer Woche arbeitet der Kollege nun in einem Stadtteil, welcher als gehoben gilt. Auch hier wird er im Fall einer angezeigten potenziellen Kindeswohlgefährdung zu einer Familie gerufen. Sobald er das Grundstück der Villa betritt, fällt ihm auf, mit wie viel Liebe dieses sowie das Haus gepflegt werden. Auch innerhalb des Hauses selbst scheint alles sehr sauber und ordentlich. Die Eltern wirken gebildet, emotional gesetzt, gelassen und humorvoll. Zudem zeigen sie sich von der Anzeige schockiert bzw. tief berührt und können sich keinen Reim darauf machen. Das Kind scheint zudem sehr gelassen und sucht die Nähe zur Mutter, sodass bei dem Kollegen nach all seinen Vorerfahrungen der Verdacht eines Missverständnisses aufkeimt und er sich verabschiedet.

Im ersten Fall dieses Beispiels hat sich der genannte Kollege im Laufe der Jahre an die Art und Schwere immer wiederkehrender Auffälligkeiten gewöhnt (mitunter führt dies sogar zu einer Unterschätzung von Situationen). Durch diesen *Akkommodationseffekt* jedoch läuft er nun Gefahr, die neue Situation zu unterschätzen, erscheinen ihm die Umstände im Fall doch als Indizien, dass hier keine für den ASD bedeutsamen Schwierigkeiten vorlägen (*Assimilationseffekt*).

Erinnerungsfehler. Weitere kognitive Verzerrungen entstehen durch fehlerhaftes Erinnern an Ereignisse. Von diesen gibt es eine Vielzahl, exemplarisch sollen die *Erinnerungsverzerrung* und der *Primacy- und Recency-Effekt* vorgestellt werden (u. a. Atkinson et al. 2003, Bierhoff 2006).

Zumeist glauben wir uns bei wichtigen, eindringlichen Erlebnissen gut an diese erinnern zu können, und zwar selbst dann noch, wenn sie recht weit zurückliegen. Ähnlich geht es unseren Diagnostikant*innen. Auch sie sind in der Regel der Überzeugung, dass sie mit ihrer Einschätzung vergangener, zumindest selbst erlebter, Ereignisse richtig liegen. Allerdings neigen Menschen dazu – und dies umso mehr, umso länger Ereignisse zurückliegen und umso öfter diese sich selbst oder Dritten erzählt wurden –, sie zu verändern. Dies hängt u. a. damit zusammen, dass Menschen die Neigung haben, Ereignisse in einem konsistenten Erzählstrang abzubilden und somit unklare oder gar fehlende Erinnerungen mit aktuell subjektiv logisch erscheinenden Platzhaltern zu füllen. Insofern haben Tatsachenberichte zurückliegender Ereignisse nur bedingten „Wahrheitswert“ – und dies, wie gesagt, umso weniger, desto weiter die Ereignisse zurückliegen (*Erinnerungsverzerrung*).

Erhalten wir in diagnostischen Gesprächen (Anamnese und Exploration) nun solche Tatsachenberichte, so fällt es uns zusätzlich leichter, uns an die ersten (*Primacy-Effekt*) und letzten (*Recency-Effekt*) Inhalte des Gesprächs zu erinnern – leichter als an Inhalte aus der Mitte des Gesprächsverlaufs.

Fundamentaler Attributionsfehler (Zuschreibungsfehler, Jones/Harris 1967). Menschen neigen dazu, Aussagen und Verhalten bevorzugt auf die Persönlichkeit von Menschen zurückzuführen und dabei Kontexteffekte zu vernachlässigen. Stellen Sie sich vor, Sie begegnen auf der Straße einem Mann mittleren Alters. Dieser Mann schwankt sehr stark beim Gehen und fällt auf einmal, in gut zehn Metern Entfernung vor Ihnen, hin. Was würden Sie zuerst denken, was der Grund für das Schwanken und den Sturz gewesen sein könnte? In der Regel neigen wir dazu – ob Sie nun Alkohol oder Erkrankung verantwortlich machen sollten –, den Grund für den Sturz der Person selbst zuzuschreiben. Vielleicht war allerdings auch der Boden rutschig? Folgendes Beispiel veranschaulicht diesen Fehlschluss deutlicher:

> Nachdem das Jugendamt vor etwas mehr als einem halben Jahr angedroht hatte, Leon aus der Familie zu nehmen, hat sich das Verhalten von Leons Eltern radikal verändert. Es ist seitdem zu keinen Meldungen mehr über Blessuren und ungewöhnliches Verhalten Leons aus der Schule oder der Nachbarschaft gekommen. Zudem hat die Sozialarbeiterin seit gut sechs Monaten den Ein-

druck, dass sich grundsätzlich alles zum Positiven gewandelt hat und sich die Zusammenarbeit mit der Familie sehr kooperativ gestaltet, Leon in der Schule sehr gut mitkommt etc.

In einem beiläufigen Telefonat der Mutter mit einer Freundin schnappt eine Kollegin der zuständigen Sozialarbeiterin jedoch auf, wie Frau S. ihrer Freundin mitteilt, dass wieder andere Seiten aufgezogen werden würden, wenn das Jugendamt erst einmal raus sei.

Was schätzen Sie selbst? Gab es eine Veränderung in der Einstellung der Mutter oder nicht?

Eine nicht-repräsentative Stichprobe aus meinen Veranstaltungen zeigt mir, dass rund 95 % der Studierenden davon ausgehen, dass es keine Einstellungsänderung der Mutter gab und sie somit ihr Verhalten nur übergangsweise den Forderungen des Jugendamts angepasst hat, um die Mitarbeiter*innen des ASD zu beruhigen. Der Telefonanruf gilt hierbei als Beleg – die Mutter hat sich quasi verraten. Interessant ist dieses Ergebnis besonders daher, da die angesprochenen annähernd 95 % der Studierenden diesen Fehler trotz vorangegangener Aufklärung begehen. Wir unterschätzen also die Kontexteffekte in ihrer Wirkung auf das menschliche Verhalten. Erscheint es nicht viel wahrscheinlicher, dass die Mutter sich zur obigen Aussage hat hinreißen lassen, um das Gesicht vor der Freundin zu wahren?

Halo-Effekt (Überstrahlungseffekt, Thorndike 1920). Nun wissen Sie doppelt um die Gefahr des fundamentalen Attributionsfehlers – sollten also dafür gewappnet sein, diesen nicht unmittelbar zu wiederholen. Versuchen Sie, in der Beschreibung der kommenden Verzerrung darauf zu achten.

Personen haben die Angewohnheit, Menschen aufgrund bestimmter besonders hervorstechender Eigenschaften oder Merkmale in ihrem Gesamtwesen einzuschätzen. Ausgewählte Eigenschaften überstrahlen also andere Merkmale und lassen die Gesamtperson in diesem „besonderen" Licht erscheinen. Handelt es sich dabei um erwünschte oder als positiv einzuschätzende Eigenschaften oder Merkmale, so wird dies auch *Heiligenscheineffekt* genannt, handelt es sich hingegen um unerwünschte oder als negativ einzuschätzende Merkmale bzw. Eigenschaften, so wird dies auch als *Teufelshörnereffekt* bezeichnet. Beispielsweise gelten als sehr elegant im Erscheinen wirkende und im Auftreten dominant handelnde Menschen – ohne dass diese dabei aufdringlich wären – in der Regel als kompetent (Rosenzweig 2008). Um diesen Effekt zu veranschaulichen, folgt an dieser Stelle ein weiteres Beispiel – denken Sie an den fundamentalen Attributionsfehler.

Aus dem Internet wurden mehrere Informationen zusammengetragen, welche eine Person beschreiben und Ihnen hier vorgestellt werden. Sie sollen im

Anschluss überlegen, in welche Richtung einzelne vorgezeichnete Prognosen zutreffen könnten. Es sei erwähnt, dass der Autor dieses Buches die im Folgenden wiedergegebenen Meinungen nicht teilt.

- „Übergewichtige, als unattraktiv wahrgenommene Frau, bewegt sich staksig, spricht mitunter verwaschen ..."
- „Gut gekleidete, promovierte Frau, sehr eloquent, zielstrebig, durchsetzungsfähig, kompromissfähig ..."

Wenn eine der folgenden Prognosen aus den obigen Personenbeschreibungen möglich ist, welche der Beschreibungen trifft eher zu?

- „Intelligente, beruflich erfolgreiche und verheiratete Person."
- „Weniger intelligente und beruflich erfolgreiche sowie unverheiratete Person."

Ordnen Sie, wenn möglich, die Eigenschaften den Beschreibungen 1 oder 2 zu.

Wenn Sie nun die nächste Doppelseite aufschlagen, werden Sie das Bild einer Person und die zugehörige Auflösung sehen (Aufklärung Halo-Effekt).

Schema(stereotyp)kongruente Effekte. Wir Menschen sind in gewisser Weise naive Wissenschaftler*innen. Wir bilden Hypothesen und versuchen, diese Hypothesen zu bestätigen oder zu widerlegen. In der Regel tun wir dies methodisch sehr ähnlich wie wissenschaftlich Arbeitende und suchen nach Zusammenhängen (illusionäre Korrelationen), Ursachen sowie Gründen (naive Varianzanalyse) für ein bestimmtes Verhalten, indem wir wiederholt Beobachtungen anstellen oder auf bereits gemachte Beobachtungen (als Erfahrungen kondensiert) rekurrieren, diese systematisieren, hypothesentestend – u. a. auf Zusammenhänge und Ursache – prüfen und schließlich interpretieren (Bierhoff 2006). So werden uns induktive oder deduktive Schlüsse möglich und damit zukünftige Ereignisse (z. B. Verhalten) vermeintlich prognostizierbar. Oft sind jedoch sowohl die Güte der untersuchten Merkmale sowie die Voraussetzungen schlecht, genauso oft ist auch die Anwendung unzureichend – zu wenige Beobachtungen, Fehlschlüsse, falsche Merkmalgruppen usw. –, sodass zwar im Einzelfall die Welt für uns je subjektiv erklärbarer und damit handhabbarer erscheint (Bierhoff 2006), ein diagnostischer Mehrwert durch die Fehlerbehaftung zumeist jedoch nicht enthalten ist.

Besonders problematisch werden solche Stereotype, wenn sie durch (pseudo) wissenschaftliche Kenntnisse, naive Theorien und andere Heuristiken (z. B. populärwissenschaftliche Veröffentlichungen, subjektive Normen und Werte, ideelle Normen und Werte oder auch statistische Normen) genährt werden (vgl. Schmitt/Gerstenberg 2014). In diesen Fällen bekommen die vermeintlichen Erkenntnisse noch einen pseudo-belastbaren Anstrich.

Konfirmatorisches Hypothesentesten. Beim konfirmatorischen Hypothesentesten handelt es sich um eine Form der schemakongruenten Effekte, allerdings soll es dennoch gesondert vorstellt werden, da dieser Effekt sicherlich zu den am häufigsten auftretenden und mit am leichtesten zu vermeidenden gehört.

Stellen Sie sich einen alleinerziehenden Vater zweier Töchter – sechs und zwölf Jahre alt – vor. Er sucht einen Sozialarbeiter in einer Erziehungsberatungsstelle wegen nächtlichen Einnässens (Enuresis nocturna) der großen Tochter auf. Da der Sozialarbeiter vor kurzem erst ein Buch über sexuellen Missbrauch gelesen hat, kommt ihm sofort der Verdacht, die Tochter könnte einen solchen Missbrauch erlebt haben. Auf sein Bitten hin kommt es zu einem Einzelgespräch zwischen dem Sozialarbeiter und der Tochter. Ein kurzer und im fortgeschrittenen Verlauf erfolgter Ausschnitt dieses Gesrpächs soll an dieser Stelle wiedergegeben werden.

Sozialarbeiter: „Hat dich schon einmal ein Junge oder Mann zwischen deinen Beinen angefasst?“

Tochter: *Schweigen.*

Sozialarbeiter: „Das ist ja so erstmal nichts Schlimmes. Also, ehm, ich meine, wenn du mal Doktorspiele gespielt hast oder so, oder ihr beim Schwimmen wart oder so. Weißt du, was ich meine?“

Tochter: „Ja … also mit meinem Papa gehen wir immer an den FKK-Strand baden.“

Sozialarbeiter: „Und wie läuft das dann so ab? … Gabs da schon mal unangenehme Situationen für dich?“

Tochter: „Naja, ich mag das eigentlich nicht mehr. Aber mein Papa sagt dann, ich soll mich nicht so anstellen. Wir sind ja alle nackt.“

Sozialarbeiter: „Und dann zwingt dich dein Papa quasi dazu?“

Tochter: „Schon irgendwie … Ich mag das aber nicht. Da gibts auch so einen alten Mann, einen Nachbarn, der guckt auch immer so komisch.

Sozialarbeiter: „Und was sagt dein Papa dann?“

Tochter: *Schweigen.*

Das Vorgehen des Sozialarbeiters ist wesentlich konfirmatorisch. Es wird sehr deutlich, dass er die Hypothese eines sexuellen Missbrauchs der Tochter durch den Vater verfolgt und durch seine Art des Fragens nur noch nach bestätigenden Indizien sucht. Das Ergebnis steht quasi schon fest. Somit ist die Gefahr eines diagnostischen Fehlschlusses sehr hoch.

Rosenthaleffekt (Versuchsleitereffekt) und Pygmalioneffekt (sich selbst erfüllende Prophezeiung in asymmetrischen Beziehungen, Rosenthal/Fode 1963, Rosenthal/Jacobson 1968). Diese beiden Effekte sind nicht direkt miteinander verwandt, haben aber sehr ähnliche Wirkungen: Sie verändern die gegenüberliegende Person in erwarteter Weise, ohne dass diese es jedoch merkt. Bei beiden Effekten haben also Erwartungen eine direkte oder indirekte Wirkung auf das Verhalten der zu beobachtenden Person.

So erwarten viele Menschen beispielsweise von einem Kevin oder einer Chantal, dass sie sich auffällig verhalten. Menschen mit diesen Namen werden in der Regel eine geringere Intelligenz, mangelndes prosoziales Verhalten und anderes unterstellt (Kotthaus/Kathöfer/Holtbrink/Kastirke 2010). Mit diesen Erwartungen besteht die Gefahr, dass wir erstens nur jenes erwartete Verhalten beobachten (*konfirmatorisches Hypothesentesten*) und zweitens durch die oft auch unbewussten Reaktionen auf dieses beobachtete Verhalten selbiges verstärken (*Pygmalioneffekt*). Dies geschieht mitunter selbst dann noch, wenn wir die beeinflussenden Faktoren so gut es geht kontrollieren (*Rosenthal-Effekt*), also eigentlich kein beeinflussendes Verhalten auftreten kann. Wir nehmen demnach nicht nur ein erwartetes Verhalten verstärkt wahr, da wir unsere Aufmerksamkeit darauf richten, sondern können es tatsächlich häufiger und oder in stärkerer Intensität beobachten.

Soziale Erwünschtheit. Menschen neigen oft und besonders in ungewohnten bzw. herausfordernden Situationen dazu, sich selbst im Vergleich zu gesellschaftlich idealen Normen in ein gutes Licht zu stellen. Besonders in kritischen Lebenslagen beschönigen wir Situationen und unser eigenes Erleben und Verhalten vermeintlich soziale erwünscht, bagatellisieren es usw. Dies hilft uns dabei, unser Selbstwertgefühl aufrechtzuerhalten, macht es jedoch Diagnostiker*innen bei Befragungen schwer, den tatsächlichen Ist-Zustand seelischer oder psychosozialer Befindlichkeiten, des Erziehungsverhaltens usw. realistisch einzuschätzen. So bagatellisiert ggf. eine Mutter die Verhaltensauffälligkeiten des Kindes, da sie Sorge hat, als erziehungsinkompetent zu erscheinen.

Gehorsam gegenüber Autoritäten (u. a. Bortz/Döring 2006). Als Fachkräfte Sozialer Arbeit stellen wir für unsere Klientel in gewisser Weise Kapazitäten dar. Dieser Eindruck wird natürlich noch durch besondere berufliche Kontexte (wie eine Tätigkeit im Jugendamt) oder akademische Abschlüsse verstärkt. Umso stärker wir als Kapazitäten wahrgenommen werden, desto ausgeprägter ist in der Regel das Vertrauen unserer Klientel in unsere Entscheidungen – besonders natürlich, wenn ein verbessertes Wohlbefinden implizit ist. Die Neigung, Verantwortung für Entscheidungen abzugeben und damit auch kritisches Denken abzulegen, erhöht sich dadurch. Letztlich steigert sich die Gefahr, dass unsere Diagnostikant*innen Dinge sagen oder tun, welche uns erwünscht erscheinen, aber nicht echt sind.

Abb. 4.2b: Auflösung Halo-Effekt

Reaktanz (Bierhoff 2006). Zu sozialer Erwünschtheit und dem Gehorsam gegenüber Autoritäten besteht auch ein gegenteiliger Effekt. Dieser entsteht besonders in Situationen, in denen wir uns bedrängt fühlen und uns entweder als überlegen oder ungerecht behandelt erleben. Menschen neigen dann dazu, in den Widerstand zu gehen.

4.3 Umgang mit Fehlerquellen und Fehlern

Wie eingangs des Kapitels beschrieben, lassen sich nicht alle Fehler vermeiden. Um die Anzahl diagnostischer Fehlschlüsse dennoch so gering wie möglich halten zu können, bedarf es umfänglicher Reflexionen (und der Realisierung anderer Haltungsprinzipien – siehe zweites Kapitel).

Im vorangegangenen Kapitel haben wir uns hiermit sehr intensiv auseinandergesetzt. Um so reflexiv wie möglich handeln zu können, wurde auf den klassischen Vierschritt – Beobachten, Beschreiben, Erklären und Bewerten – hingewiesen und das prozessuale fallanalytische Vorgehen in Ordnungen als notwendige Bedingung beschrieben (s. prozessschematisches Beispiel, Kapitel 3). Hierzu gehört auch die Überprüfung der Daten auf ihre Güte, ebenso wie eine kontinuierliche Reflexion der eigenen Überzeugungen, Meinungen und Vorurteile (von der Datenerhebung, über die Gewichtung bis hin zur Interpretation). Schließlich sollte falsifikatorisch vorgegangen werden – was impliziert, Daten (inkl. Interpretationen) zu integrieren und Entscheidungen in der Schwebe zu halten.

Im Idealfall nutzen wir im diagnostischen Prozess zudem ausschließlich Datenquellen bzw. Instrumente hoher Güte und gleichen Daten bzw. Interpretationen mit unserer Klientel und/oder Teammitgliedern ab.

Dies alles verhindert zwar nicht gänzlich diagnostische Fehlleistungen und damit verzerrte oder falsche Urteile, minimiert sie aber erheblich.

Fazit

Weder im Denken, Fühlen noch Handeln sind wir Menschen makellos. Es scheint keine Eigenschaft oder Fähigkeit von uns Menschen zu geben, welche nicht fehleranfällig ist. Sobald wir als Menschen andere Menschen – und auch uns selbst – beobachten, beschreiben oder auch bewerten, neigen wir dazu, Fehler zu machen. Mitunter nähern wir uns mit unseren Einschätzungen sogar nur ansatzweise der wahren Situation an. Und auch wenn diese Fehleranfälligkeit auf die evolutionär notwendige Konstitution des Menschen (u. a. Maturana/Varela 1987) zurückzuführen sein könnte, durch die wir schnell und ausreichend angemessen auf Herausforderungen reagieren können, stellt die fehleranfällige Konstitution des Menschen uns gerade dort vor erhebliche Schwierigkeiten, wo es um Exaktheit geht, in Situationen also, in denen Kleinigkeiten bzw. kleine Unterschiede große Auswirkungen haben können. Ein „Möglicherweise“ oder „Könntesein“ reicht dann nicht mehr aus, um ausreichend angemessen zu entscheiden bzw. zu handeln.

Im Falle sozialarbeitswissenschaftlicher Diagnostik muss dieser Fehleranfälligkeit korrigierend begegnet werden. Dabei ist es zuerst wichtig, relevante Fehlerquellen und häufig auftauchende Fehler zu erkennen. Dann ist zu bestimmen, welchen dieser Fehlerquellen methodisch so begegnet werden kann, dass sich die Wahrscheinlichkeit auf das absolute Minimum reduziert, hieraus entstehende Fehler zu begehen. Im Falle unvermeidlicher Fehler wiederum benötigt es der Bestimmung von Korrekturmechanismen und -möglichkeiten. Dabei spielt wiederum, neben der statistischen Kontrolle und Korrektur, die fachliche (Selbst-)Reflexion (siehe Kapitel 3) eine zentrale Rolle.

Zielevaluation

Abschließend zu diesem Kapitel ein paar Fragen und Reflexionsaufgaben:

- Beschreiben Sie drei diagnostische Fehlerquellen.
- Beschreiben Sie mit eigenen Worten den fundamentalen Attributionsfehler.
- Machen Sie deutlich, wie Halo-Effekt und fundamentaler Attributionsfehler zusammenhängen.
- Wie kann Berufserfahrung den diagnostischen Prozess negativ beeinflussen?
- Beschreiben Sie einen möglichen Weg, diagnostische Fehlurteile zu minimieren.

Vertiefende Literatur

Zur Vertiefung dieser Inhalte sind die folgenden zwei Texte empfohlen:

- Kotthaus, J./Kathöfer, S./Holtbrink, L./Kastirke, N. (2010): Kevin ist keine Diagnose. Kevin ist ein Vorurteil! Ergebnisse einer quantitativen Studie zur Verteilung von Kindernamen in Fällen ambulanter und stationärer Erziehungshilfe. Sozialmagazin, 35 (11), 28–39.
- Bastian, P./Schrödter, M. (2014): Professionelle Urteilsbildung in der Sozialen Arbeit. Übersicht zur Forschung über den Vollzug und die Herstellung professioneller Urteile. Soziale Passagen, 6/2014, 275–297.

Literatur

Atkinson, R. L./Bernstein, D. A/Penner L. A./Clark, S. A./Roy, E. J. (2003): Atkinson and Hilgard's Introduction to Psychology. New York: Wadsworth Inc Fulfillment.

Bastian, P./Schrödter, M. (2014): Professionelle Urteilsbildung in der Sozialen Arbeit. Übersicht zur Forschung über den Vollzug und die Herstellung professioneller Urteile. Soziale Passagen, 6/2014, 275–297.

Bierhoff, H. W. (2006): Sozialpsychologie. Ein Lehrbuch. Stuttgart: Kohlhammer.

Bortz, J./Döring, N. (2006): Forschungsmethoden und Evaluation. Heidelberg: Springer.

Gäbler, M. (2017): Denkfehler bei diagnostischen Entscheidungen. Wiener Medizinische Wochenschrift, 167 (13–14), 333–342.

Jones, E. E./Harris, V. A. (1967): The attribution of attitudes. Journal of Experimental Social Psychology, 3/1967, 1–24.

Kotthaus, J./Kathöfer, S./Holtbrink, L./Kastirke, N. (2010): Kevin ist keine Diagnose. Kevin ist ein Vorurteil! Ergebnisse einer quantitativen Studie zur Verteilung von Kindernamen in Fällen ambulanter und stationärer Erziehungshilfe. Sozialmagazin, 35 (11), 28–39.

Lampartner, U./Schmidt H. U. (2018): Wirklich psychisch bedingt? Somatische Differenzialdiagnosen in der Psychosomatischen Medizin und Psychotherapie. Stuttgart: Schattauer.

Maturana, H. R./Varela, F. J. (1987): Der Baum der Erkenntnis. Die biologischen Wurzeln des menschlichen Erkennens. München: Goldmann.

Milgram, S. (1963): Behavioral Study of Obedience. Journal of Abnormal and Social Psychology, 67/1963, 371–378.

Müsseler, J./Rieger, M. (Hg.) (2017): Allgemeine Psychologie. Heidelberg: Springer.

Roethlisberger, F. J./Dickson, W. J. (1939): Management and the Worker. An Account of a Research Program Conducted by the Western Electric Company, Hawthorne Works, Chicago. Cambridge, Mass: Harvard University Press.

Rosenthal, R./Fode, K. L. (1963): The Effect of Experimenter Bias on the Performance of the Albino Rat. Behavioral Science, 8/1963, 183–189.

Rosenthal, R./Jacobson, L. (1968): Pygmalion im Unterricht. Lehrererwartungen und Intelligenzentwicklung der Schüler (übersetzt von Ingeborg Brinkmann [u. a. 1983]). Weinheim: Beltz.

Rosenzweig, P. (2008): Der Halo-Effekt. Wie Manager sich täuschen lassen. Offenbach: Gabal.

Schmitt, M./Gerstenberg, F. (2014): Psychologische Diagnostik. Weinheim: Beltz.

Thorndike, E. L. (1920): A constant error in psychological rating. Journal of Applied Psychology, 4/1920, 25–29.

5. Kapitel: Diagnostisches Gespräch und diagnostische Beobachtung

Ziele des Kapitels

Gespräch und Beobachtung spielen spätestens seit Alice Salomon in der Sozialen Arbeit eine sehr wichtige Rolle (zweites und drittes Kapitel). Im direkten Klient*innenkontakt sind sie ein unverzichtbares Werkzeug. Eine professionelle Sensibilisierung diesbezüglich, um u. a. hinreichend gut formalisiert beraten zu können, gehört mittlerweile zum Ausbildungsstandard Sozialer Arbeit (Sickendiek/Engel/Nestmann 2002). Und natürlich enthalten professionelle Gesprächsführung und Beratung per se auch diagnostische Inhalte.[13] Allerdings umfassen das diagnostische Gespräch und die Beobachtung mehr als unmittelbar gestaltungsdiagnostische Fähigkeiten. Diesem Mehr wollen wir uns im Folgenden zuwenden, sodass Sie im Anschluss idealerweise

- die unterschiedlichen Merkmale von Beobachtungen (z. B. systematisiert vs. unsystematisiert) wiedergeben können,
- die unterschiedlichen Merkmale diagnostischer Gesprächsführung (z. B. standardisiert vs. unstandardisiert) benennen können,

13 So werden Sie u. a. auftragsorientiert Fragen stellen und hierbei empathisch mitschwingend und sich an den mimischen und gestischen Reaktionen Ihrer Klientel orientierend entscheiden, ob Sie das Gespräch beispielsweise eher lösungsorientiert führen oder den Klient*innen verstehend folgen (leading or pacing, Nußbeck 2014).

- zwischen Exploration, Anamnese und Katamnese unterscheiden können
- und ein „Gefühl" dafür entwickelt haben und den Prozess beschreiben können, wie diagnostische Gespräche geführt werden und wie diagnostisch beobachtet wird.

5.1 Grundsätzliches

In unserem beruflichen Alltag nutzen wir, vor dem Hintergrund diagnostischen Fallverstehens, Gespräche und Beobachtungen, um Informationen zu sammeln (siehe vorherige Kapitel). Mit diesen Informationen versuchen wir, Hypothesen zu prüfen, zu generieren oder zu erweitern und gleichen Erkenntnisse sowie Interpretationen wiederum durch Gespräche und Beobachtungen mit Klient*innen, Kolleg*innen, Zielen, anderen Informationen und Ergebnissen ab. Besonders in gestaltungs- und zuweisungsdiagnostischen Fragen wird das (diagnostische) Gespräch zudem für die partizipative Entscheidungsfindung genutzt (u. a. Pantuček-Eisenbacher 2019).

Allerdings besitzt nicht jede durch Gespräch oder Beobachtung gesammelte Information per se auch einen explizit diagnostischen Mehrwert. Wie alle diagnostischen Informationen müssen auch diese validiert, also auf ihre Güte hin überprüft werden. Die Formen der Informationen bleiben dabei immer gleich; egal, ob es sich um abstrakte (globale) Merkmale, wie z. B. Ressourcen, Defizite, Probleme bei sozialer Teilhabe usw., oder auch um sehr konkretisierte Merkmale (u. a. in operationalisierter Form), wie z. B. Erziehungskompetenz (z. B. ermittelt über Erziehungsverhalten wie Strafintensität, Unterstützung, Lob und Tadel), Feinfühligkeit oder Ängstlichkeit usw., handelt. Es sind eher die diagnostischen Instrumente bzw. methodische Formen, welche über die ermittelte Form der Information entscheiden. So wird beispielsweise ein psychoanalytisch oder hermeneutisch ausgerichtetes Interview nicht nur andere Informationen ermöglichen als ein Fragebogen – insbesondere bezüglich direkter und indirekter, eingewobener (impliziter) Informationen über die Beziehung zwischen Diagnostiker*in und Diagnostikant*in (u. a. König 1994, Watzlawick et al. 1969) –, sondern auch andere Formen von Informationen (im ersten Fall z. B. zu Übertragungsphänomenen und Abwehrmechanismen). Ähnlich gestaltet sich dies auch bei Beobachtungen.

Eine beiläufige Beobachtung der Diagnostikant*innen während eines diagnostischen Erstgesprächs – u. a. zur Sitzposition, zum Habitus usw. – ermöglicht es sowohl, andere Informationen als auch andere Formen diagnostischer Informationen zu sammeln (z. B. hermeneutisch-phänomenologisch interpretiert), als beispielsweise eine ausdrücklich nomothetisch angelegte Beobachtung einer gezielt hergestellten Situation (z. B. die Beobachtung des Interaktionsverhaltens mittels Beobachtungsbogen von Paaren in der Konfrontation mit Konflikten). Dies verweist wiederum darauf, dass auch diagnostische Beobachtungen und Gespräche vor einem oft habitualisierten Hintergrund stattfinden, welcher durch die theoretisch-konzeptionellen, wissenschaftlichen und alltagstheoretischen Überzeugungen der diagnostizierenden Person getragen ist. Entsprechend muss dies von dem bzw. der Diagnostiker*in reflektiert werden.

5.2 Merkmale diagnostischer Beobachtung

Beobachtungen können systematisch oder unsystematisch durchgeführt werden, unter natürlichen oder künstlichen Bedingungen stattfinden, teilnehmend oder nicht-teilnehmend sowie strukturiert oder unstrukturiert sein (Schmitt/Gerstenberg 2014). Was bedeutet dies im Einzelnen?

5.2.1 Von der unsystematischen bis zur systematischen Beobachtung

Stellen Sie sich vor, dass eine Fachkraft für Soziale Arbeit im Allgemeinen Sozialen Dienst des Jugendamts tätig ist und eine Familie betreut, welche in einem sozialen Brennpunkt lebt. Um einen ersten Eindruck vom Stadtteil zu bekommen, erkundet die Fachkraft diesen zu Fuß – und zwar *entweder* mit konkreten Zielen (u. a. auf der Suche nach Indizien zur Infrastruktur, Bildungsangeboten, Weglängen zu Kita und Schule etc.) und dabei zudem einem Plan folgend (läuft bestimmte Straßenzüge ab, sucht nach bestimmten Geschäften usw.) *oder* beobachtend und ohne konkretes Merkmalziel und einen Plan. Im ersten Fall spricht man von einer systematischen Beobachtung, im zweiten Fall von der unsystematischen. Der Systematisierungsgrad der Beobachtung entscheidet letztlich darüber, wie scharf Beobachtungen abgebildet werden; umso stärker systematisiert beobachtet wird, desto schärfer (genauer, detaillierter usw.) werden Untersuchungsgegenstände abgebildet.

Umso präziser beobachtet wird und umso genauer also ein Gegenstand beobachtet werden kann, desto weniger Merkmale oder Merkmalgruppen können beobachtet werden. Der Gewinn an Präzision durch Systematisierung geht also zu Lasten der Breite der Informationsgewinnung. Darüber hinaus verliert sich bei einer immer stärkeren Systematisierung der Blick für das Antlitzhafte, das Einmalige, Atmosphärische. Es benötigt also eine Variation, um Personen in ihrem Umfeld umfänglich genug abbilden zu können.

5.2.2 Von der unstrukturierten bis zur strukturierten Beobachtung

Systematisches Beobachten führt zur Bildung von Strukturen – bzw. Strukturierung zur Systematisierung. Strukturierung und Systematisierung hängen also wesentlich zusammen. So könnte beispielsweise die oben skizzierte Fachkraft für Soziale Arbeit – mit Blick auf das Interaktionsverhalten zwischen Eltern und Kind – im Vorfeld nach wissenschaftlich gesicherten Merkmalen zum Interaktionsverhalten Kategorien bilden und hieran orientiert beobachten – z. B. in Form eines Beobachtungsbogens. Dieser Bogen beinhaltet zudem ggf. die Möglichkeit, bestimmte Merkmalausprägungen abzubilden (Einschätzung von „Trifft zu" oder „Trifft nicht zu") und zudem eine konkretisierte Auswertung mit Interpretationshinweisen bezüglich der Ergebnisse anzufertigen (bspw. Summenwerte, um zwischen eher positiv zugewandten, abgewandten oder gar negativ zugewandten Interaktionsverhalten unterscheiden zu können).

Es gilt also auch hier: Umso mehr Vorgaben gemacht werden, desto strukturierter ist schließlich das Beobachtungsinstrument und damit auch die Beobachtung selbst. Analog zum Gesagten bezüglich der Systematisierung gilt zudem, dass sich mit der Zunahme an Strukturierung auch die Abbildungsschärfe der zu beobachtenden Merkmalgruppe verbessert, während sich im Gegenzug das Beobachtungsspektrum selbst immer weiter einschränkt.

5.2.3 Von der teilnehmenden bis zur nicht-teilnehmenden Beobachtung

Inwieweit Diagnostik als teilnehmend einzuschätzen ist, hängt vom Grad der Beeinflussung der Beobachtungssituation durch den bzw. die Diagnostiker*innen ab. Befinden sich die Diagnostiker*innen in einer direkten Interaktion mit den zu diagnostizierenden Personen und möchten zugleich Aussagen über das Verhalten der Person treffen, so wird von einer teilnehmenden Beobachtung gesprochen, da davon auszugehen ist, dass das Verhalten (verbal, para- und non-verbal) der diagnostizierenden Person einen Einfluss auf das zu beobachtende Verhalten der zu diagnostizierenden Person hat. Selbst das Wissen um die Anwesenheit einer (diagnostizierenden) professionellen Fachkraft bzw. um das Bestehen einer diagnostischen Situation wird wahrscheinlich bereits Einfluss auf das zu beobachtende Verhalten nehmen. Anders verhält es sich, wenn Personen – sich unbeobachtet fühlend – aus einer sicheren Entfernung observiert werden.

Nun geht es jedoch bei Beobachtungen nicht ausschließlich um Verhaltensbeobachtungen. Auch Situationen und Sozialräume können beobachtet werden. Hier sind die unmittelbaren Beeinflussungsmöglichkeiten durch Diagnostiker*innen sicherlich deutlich eingeschränkt, wenn auch nicht gänzlich unmöglich. Ein paar Beispiele zur Verdeutlichung:

> Eine diagnostizierende Person besucht die Schule eines zu beobachtenden Kindes und schaut sich das Sozialverhalten dieses Kindes während einer Hofpause an – entweder aus sicherer Entfernung (einem Fenster im Treppenhaus der Schule) und ohne Wissen des Kindes (*nicht-teilnehmende* Beobachtung) oder für alle Beteiligten sichtbar und indirekt, indem sie am Pausengeschehen der Schule teilnimmt (*indirekt-teilnehmende* Beobachtung, z. B. Beobachtung von einer Bank aus oder bei einem Spiel mit anderen Kindern). Tritt die diagnostizierende Person in Interaktion mit der zu beobachtenden Person, wird aus der indirekten eine *direkt-teilnehmende* Beobachtung.

> Eine diagnostizierende Person durchstreift erkundend und zu Fuß umliegende Straßen *bzw.* einen Stadtteil der Wohnung einer Klientin, um Möglichkeiten sozialer Kontaktstellen zu ermitteln. Dies kann sie mit der Klientin zusammen tun (*direkt-teilnehmend*) oder im Gespräch mit anderen Bewohner*innen (*indirekt-teilnehmend*) oder allein (*nicht-teilnehmend*).

Eine Sonderform der Beobachtung ist das *Experiment,* welches zugleich noch weiteres deutlich macht. So handelt es sich bei Experimenten – wie z. B. bei der Fremde Situation (Paulus 2019) – zwar in gewisser Weise um teilnehmende Beobachtungssituationen, da es sich aber um keine natürlichen Situationen, sondern künstliche handelt, in welchen die maximale Kontrolle von Variablen ermöglicht wird und nur – und dies kontrolliert – die zu beobachtende Variable manipuliert bzw. beeinflusst wird, spricht man bei Experimenten auch von nicht-teilnehmenden Beobachtungssituationen. Daran zeigt sich, dass der Grad der Teilnahme auch von der Kontrollfähigkeit der gesamten Beobachtungssituation bzw. der die Beobachtung beeinflussenden Merkmale abhängig ist.

5.2.4 Die Beobachtung in natürlicher oder künstlicher Umgebung

Das Experiment ist ein Paradebeispiel für Beobachtungen in künstlichen Umgebungen. Allerdings begegnet uns dies in der konkreten Praxis Sozialer Arbeit äußerst selten. Andere Formen von Beobachtungen in künstlichen Umgebungen bzw. unter künstlichen Bedingungen sind arrangierte Situationen, in welchen systematisch etwas Bestimmtes beobachtet werden soll (z. B. das Konfliktverhalten bzw. Konfliktlösungsverhalten von Menschen). Beispielsweise lädt die diagnostizierende Person eine Familie zu sich ins Büro ein und gibt dieser eine Aufgabe (z. B. „Mensch ärgere Dich nicht“ zu spielen oder ein klassische Konfliktthema zu besprechen), um das jeweilige Interaktionsverhalten zu beobachten (*künstliche Situation in für die Familie nicht natürlicher Umgebung*). Oder aber die diagnostizierende Person nimmt an einer alltäglichen konfliktträchtigen Situation teil (z. B. dem gemeinsamen Essen mit der Familie bei ihnen daheim), beobachtet also im *natürlichen Umfeld eine natürliche Situation.*

5.2.5 Standardisierung

Sobald Beobachtungssituationen oder -instrumente (z. B. Experimente oder Beobachtungsprotokollbögen) identisch bleiben (inkl. der zu beobachtenden Gegenstandsbereiche, Merkmalgruppen, Personen usw.) oder aber die Durchführung, Auswertung und/oder Interpretation in gleichbleibender Form durchgeführt werden, spricht man von Standardisierung. Umso mehr der potenziell variierbaren Bereiche identisch gehalten werden, desto höher ist der Standardisierungsgrad insgesamt. Am häufigsten ist in der Regel die Beobachtungssituation standardisiert, gefolgt von der Protokollierung. Aber auch die Auswertung (z. B. durch Festlegung von Auswertungswegen vermittels Rohwerte) und die Interpretation (z. B. durch den Vergleich von Einzelergebnissen anhand normierter Werte) sind standardisierbar. Und erst bei in allen Bereichen standardisierten Instrumenten kann letztlich auch eine Normierung und damit Vollstandardisierung erfolgen (siehe Kapitel 1.2.5).

Ein Beispiel für ein vollstandardisiertes Verfahren ist der Beobachtungsbogen für 3- bis 6-jährige Kinder – BBK 3–6 (Frey/Duhm/Althaus 2008). Bei diesem Instrument geht es um die Einschätzung des Entwicklungsstands und daraus resultierenden potenziellen Begabungen oder Gefährdungen von Kleinkindern. Von der diagnostizierenden Person werden hierbei in ausgewählten Situationen (Aufgaben in zwölf Fähigkeits- bzw. Funktionsbereichen) Daten erhoben. Die zwölf dabei fokussierten Bereiche sind die Aufgabenorientierung, das Erstlesen-Erstrechnen-Erstschreiben, die Kommunikation, Reflexivität sowie Sprachentwicklung, das Literaturverständnis, die Feinmotorik, Grobmotorik sowie die Medientechnik, Spielintensität, Aggression und Schüchternheit. Die Aufgaben sind dabei genauso vollständig vorgegeben wie auch die Art der zu erteilenden Anweisungen an das Kind oder die Hilfestellungsmöglichkeiten, welche durch den bzw. die Diagnostiker*in gegeben werden dürfen (wie und wobei also geholfen werden darf). Der individuelle Einfluss durch Diagnostiker*innen auf den Beobachtungsgegenstand, die Beobachtung selbst sowie die Darstellung und Bewertung der Beobachtung wird also maximal reduziert. Letzteres resultiert aus den Zahlen, die den Beobachtungen zugewiesen sind. Die Auswertung findet mittels Rohwerterstellung (z. B. durch das Aufsummieren von Werten zu einer Aufgabe) statt, welche dann mit Normenwerten (eine für die Untersuchungsgruppe repräsentative Stichprobe) verglichen werden können. Erst durch den Vergleich mit Normenwerten wiederum wird eine Einschätzung des tatsächlichen individuellen Vermögens des Kindes möglich (siehe Kapitel 1.2.5).

5.3 Merkmale und Formen diagnostischer Gespräche

Der Strukturierungsgrad sowie der Grad der Systematisierung gelten auch für diagnostische Gespräche. Gespräche können beispielsweise mit recht offen gehaltenen Fragestellungen und Zielen begonnen werden (z. B. mit einem Erzählimpuls wie: „Schildern Sie doch bitte Ihr Leben.“) oder aber durch einen Gesprächs- bzw. Interviewleitfaden strukturiert sein. Und auch hier gilt: Sobald die Gesprächsabläufe (z. B. mittels Leitfäden und Protokollbögen) in immer gleicher Weise durchgeführt werden (z. B. als Interviews), spricht man von Standardisierung. Ein Beispiel hierzu wäre das Instrument der „Sozialpädagogischen Diagnose“ nach Mollenhauer und Uhlendorff (1992), bei welchem Interviewleitfäden Verwendung finden (siehe Kapitel 6).

Klassische Formen diagnostischer Gespräche sind die Exploration, die Anamnese und die Katamnese.

Bei *Explorationen* handelt es sich um informationssammelnde Gespräche, die dem Kennenlernen der Gesamtsituation dienen (also auch Gespräche mit Verwandten von Klient*innen oder anderen Fachkräften, die zuvor oder zeitgleich am Fall bzw. mit der zu diagnostizierenden Klientel gearbeitet haben). Ist das Gespräch schließlich auf die Problemgeschichte fokussiert, spricht man von *Anamnese.* Als *Katamnese* wiederum bezeichnet man schließlich das Vorgehen, wenn die Arbeit am Fall abgeschlossen und auf diesen zurückgeblickt wird.

Exkurs: Fragetypen und Fragetechniken

Durch die Ansatzvielfalt psychosozialer Beratungsformen (vgl. Nußbeck 2014, Sickendiek/Engel/Nestmann 2002) gibt es eine Fülle von Fragetechniken und -formen, welche auch diagnostisch Verwendung finden können. Das wesentliche Ziel – wie unter 5.1 geschildert – diagnostischer Gespräche aber ist es im Unterschied zu Beratungsgesprächen, Erkenntnisse zu generieren, zu überprüfen und zu sammeln, was eher zur Verwendung von geschlossenen als offenen Fragen führt. Ohne auf alle Frageformen, -typen und -techniken im Einzelnen einzugehen, sollen ein paar wenige, häufig angewandte Typen ausgeführt werden.

Eine klassische und bereits angesprochene Form ist die *geschlossene versus offene Frageform.* Offene Fragen legen im Unterschied zu geschlossenen keine Antwortalternativen nahe; z. B.: „Was sind die Gründe Ihres Kommens?" (*offen*) bzw. „Geht es Ihnen damit eher gut oder schlecht?" (*geschlossen*) oder „Leiden Sie unter diesem Problem?" (*geschlossen*). Die maximal geschlossene Variante dieser Frageform ist die Suggestivfrage. Hier wird eine Antwort nahegelegt (Sie meinen also, dass Emma Ihnen das Leben schwermachen will, oder nicht?).

Kontrollfragen hingegen dienen der spiegelnden oder paraphrasierenden Kontrolle, ob der geschilderte Sachverhalt der Diagnostikant*innen richtig verstanden wurde – also dem Abgleich. Hinzu gesellen sich noch Einleitungs- und Überleitungsfragen wie beispielsweise „Welches Problem belastet Sie gerade am meisten?" und „Mir scheint, wir haben Thema X vorläufig umfassend genug besprochen. Wäre es für Sie in Ordnung, wenn wir zu Thema Y kommen?". Darüber hinaus kann sowohl themen-, problem-, defizit- als auch lösungs- bzw. ressourcenorientiert gefragt werden. Dabei wird in der Regel – besonders bei explorativen und anamnestischen Gesprächen – auch der (Problem-Lösungs-Themen-)Kontext erfragt, beispielsweise: „In welchen Situationen tritt das Problem auf, in welchen nicht und was ist in diesen Situationen jeweils anders? Wem alles ist das Problem aufgefallen und wer hat hierunter zu leiden?" (siehe Kapitel 5.4). Kombiniert werden all diese Frageformen in der Regel mit Aufforderungen, wie „Beschreiben Sie das bitte ausführlich".

Wenden wir uns nachfolgend zur Konkretion zwei Beispielinstrumenten zu.

5.4 Praxis des diagnostischen Gesprächs und der Beobachtung

Nachfolgend werden zwei Beispielinstrumente erläutert – eines zur Beobachtung und eines zum Gespräch. Beide Instrumente sind systematisiert und strukturiert, wobei der Beobachtungsbogen deutlich stärker systematisiert und strukturiert ist als der Gesprächsleitfaden.

5.4.1 Beispiel für ein diagnostisches Beobachtungsinstrument

Bei dem nachfolgenden Instrument handelt es sich um einen Beobachtungsbogen zur partnerschaftlichen Interaktion beim Besprechen konflikthafter Themen. Er verfolgt unter anderem das Ziel, Aussagen über die Beziehungsqualität treffen zu können. Zur Anwendung kann dieser entsprechend bei Erziehungs- und Partnerschaftsthemen, -konflikten oder -problemen gebracht werden. Voraussetzung ist die Anwesenheit des (Eltern-)Paares.

Strukturierte Beobachtung der (Eltern-)Paarinteraktion bei konflikthaften Themen *Minimale Beobachtungssequenz 20 Minuten; maximale Beobachtungssequenz 1,5 Stunden* Beobachtungsanzahl (1. 2. 3. …) Paar (Name/Label) Datum und Ort			
Verhalten	Partner*in	Anzahl (Aufzählung als Strichliste)	Σ
1) Blick dem*der Partner*in zugewandt beim Reden	P1 (M)		
	P2 (F)		
2) Zugewandte, freundliche Gesten (z. B. Lächeln, Blinzeln usw.)	P1 (M)		
	P2 (F)		
3) Wohlmeinende und unterstützende Gesten (z. B. beipflichtendes Nicken, körperliche Berührung, zu*m Partner*in aufrücken)	P1 (M)		
	P2 (F)		

Verhalten	Partner*in	Anzahl (Aufzählung als Strichliste)	Σ
4) Wohlmeinende und unterstützende Äußerungen (z. B. Verteidigung, Loben usw. des*der Partner*in)	P1 (M)		
	P2 (F)		
5) Beleidigungen und bewusste Kränkungen (Schimpfworte, Bloßstellungen [Beschwerden], Herabwürdigungen [z. B. dumm, weibisch, typisch männlich, kindisch, naiv])	P1 (M)		
	P2 (F)		
6) Missachtung und Verachtung (z. B. bewusstes Abwenden von dem*der Partner*in)	P1 (M)		
	P2 (F)		
7) Rede von Partner*in unterbrechen	P1 (M)		
	P2 (F)		
8) Machtvoll verbales Einschreiten (schreien, drohen usw.)	P1 (M)		
	P2 (F)		
		Summe 1–4	
		Summe 5–8	
Das Verhältnis zwischen positiven (helle Felder) und negativen (dunkle Felder) Interaktionen soll als Indikator für die Gesamtbeziehung Aufschluss darüber geben, wie diese prognostisch einzuschätzen ist.			

Der Hintergrund dieses Beobachtungsbogens sind Erkenntnisse, dass die Art der Interaktionen beim Besprechen konfliktbelasteter Themen einen hohen prognostischen Wert beispielsweise zur Beziehungsdauer ermöglicht (Heinrichs et al. 2008). Besonders abwertende Interaktionen sprechen für eine baldige Trennung. Das Instrument soll also dabei helfen, Hinweise zu finden, wie tief die Zerwürfnisse in der Partnerschaft sind, und mögliche Anhaltspunkte für eine Paar-, Eltern- oder Trennungsberatung liefern. Da es sich jedoch um ein Screening ohne Normenwerte handelt, sind (noch) keine generalisierbaren Aussagen möglich.

Wie zu sehen ist, besteht dieser Beobachtungsbogen aus acht Items (Merkmalen). Die oberen vier Merkmale stehen dabei für eine eher „positive“ Interaktionsform, während die anderen vier Merkmale eine eher „negative" Interaktionsform repräsentieren sollen. Nun besteht die Aufgabe des bzw. der Diagnostiker*innen darin, das Interaktionsverhalten auf die genannten Items hin zu beobachten und für jedes beobachtete Merkmal einen Strich zu setzen. Nach mindestens zwanzig Minuten und maximal neunzig Minuten endet die Beobachtung und der bzw. die Diagnostiker*in summiert die Anzahl der gemachten Beobachtungen vom ersten bis vierten und vom fünften bis achten Item je auf. Hierdurch ergibt sich ein mathematischer Bruch, also ein Verhältniswert, welcher bei Überhang der positiven Interaktionsverhaltensweisen höher als 1 ausfällt und bei Überhang der negativen kleiner als 1. Ist die Anzahl der je beobachteten Interaktionsverhaltensweisen exakt gleich – also neutral – ergibt sich der Wert 1. Diese Auswertung kann sowohl für die Partner*innen getrennt vorgenommen werden als auch für das Paar zusammen.

Es zeigt sich in der Anwendung des Instruments, dass es einer Einarbeitungszeit bedarf, um umfänglicher beobachten zu können. Dies schließt Kenntnisse darüber ein, was unter den einzelnen Merkmalen genau zu verstehen ist (im Idealfall ist dies auch im Manual zum Instrument beschrieben).

5.4.2 Beispiel für ein diagnostisches Gesprächsinstrument

Bei dem nachfolgenden Instrument handelt es sich um einen Gesprächsleitfaden. Er dient – wie Gesprächsleitfäden im Allgemeinen– der Strukturierung und Systematisierung diagnostischer Gespräche und trägt damit zur Effizienz in der Diagnosestellung bei. Von der Gestaltung her ist der Leitfaden selbstredend in seiner Aufmachung. So leitet er über eine kurze Erläuterung des Grundes für das Gespräch auch hinreichend über den Umgang damit ein. Auch wenn der Leitfaden einer Logik im Aufbau folgt, so ist diese nicht als bindend zu verstehen. Vielmehr können Fragen ausgelassen oder ergänzt werden. Das Instrument kann also der Dynamik des jeweiligen Gesprächs in Form und Inhalt sowie dem Gegenstand selbst angepasst werden. Man könnte auch sagen, der Leitfaden strukturiert das Gespräch je nach Bedarf minimal bis maximal. Gleiches gilt für den Grad der Systematisierung. So kann das zu besprechende Themenfeld von Beginn an eingeschränkt werden, muss es aber nicht.

Gesprächsleitfaden

Der Leitfaden dient der Orientierung in anamnestischen Erstgesprächen. Es ist ausdrücklich erlaubt, vertiefende Zusatzfragen zu stellen oder einzelne Fragen zu überspringen.

- Begrüßung
- **Einstieg mit Einleitungsfragen, z. B:** „Wie geht es Ihnen heute?"
- **Dann Übergangsfragen:** „Was ist der Grund für Ihr kommen?"
- **Dann Inhaltsfragen (immer wieder abgeglichen mit Kontrollfragen** [Spiegeln, Paraphrasieren])
  - „Um was soll es heute gehen?" (Anzahl Themen, Zusammenhänge)
  - „Welches Thema/Problem sollte heute vordringlich besprochen werden?"
  - „Beschreiben Sie – mit Beispielen – was das Problem ist."
  - „Wann ist das Problem das erste Mal aufgetaucht?"
  - „Wer hat es zuerst bemerkt?"
  - „Was sagen andere (Freunde, Bekannte, andere professionelle Fachkräfte) zu dem Problem und potenziellen Lösungen? Was halten Sie hiervon?"
  - „Wie sehr stört Sie das Problem auf einer Skala von 0 (überhaupt nicht) bis 10 (maximal)?"
  - „Woher denken Sie, rührt das Problem? Was also sind die Ursachen oder Gründe für das Problem?"
  - „Gibt es Situationen, Tage usw. an welchen das Problem nicht auftritt? Was haben Sie für eine Idee, ist dort anders (gewesen)?"
  - „Was haben Sie schon versucht, um das Problem aus der Welt zu schaffen (auch bezüglich der Beseitigung der gerade von Ihnen genannten Gründe)?"
  - „Was hiervon hat (wenn auch nur im Ansatz) geklappt und was eher nicht und woran liegt das?"
  - „Haben Sie Ideen, was anders laufen müsste, damit das Problem ganz und gar verschwindet?"
  - „Was wäre anders in Ihrem Leben, bestünde das Problem nicht? Und wie sähe das konkret aus?"
  - „Was würde geschehen (mit Ihnen [als Paar], ihrem Partner, Ihrem Kind usw.), wenn das Problem nicht aus der Welt zu schaffen ist?"
  - In diesem Zusammenhang: „Was und wieviel wären Sie bereit zu investieren, um das zu verhindern (auch sich selbst und Ihre Überzeugungen zu verändern?)?"

Wie sich zeigt, ist dieser Leitfaden vor allem für das anamnestische Gespräch geeignet und folgt hierzu breit – in typischer sozialarbeitswissenschaftlicher Manier (siehe Kapitel 1 und besonders 3) – den Haltungsprinzipien und Prozessgütekriterien für sozialarbeitswissenschaftliche Diagnostik. Beispielsweise zielen die bereits ausformulierten Fragen sowohl auf das Problem als auch auf potenzielle Lösungsansätze, Lösungen und Ressourcen ab.

5.5 Zur Güte diagnostischer Gespräche und Beobachtungen

Wie an anderer Stelle bereits besprochen (z. B. Kapitel 1 sowie unter 5.3), steigt mit dem Grad von Strukturierung, Systematisierung und besonders Standardisierung in der Regel auch die Güte der durch die Instrumente gewonnen diagnostischen Informationen. Allerdings bedarf es zur genauen Bestimmung der Güte der Untersuchung jeweiliger Testgütekriterien (für entweder nomothetische Instrumente oder ideografische). Für die Soziale Arbeit liegen solche bereits umfänglich geprüften Instrumente jedoch noch nicht vor. Als einzige ideografische Ausnahme mag die sozialpädagogische Diagnose gelten (siehe Kapitel 6). Allerdings gibt es u. a. psychologische Verfahren, welche für sozialarbeitswissenschaftliche Frage- und Problemstellungen interessant sind (z. B. die Diagnostische Beobachtungsskala für Autistische Störungen, ADOS, oder auch das Diagnostisches Interview Psychischer Störungen, DIPS) und so auch zur Anwendung gebracht werden können.

Fazit

Gesprächsführungskompetenz ist, neben der Selbstreflexionskompetenz, die vielleicht wichtigste Kompetenz in der professionellen Sozialen Arbeit. Fachkräfte Sozialer Arbeit intervenieren überwiegend über das Gespräch, sei es im Rahmen vollformalisierter Beratung, in der alltagsbewältigenden Betreuung von Menschen mit Beeinträchtigungen oder auch in der kollegialen und multiprofessionellen Arbeit mit Fachkräften gleicher oder anderer Berufsgruppen. Auch in der Diagnostik wird das Gespräch zum wohl wichtigsten Medium, angefangen mit der Befunderhebung und -abklärung über die Befundmitteilung und Dokumentation bis hin zur Interventionsplanung und Gutachtenerstellung. Für die gelingende Ausgestaltung der Gespräche greifen Fachkräfte Sozialer Arbeit sowohl auf Techniken der Gesprächsführung zurück als auch auf unterstützende Methoden wie Gesprächsleitfäden und standardisierte Instrumente.

Gespräche allein reichen zur umfänglichen und validen Befunderhebung aber bei weitem nicht aus. Eine zweite – neben weiteren, in den kommenden Kapiteln noch zu besprechenden – methodische Zugangsweise ist die Beobachtung. Und auch diese kann – wie diagnostische Gespräche – mehr oder weniger frei oder systematisiert sein und unter Zuhilfenahme von Instrumenten (beginnend mit einfachen Protokollen bis hin zu vollstandardisierten Beobachtungsbögen) und umfänglichen Beobachtungsmethoden (bis hin zum Experiment) mehr oder minder strukturiert und standardisiert sein. Der jeweilige Grad an Systematisierung, Strukturierung und Standardisierung steht dabei in einer Wechselbeziehung zur Tiefe oder Breite der zu gewinnenden bzw. gewonnen Informationen. Die jeweiligen Vorteile gleichen dabei allerdings nicht in jedem Falle auch die Nachteile aus. Am Ende ist es eine Frage der relevanten Informationen und des zu untersuchenden Gegenstands bzw. der entsprechenden Merkmale und der zu untersuchenden Fragestellung, welcher

Methoden und Instrumente sich konkret mit welchem Grad an Systematisierung usw. bedient wird.

Zielevaluation

Abschließend zu diesem Kapitel ein paar Fragen und Reflexionsaufgaben:

- Benennen und beschreiben Sie unterschiedliche Merkmale von Beobachtungen.
- Benennen und beschreiben Sie unterschiedliche Merkmale diagnostischer Gesprächsführung.
- Was sind die Unterschiede zwischen Exploration, Anamnese und Katamnese?
- Beschreiben Sie – mit eigenen Worten – den Prozess und die Besonderheiten diagnostischer Gespräche und Beobachtungen.

Vertiefende Literatur

Zur Vertiefung dieser Inhalte sei folgender Text empfohlen:

- Heiner, M. (2013): Bausteine einer diagnostischen Ausstattung. In: Gahleitner, S. B./Hahn, G./Glemser, R. (Hg.): Psychosoziale Diagnostik (S. 135–151). Köln: Psychiatrieverlag.

Literatur

Frey, A./Duhm, E./Althaus, D. (2008): Beobachtungsbogen für 3- bis 6-jährige Kinder (BBK 3–6). Göttingen: Hogrefe.

Heiner, M. (2013): Bausteine einer diagnostischen Ausstattung. In: Gahleitner, S. B./Hahn, G./Glemser, R. (Hg.): Psychosoziale Diagnostik (S. 135-151). Köln: Psychiatrie Verlag.

Heinrichs, N./Bodenmann, G./Hahlweg K. (Hg.) (2008): Prävention bei Paaren und Familien. Göttingen: Hogrefe.

König, K. (1994): Indikation. Entscheidung vor und während der psychoanalytischen Therapie. Göttingen: Vandenhoeck & Ruprecht.

Mollenhauer, K./Uhlendorff, U. (1992): Sozialpädagogische Diagnosen. Weinheim: Beltz Juventa.

Nußbeck, S. (2014): Einführung in die Beratungspsychologie. München: Ernst-Reinhardt (UTB).

Pantuček-Eisenbacher, P. (2019): Soziale Diagnostik. Verfahren für die Praxis Sozialer Arbeit (4. Aufl.). Göttingen: Vandenhoeck & Ruprecht.

Paulus, M. (2019): Schlüsselexperimente der Entwicklungspsychologie. München: Ernst Reinhardt Verlag.

Röh, D./Ansen, A. (2014): Sozialdiagnostik in der Betreuungspraxis: Ein Leitfaden für den Sozialbericht in der Betreuungsbehörde. Köln: Bundesanzeiger Verlag.

Schmitt, M./Gerstenberg, F. (2014): Psychologische Diagnostik. Weinheim: Beltz.

Sickendiek, U./Engel, F./Nestmann, F. (2002): Beratung. Eine Einführung in sozialpädagogische und psychosoziale Beratungsansätze. Weinheim: Beltz Juventa.

Watzlawick, P./Beavin, J. H./Jackson, D. D. (1969): Menschliche Kommunikation – Formen, Störungen, Paradoxien. Bern: Huber.

6. Kapitel: Hermeneutisch-biografisches Verstehen – die idiografische Diagnostik

Ziele des Kapitels

Verstehende Zugänge spielen spätestens mit Beginn des zwanzigsten Jahrhunderts (siehe 2. Kapitel) eine herausragende Rolle in der sozialarbeitswissenschaftlichen Diagnostik. Ihre bisherige Blüte erlebten sie in der Zeit zwischen beginnender Akademisierung Sozialer Arbeit ab den späten 60er Jahren des letzten Jahrhunderts der Jahrtausendwende. Gerade ab den 1990er Jahren wurden im Zuge der Reform des Kinder- und Jugendhilfegesetzes einige hermeneutisch-biografische Methoden und Verfahren entwickelt, welche heute als praktisch bewährt und etabliert gelten können (u. a. Krumenacker 2004). In diesem Kapitel wenden wir uns nun explizit der verstehenden (idiografischen) Diagnostik zu. Ziel des Kapitels ist es dabei, dass

- Sie die Grundlagen hermeneutischen/phänomenologisch-diagnostischen Verstehens kennen und mit eigenen Worten wiedergeben können,
- Sie benennen können, worauf systematisiertes methodisches Verstehen (idiografische Diagnostik) zwingend angewiesen ist,
- Sie zwei systematisierte Verfahren idiografischer Diagnostik beschreiben können
- und Sie zwei bis drei Gütekriterien idiografischer Diagnostik benennen und beschreiben können.

6.1 Grundsätzliches

Geht es um das Erschließen des Sinns und der Bedeutung von Aussagen, Handlungen und Verhalten, also um das Verstehen subjektbezüglichen Ausdrucks, benötigt es einen anderen methodischen Zugang als den naturwissenschaftlich orientierten

(Dilthey 1894, 1900). Schließlich geht es um das Erschließen des Lebendigen in seinem (erlebten) Vollzug selbst – um gelebtes menschliches Leben. Denken, Beobachten und sich daran anschließendes mathematisches Beschreiben oder logisches Schließen reichen nicht aus, um verstehend zu erkennen. Es braucht noch etwas mehr, nämlich das eigene menschliche Sein in seiner Gesamtheit, u. a. als denkendes, fühlendes, beobachtendes und sich einlassendes, mitschwingendes, distanziertes, selbstbewusstes Wesen. Den passenden methodischen Zugang hierfür stellt der phänomenologisch-hermeneutische, wobei *phänomenologisch* Phänomene (wie Ausdruck usw.) beschreibend und *hermeneutisch* das kunstvolle Deuten dieser Phänomene meint. Es geht also sowohl um das Beschreiben des „Was", das sich „wie" zeigt (phänomenologisch), als auch darum, was dieses „eigentlich" bedeutet (was also mit dem Ausgedrückten gemeint ist und was das mit der Situation und dem Menschen zu tun hat). Einzelheitlich Ausgedrücktes (wie z. B. etwas Gesagtes oder Getanes) steht, so die Grundüberzeugung, in einem sinnvollen Zusammenhang zu einer Gesamtheit – z. B. zum Leben der sich ausdrückenden Person. Das Ausgedrückte (Zeichen, Phänomen) selbst deutet also auf ein dahinter liegendes Eigentliches ([Mit-]Gemeintes). Dieser Zusammenhang zwischen Zeichen und Bezeichnetem wird Sinn genannt. Der Sinn ist also eine Verweisungsinstanz, welche auf etwas anderes verweist als auf sich selbst (Husserl 1985). So kann beispielsweise die Wut im Ausdruck einer Person auf eine aktuell erlebte Kränkung hindeuten, welche in ihrem starken Ausdruck als Zorn vielleicht zudem darauf verweist, dass es eine noch ursprünglichere, bedrohlichere Grenzüberschreitung durch andere Personen gab.

Da es sich beim phänomenologisch-hermeneutischen Zugang letztlich also immer um ein angestrebtes Verstehen des hinter dem Ausdruck liegenden Subjekts handelt, wird dieser Zugang in der Diagnostik als idiografisch bezeichnet. Dabei kann *idiografisch* mit „selbst-beschreibend/selbst-aussagend" (*idios:* eigen bzw. selbst; *graphein:* zeichnen bzw. schreiben) übersetzt werden, sodass man sagen kann, dass es bei der idiografischen Diagnostik um das Verstehen der Selbstbeschreibung (Selbstzeichnung) und letztlich des Selbst in seinem So- und Gewordensein (warum es so geworden ist usw.) geht.

Dieser Grundidee sind wir schon im Kapitel zum Fallverstehen begegnet (vgl. auch Heiner 2012, Müller 2012). Im Unterschied zum grundsätzlichen Fallverstehen – wovon idiografische Diagnostik ein Teil ist – liegt der Schwerpunkt idiografischer Diagnostik jedoch per se auf dem Tiefgang im Verstehen einer Person, also ihrer bewussten, ahnungs- und unbewussten Selbstzeichnung. Und genau dies macht idiografische Diagnostik auch so anspruchsvoll. Denn selbst unter Zuhilfenahme diagnostischer Instrumente ist ein möglichst vollumfängliches Selbstverstehen Voraussetzung für das wirkliche Fremdverstehen, damit nicht die eigenen Überzeugungen, Themen usw. auf das zu verstehende Gegenüber übertragen werden und man sich nur selbst im anderen entdeckt – ohne es zu merken oder nur zu erahnen.

Zusammenfassend kann also festgehalten werden, dass es zum diagnostischen Verstehen einer phänomenologisch-hermeneutischen Grundeinstellung/Einstimmung (Gadamer 2010) bedarf, um die Sinn- und Bedeutungswelt (Lebens- und

Alltagswelt) der Klientel mit ihren expliziten und impliziten Selbstdeutungen zu erkennen, einzuordnen und stellvertretend zu deuten. Damit dies gelingt, benötigen Fachkräfte Sozialer Arbeit ein umfängliches Reflektieren des je eigenen Sinn- und Bedeutunghorizontes (Selbstdeutungen).

6.1.1 Theoretische Einbettung

Der verstehende Zugang hat in der Sozialen Arbeit eine sehr lange Tradition (Lambers 2013). Vor allem vor dem Hintergrund lebensweltorientierter Ausrichtung (Thiersch 2005) und dem Lebensbewältigungsansatz (Böhnisch 2008) spielt das Verstehen – und das sich hieran anschließende stellvertretende Deuten – des Menschen mit und in seinen Lebens-, Entwicklungs- und Beziehungsthemen eine zentrale Rolle. Menschen handeln nie grundlos, selbst wenn ursächlich anderes (Katastrophen, Unfälle, Behinderungen usw.) oder andere Menschen (z. B. Missbrauch, Vernachlässigung) infrage kommen. Neben den Ursachen von Handlung gibt es also auch Gründe für diese (u. a. verborgene und offensichtliche Motive). So mag beispielsweise eine junge Mutter ihr Kind vernachlässigen und den Eindruck gewinnen, dies hänge damit zusammen, dass sie zu wenig Zeit für sich selbst habe (offensichtliches Motiv der Vernachlässigung ist also, Zeit für sich selbst zu schaffen). Hinter diesem Verhalten verbirgt sich aber ggf., dass sie selbst von ihrer Mutter abgelehnt wurde, da sie als Kind aus deren Sicht zu fordernd war. Bei genauer Betrachtung stellt sie nun vielleicht fest, dass sie sich letztlich eigentlich selbst ablehnt und auch ihr „Spiegelbild“ im Kind (verborgenes Motiv ist dann vielleicht, sich selbst nicht betrachten zu müssen). Vielleicht sind also die Vernachlässigung und erlebte Ablehnung der jungen Frau als Kind durch die Mutter die Ursache für das Ablehnen ihres eigenen Kindes. Vielleicht stellt sie nach weiteren Betrachtungen zudem fest, dass Ablehnung ein Dauerthema in ihrem Leben darstellt. Vielleicht hat sie sich immer wieder auch Partnerschaften gesucht, in welchen sie Ablehnung und gar Verachtung erfahren hat.

Verstehende Zugänge richten ihren Blick auf Gründe, Motive, Ziele, Bedürfnisse, Verhaltensweisen usw., um Ableitungen für konkrete Interventionen zu ermöglichen. Es geht um Fragen wie: Warum tun Menschen dieses oder jenes oder tun es eben nicht? Aus welchen Gründen begeben sie sich immer wieder in Situationen, welche auf kurze oder lange Sicht zu erheblichen Einschnitten im Wohlbefinden führen? Wieso fügen sich Menschen selbst direkt und indirekt Schmerz und Leid zu (u. a. durch Gewalt, Rückzug, Alkoholismus etc.)? Was hindert Menschen daran, durch Eigeninitiative ein gelingendes Leben auszugestalten? Was an und in ihnen könnte ihnen dabei helfen, aus den „negativen“ Wiederholungen auszusteigen?

Exkurs: Lebensweltorientierung Sozialer Arbeit und der Ansatz zur Lebensbewältigung

Der lebensweltorientierte Ansatz Hans Thierschs (2005) stellt neben der politisch-emanzipatorischen Ausrichtung Sozialer Arbeit (Wirken in die Systemwelt) einen Beitrag zur Begleitung von Menschen im Ausgestalten eines gelingenden Alltags (Lebenswelt). In Anlehnung an Kosik (1967) und Beck (1986) geht Thiersch hierbei davon aus, dass der Alltag durch eine Pluralisierung der Lebenswelten pseudokonkret und hochkomplex (individuell) ist. Um als Fachkraft für Soziale Arbeit einen Beitrag zum gelingenden Alltag der Klientel zu leisten, braucht es demnach das Verstehen des je unterschiedlich erlebten Alltags. Dieses Verstehen ist nur dialogisch möglich (hermeneutisch-phänomenologisch), wobei das letztliche Ziel Sozialer Arbeit und damit auch des Verstehens die Unterstützung zur Selbstbemächtigung ist. Soziale Arbeit

> „muss (sowohl) die Bedingungen der Erzeugung sozialer Ungleichheit sehen (sozialpolitische, sozialstrukturelle Ebene). Zum anderen muss sie (aber) die Bearbeitung sozialer Probleme als Lernaufgabe, ohne Ausgrenzungsabsichten verstehen (individuelle Ebene). Die Biografie ist hierbei der Kontext, in dem sich Soziale Arbeit als Hilfe in Entwicklungs- und Belastungsaufgaben stellt." (Lambers 2013, S. 107)

In seiner Weiterentwicklung durch Lothar Böhnisch (2008) erhält diese lebensweltorientierte Ausrichtung Sozialer Arbeit einen entwicklungstheoretischen Anstrich. Soziale Arbeit wird zu einer „Sozialpädagogik der Lebensalter". Dabei soll Soziale Arbeit Hilfe bei Bewältigungs- und Integrationsproblemen in verschiedenen Lebensabschnitten, sozialen Situationen und Kontexten unterstützen und orientiert sich im Verstehen an Erklärungsmodellen zu Lebensaufgaben entlang von Lebensphasen (Kindheit, Jugend, Erwachsenenalter, Alter). Gesellschaftlich beeinflusste Lebensphasen müssen biografisch gestaltet und bewältigt werden (Kita, Schule, Ausbildung, Job; zum gesellschaftlichen Mitglied werden – handle nach entsprechenden Regeln, Werten usw.). Das gelingt aber nicht immer reibungslos – je nach Bedingungen – und benötigt mitunter Unterstützung durch Fachkräfte Sozialer Arbeit. Allerdings geht es bei der Unterstützung nicht per se um eine „Normalisierung" oder „Anpassung" an eine Systemwelt, sondern um das Herstellen eines psychosozialen Gleichgewichts und damit einhergehenden „Wohlbefindens", u. a. in Form einer Wiedergewinnung des Selbstwerts. Neben Generierung von Unterstützung, Anerkennung als Mensch, Person usw., dem Herstellen sozialen Rückhalts und Hilfen zur Orientierung (Rahmen schaffen) spielen dennoch auch Hilfen zur Handlungsfähigkeit und Integration (Normalisierung) eine wichtige Rolle. Zentral ist dabei allerdings die verstehend-biografieorientierte und milieubildende Arbeit, ansetzend an subjektiv erlebter und gedeuteter Alltags- und Lebenswelt (subjektives Bewältigungshandeln).

6.1.2 Sinn und Methode

Verstehende (diagnostische) Zugänge Sozialer Arbeit richten ihren Blick auf Gründe, Motive, Ziele, Bedürfnisse, Verhaltensweisen und ähnliches. Und, wie gesagt, benötigt es hierzu eine phänomenologisch-hermeneutische Methodik, da Gründe, Motive usw. in der Regel nicht offensichtlich sind. Darüber hinaus ermöglicht ein phänomenologisch-hermeneutischer Zugang, das Individuelle, Einmalige und das „Antlitzhafte" jedes einzelnen Menschen zu erkennen. In der Summe kann der einzelne Mensch verstanden werden, wenn auch nicht gänzlich. Und, wie deutlich geworden sein sollte, verläuft das Verstehen über mehrere Bedeutungsebenen des Sinns von Ausdruck (siehe Abb. 6.1.2 sowie im Original Seewald 2001).

Mindestens drei Formen des phänomenologisch-hermeneutischen Deutungsprozesses kann man unterscheiden: den hermeneutischen des expliziten Sinns (kurz hermeneutisch), den phänomenologischen des expliziten und des impliziten Sinns (kurz phänomenologisch) und den hermeneutischen des impliziten Sinns (kurz tiefen-hermeneutisch).

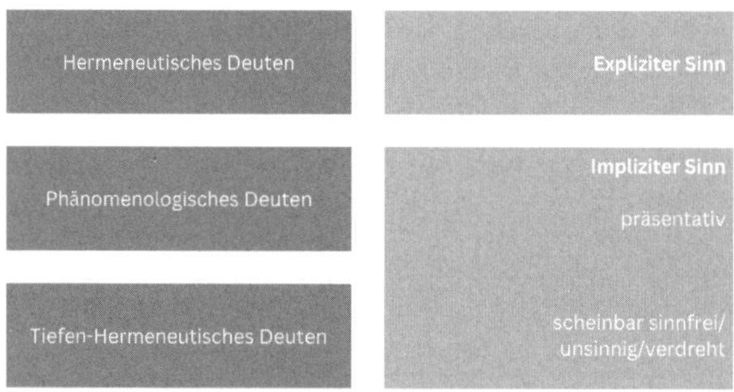

Abb. 6.1.2: Bereiche methodischen Verstehens

Im *hermeneutischen* Deuten geht es vornehmlich um das Verstehen des expliziten (ausdrücklichen) Sinns. Dies meint, dass die Bedeutung dem Ausdruck entspricht; Zeichen und Bezeichnetes liegen also dicht beieinander. Sagt ein Mensch z. B., dass er sich gerade nach Hause sehnt, dann meint er in der Regel auch genau dieses. Mit Watzlawick et al. (1969) oder auch Schulz von Thun (2010) gesprochen, handelt es sich um die Inhaltsebene des Ausgedrückten.

Beim *phänomenologischen* Deuten geht es zwar auch um das Deuten des expliziten, vornehmlich jedoch um das Deuten des impliziten (mitgemeinten, eingefalteten) Sinns. Insgesamt steht das Präsentative im Vordergrund. Präsentativ meint alles menschlich Ausgedrückte, was nicht eineindeutiges Zeichen oder ähnliches der gesprochenen oder geschriebenen Sprache ist. Mimik und Gestik, Intonation beim Sprechen, die Weise zu schreiben, Habitus usw.

Den Schwerpunkt bilden das „Wie“ im Ausdruck und das „Wie es erlebt wird“ (z. B. die Atmosphäre in einem sozialen Raum oder das Wirken eines Gegenstands auf die Stimmung eines Menschen). Der kleine phänomenologische Deutungsaspekt des expliziten Sinns bezieht sich hingegen auf Gebärden und damit verwandte Dinge wie Handzeichen usw.

Beim *tiefenhermeneutischen* Deuten steht ausschließlich das Deuten des impliziten Sinns im Vordergrund. „Was will uns der oder die Autor*in *eigentlich* sagen?“, ist die zentrale Frage. Und diese richtig zu beantworten, ist eine große Herausforderung. Denn erstens erscheint in nicht wenigen Fällen eine Handlung oder ein Ausdruck widersinnig und bisweilen gar unsinnig und zweitens entspricht der Eindruck oft gerade nicht den gewonnenen Überzeugungen der Fachkraft. Darum auch ist es wichtig, interpretativ vor einem soliden Hintergrund zu deuten und nicht zu spekulieren. Ausdrücke können besonders auf dieser Ebene für sehr Vieles und mitunter gar Verschiedenes stehen. Bereits beim implizit-präsentativen Sinn wird uns dies deutlich, wenn wir z. B. an Gesichtsausdrücke denken. Was drücken allein Tränen aus? Freude, Leid, Schmerz, Wut und Trauer – um nur einige Gefühle zu nennen. Wie aber verhält es sich dann erst mit den verborgenen Gründen im Ausdruck? Impliziter Sinn auf dieser Ebene ist *höchst ambiguitiv* (mehrdeutig), wie die Philosoph*innen sagen.

Das tiefenhermeneutische Deuten ist vor dem Hintergrund einer Gesamtfigur zu leisten (und zwar ganzheitlich im Sinne eines „Mehr als aus seinen Teilen sowie deren Wechselwirkung bestehend“) und beispielsweise an einen Dialog, die Biografie und theoretisches Erklärungswissen anzubinden. Und dennoch zeigt besonders diese Form der Deutung eindrücklich, dass Verstehen im Gesamten, also auch idiografische Diagnostik, unvollständig bleibt und besonders fallibel (fehleranfällig) ist.

Generell gilt für das Deuten in der idiografischen Diagnostik, dass es sich um einen in Kreis- bzw. Spiralform voranschreitenden, dialogischen Prozess handelt – ausgehend vom unverstandenen Teilausdruck hin zum Ganzen (Leben, Umstände, gesellschaftliche Einflüsse usw.) und zurück. Dieser Prozess ist darüber hinaus prinzipiell unabschließbar und nur durch Rückgriff auf Erklärungswissen (z. B. psychoanalytische Konzepte, Entwicklungstheorien, vgl. Jantzen 2000, Fallinterpretation bei Jöbgen 2004 durch Ulrich Oevermann) ausreichend valide.

6.2 Verfahren idiografischer Diagnostik

Neben der Beschreibung eines nicht-standardisierten, aber systematischen phänomenologisch-hermeneutischen Vorgehens (methodisches Verstehen), wurden in den letzten Jahrzehnten auch einige wenige standardisierte Verfahren entwickelt. Die wohl bekanntesten Verfahren idiografischer Diagnostik in der Sozialen Arbeit sind:

- die sozialpädagogisch-hermeneutische Diagnose (u. a. Mollenhauer/Uhlendorff 1992),
- die hermeneutisch-pädagogische Diagnostik (u. a. Höpfner/Jöbgen 1999)
- sowie die narrativ-biografische Diagnostik (u. a. Fischer/Goblirsch 2004).

Verfahren wie das kollegiale Fallverstehen (u. a. Ader/Schrapper 2001), aber auch Struktur- und Familienaufstellungen (Hartung/Spitta 2020) und dergleichen können nicht per se zu den diagnostischen Verfahren gezählt werden, da sich deren Standardisierung auf Entwicklung ausrichtet und nicht auf die Informationsgewinnung. Im Falle kollegialer Beratung wird darüber hinaus indirekt diagnostiziert, die Klientel ist also nicht direkt am Vorgehen beteiligt. In ihrem diagnostischen Nutzen sind solche Verfahren also mit Erzählungen zu einem beobachteten symbolischen Spiel durch Dritte vergleichbar. Erst durch direkte (kommunikative) Rückbindung an die Klientel (die eigentlichen Diagnostikant*innen) zeigt sich, wie valide die gewonnen „Informationen" tatsächlich sind. Sehr wertvoll sind die genannten „Analyseinstrumente" jedoch im fallanalytischen Prozess (siehe Kapitel 3).

Von den drei genannten Verfahren idiografischer Diagnostik soll nachfolgend exemplarisch auf die sozialpädagogisch-hermeneutische Diagnose eingegangen werden. Die Entscheidung für dieses Instrument hat zwei Gründe. Erstens handelt es sich bei diesem Verfahren um das erste und wohl auch etablierteste seiner Art. Zweitens ist die sozialpädagogisch-hermeneutische Diagnose im Vergleich zu den anderen beiden Instrumenten das zeit-ökonomischste und praktisch ausgereifteste.

6.3 Praxis: sozialpädagogisch-hermeneutische Diagnose

Klaus Mollenhauer und Uwe Uhlendorff forschten zur Frage eines konkreten gestaltungsdiagnostischen Verfahrens vor dem Hintergrund hermeneutisch-phänomenologischer Analyse (Mollenhauer/Uhlendorff 1992). Dieses Verfahren sollte dabei helfen, Kindern und Jugendlichen in sozialpädagogischen Arbeitsfeldern passende Angebote zu machen, um diese in ihrer Entwicklung maximal zu unterstützen. Besonders Kinder aus der Kinder- und Jugendhilfe erleb(t)en direkten (z. B. Missbrauch) und/oder indirekten (Trennung der Eltern, Verlust eines Elternteils durch Unfall) psychosozialen Stress, welcher sich auf die Erfahrungs- und damit Verhaltensbildung sozial unerwünscht auswirkt(e). Wie ist also gewalttätiges, oppositionelles und delinquentes Verhalten zu verstehen; wie Wutausbrüche, Klammerverhalten an Fremde usw. einzuordnen?

Um diese und ähnliche Fragen zu beantworten, suchten Mollenhauer und Uhlendorff zuerst in den erzählten Biografien (vermittels narrativer Interviews und z. B in Rückbindung an Entwicklungstheorien) nach zentralen allgemeinen Lebensthemen. Sie machten drei bis fünf Kategorien aus (siehe Tabelle 6.3a), welche als Hintergrundfolie dazu dienten, zwischen dem individuellen Erleben und Verhalten der Kinder bzw. Jugendlichen sowie deren biografischen Erzählungen, einem (entwicklungs)theoretischen Hintergrund und weiteren biografischen Informationen sinnhafte Zusammenhänge herzustellen. Zugleich konnten vor dem Hintergrund der kategorial ermittelten Lebensthemen entwicklungsspezifische allgemeine Tätigkeiten und Handlungsthemen benannt werden, welche zur individuellen Bewältigung vorgeschlagen wurden (Tabelle 6.3b).

Tab. 6.3a: Von Mollenhauer und Uhlendorff ermittelte Kategorien zentraler Lebensthemen (1992, S. 55)

Leibthemen	Körperkoordination, Feinmotorik, Leibversorgung, Spürerfahrung Umgang mit Dingen, instrumentell vermittelter Bezug zwischen Leib und Welt, Stärke beweisen
Beziehungsthemen	Verständigung bzw. Abstimmung wechselseitiger Erwartungen, Aushandeln von Umgangsregeln, Überlegenheit vs. Unterlegenheit in sozialen Beziehungen Vertrauen und Verlässlichkeit
Ich-Entwurfsthemen	(Gruppen-)Zugehörigkeit, Selbstlokalisierung Anpassung und Abgrenzung Selbstentwurf inkl. Balance zwischen Selbst- und Fremdbild, Umgang mit Zeit

Über ein knappes Jahrzehnt arbeiteten Mollenhauer und Uhlendorff (1992, 1995) und zuletzt Uhlendorff (1997) allein dieses Konzept so weit aus, dass es heute in einer sehr praktikablen Form vorliegt. Die Inhalte aus den leitfadengestützten biografischen Interviews gelten als Selbstdeutungsmuster (direkte und indirekte Erzählungen des Selbst über sich, sein Leben in Beziehung zu sich und seiner sowohl materiellen als auch personellen Umwelt). Dabei ist selbstredend, dass ein erheblicher Teil der Erzählungen (sowohl in Inhalt als auch Form) unbewusstes Material enthält, welches vor dem Hintergrund etablierter Theorien und biografischer Fakten eingeordnet werden muss. Das Instrument lässt also Deutungen in allen drei oben angesprochenen Formen des phänomenologisch-hermeneutischen Vorgehens zu.

Die Einteilung der vermittels leitfadengestützten Interviews erzählten Inhalte geschieht aktuell über sogenannte Bildungsdimensionen (Mollenhauer/Uhlendorff 1995), was letztlich aber dasselbe wie Lebensthemen (siehe Tab. 6.3a und 6.3b) bedeutet. Diesen Bildungsdimensionen gegenüber erfolgt eine weitere Zuordnung zu Entwicklungsaufgaben bzw. -herausforderungen (Themen nach Havighurst 1953 und Entwicklungsetappen orientiert vor allen an Kegan und Selman; Uhlendorff 1997).

Insgesamt gibt es sechs zentrale allgemeine Bildungsdimensionen,

- allgemeine Aufgaben,
- Selbst- und Personenentwürfe,
- Körperbilder,

Tab. 6.3b: Zuordnung heilsamer Tätigkeiten und Herkunft der Themen (Mollenhauer/Uhlendorff 1992, S. 102)

Herkunftserfahrung		**Lebensthemen**	**Vermutlich heilsame Tätigkeiten**
Frühkindliche und kindliche Vernachlässigung	Der leiblichen und emotionalen Versorgung	Mütter, Essen, Berufswunsch Köch*in, körperl. Wohlbefinden, Leibversorgung, Vertrauen durch leibliche Versorgung	Kochen, Backen, Tisch decken, Essen, Frisieren, Massieren, Schwimmen, Einkaufen, Backofen bauen, Zimmer einrichten, Wäsche und Körper waschen, Nähen, Lagerfeuer machen, Holzhacken, Matschen, Angeln, Badewanne bauen
	Der sensomotorischen Entwicklung und Integration	Körperkoordination, Ungeschicklichkeit, Feinmotorik, Umgang mit Leib und Dingen, Gleichgewichtsprobleme	Schwimmen und Tauchen, Ball- und Geschicklichkeitsspiele, Rollschuh- und Skateboard fahren, Trampolinspringen, Fahrradfahren, Kraftspiele, Wandern, Angeln, Reiten
Abschieben und mangelnde Verlässlichkeit in sozialen Beziehungen		Zweifel in der Verlässlichkeit sozialer Beziehungen und der Glaubwürdigkeit anderer, Trennungsschmerz und Enttäuschung von den Eltern, Wunsch nach Familie und eigenen Kindern, Bindungslosigkeit, Käuflichkeit sozialer Beziehungen	1:1-Betreuung: Einkaufen, Kochen, Wandern, Klettern, Abseilen, Kanufahren, Briefe-, Tagebuch-, Autobiographie schreiben, Gespräche, Zimmer einrichten
Ambivalenz von Loslösung und Anklammerung		»Ich brauche dich nicht, hilf mir«, Abstimmen wechselseitiger Erwartungen, Aushandeln von Umgangsregeln, Selbsteinschätzung, eigener Standpunkt im sozialen Umfeld	Regel-, Gemeinschafts-, Rollenspiele, Möbelbauen, Abseilen, Kanufahren, gemeinsame handwerkliche Tätigkeiten, Handeln und Tauschen, Lohnarbeit, Briefe schreiben, Telefonieren, Einzel- und Gruppengespräche, Angeln, Autobiographie schreiben
Gewalterfahrung, sexueller Missbrauch und Familienchaos		Anpassungsschwierigkeiten in Gruppen oder Situationen mit hohen kommunikativen Anforderungen, Schwierigkeiten im Umgang mit Zeit und Zeitrhythmen, Schutz und Abgrenzungswünsche (solipsistische Oasen), Schwierigkeiten, über sich und den eigenen Körper zu reden, Überlegenheit und Unterlegenheit in sozialen Beziehungen, Nähe-Distanz-Probleme	Schutzhütte, Mauern, eigenen Stuhl oder eigenes Bett bauen, Zimmer einrichten, Tagebuchschreiben, Fotografieren, Angeln, leibliche Spürerfahrungen (von Wandern bis Reiten), Gartenarbeit, Motor- und Maschinenwartung, Gespräche, Dokumentieren, Rollen-, Regel- und Gesellschaftsspiele

- Zeitschemata,
- normative Orientierung
- und Interaktionsstrategien,

welche durch sechs weitere Dimensionen ergänzt werden (*Familie, Gleichaltrige und Freund*innen, Schule und Ausbildung, Jugendhilfe, [Interessen,] Devianz, Sonstiges*). Der Altersbereich, in welchem dieses Instrument zur Anwendung gebracht werden kann, ist auf das Schul- bis junge Erwachsenenalter eingeschränkt, wäre aber prinzipiell ausbaufähig.

Tab. 6.3c: Zwei Beispieldimensionen (Zeitschemata und Körperbilder; siehe Krumenacker 2004, S. 26; Original von Mollenhauer/Uhlendorff 1995)

Dimension	**Merkmale der Selbstdeutungsmuster**
Zeit	
Institutionalisierte Zeit	Die Erzählung folgt einer Chronologie nach institutionellen Ereignissen; Lebens- und Tagespläne orientieren sich an institutionellen Vorgaben/Ereignissen; passives Zeitkonzept
Beziehungszeit	Die Erzählung folgt einer Chronologie von Beziehungsereignissen; dichte Interaktionsbeschreibungen; Autobiografie als Etappendrama; eigene Pläne/Wünsche und institutionelle Vorgaben werden als konflikthaft erlebt; aktives Konzept von Lebenszeit
Fragmentierte Zeit	Kaum chronologische Ordnung: Leben gliedert sich in aufregende Episoden, die unverbunden bleiben; kein Bewusstsein für Entwicklungszeit; diffuse Zukunftsvorstellung
Körperbilder	
Körperliche Stärke, Durchsetzung	Körper als Instrument der Durchsetzung und Demonstration von Kraft; Selbstbeweise der Überwindung von Widerständen und Stärke zeigen; Interesse an Symbolen der Stärke; Stärkerelation in Gruppen Gleichaltriger ist wichtig; wenig Ausdauer und Antriebskontrolle; egozentrische Körperwahrnehmung
Wettkampf und Wetteifer	Stärke zeigen ist wichtig, aber gelungene Interaktion genauso; Interesse an sportlichen Leistungen und Zusammenspiel; Körper- und Antriebskontrolle; realistische Einschätzung der Leistungsfähigkeit und Ausdauer des Körpers
Ausgleich	Stärke zeigen ist nicht wichtig; Aufmerksamkeit für interaktive Verträglichkeit eigener Körperlichkeit; um Ausgleich zwischen Körperantrieben und Interaktionserwartungen bemüht; Ausgleich im Wechsel der Aktivitäten
Körperselbstempfinden	Verzicht auf Durchsetzung, Wettkampf, Streit zugunsten der Besinnung auf eigene Körperempfindlichkeit; Körper als Medium leib-seelischen Ausdrucks; Aufmerksamkeit für Befindlichkeiten; psychosomatische Reaktionen; labiles Körpergleichgewicht

Zu jeder Bildungsdimension mit impliziten und expliziten Selbstdeutungen stellte Uhlendorff (1997) zuletzt ein umfangreiches Potpourri an Entwicklungsaufgaben, -herausforderungen bzw. -etappen zur Verfügung.

Tab. 6.3d: Beispiel für Entwicklungsetappen und Aufgaben bei der Bildungsdimension Zeit (Krumenacker 2004, S. 36; Original von Uhlendorff 1997, S. 124 ff.)

Zeit	**Vorhandene Kompetenzen der Etappe** – ***sollen durch Milieus bestätigt werden***	**Entwicklungsaufgaben** – ***zu bildende Kompetenzen während der Etappe***
1. Entwicklungsetappe (ca. 7. bis 11. Lebensjahr)	Fragmentiertes Zeitschema, situative und egozentrische Planungskompetenz, subjektives Zeiterleben	Über situative Gegebenheiten hinaus planen, über längere Zeitperspektiven denken; Verständnis von Entwicklungszeit; Wahrnehmung der Zeitperspektive anderer; Entwicklung gegliederter Anschauung des eigenen Lebenslaufs inkl. Entwicklung von Chronologien hinsichtlich der Vergangenheit und möglichen Zukunft
2. Entwicklungsetappe (ca. 12. bis 15. Lebensjahr)	Erste Planungskompetenzen, Verständnis von Entwicklungszeit; Wahrnehmung der Zeitperspektiven anderer, chronologisch gegliederte Anschauung des eigenen Lebenslaufes	Sich in seinen Zeitplänen auf die anderen einstellen, egozentrische Pläne zugunsten konventioneller bzw. gemeinsamer zeitlicher Einteilungen zurücknehmen; Beginn des gemeinsamen Plänemachens
3. Entwicklungsetappe (ca. 16. bis 18. Lebensjahr)	Auf gemeinsame Zeitperspektiven einstellen, gemeinsame Pläne machen	Wechselseitiges Abstimmen gemeinsamer Zeitperspektiven und Pläne in Freundschaften, gemeinsame Zukunft planen
4. Entwicklungsetappe (ca. ab 18. Lebensjahr)	Wechselseitige Abstimmung gemeinsamer Zeitperspektiven und Pläne in Freundschaften, gemeinsame Zukunft planen	Koordination der Zukunftspläne und individuellen Lebensgeschichte mit allgemeinen, überindividuellen zeitlichen Kontexten (Geschichte der Familie und anderer Institutionen, Zeit der Geschichte allgemein)

Zum Ende der vorläufigen Einteilungen der Gesprächsinhalte findet die weitere Auswertung über ein Team statt. Diesem Team werden die bisher erarbeiteten Inhalte (Strukturhypothesen) präsentiert und vermittels Referenz zum audio- oder videografisch aufgezeichneten Gespräch geprüft. Hierbei kommt es nicht selten zum verfeinerten Anpassen der zentralen (konflikthaften) Lebensthemen (siehe auch Krumenacker 2004, S. 26 ff.). Dabei ist wichtig, dass sich alle Beteiligten an die Regeln hermeneutisch-phänomenologischen Deutens halten.

Fazit

Idiografische Diagnostik zielt auf das Besondere im Allgemeinen sowie auf das subjektiv geschilderte und erzählt erlebte Leben. Damit bleibt idiografische Diagnostik immer auch intersubjektiv. Die Ergebnisse sind zwar bis zu einem gewissen Maße auch objektivierbar, allerdings nicht im naturwissenschaftlichen Sinne objektiv. Es bleibt immer ein Rest Unverstandenes und eine hohe Irrtumswahrscheinlichkeit.

Um das eigene Verstehen zu verbessern, orientiert sich die idiografische Diagnostik (ob frei, wie in einer Spielsituation, oder systematisch und standardisiert, wie in der sozialpädagogisch-hermeneutischen Diagnose) an unterschiedlichen Sinn- bzw. Lebensthemen (u. a. Beziehungs-, Entwicklungs- und Leibthemen). Idiografische Diagnostik ist hierbei also zugleich rekonstruktiv-biografische Diagnostik, da die Anbindung an das gelebte Leben von Subjekten eines ihrer Wesensmerkmale darstellt.

Standardisierte idiografische Diagnostik arbeiten mit qualitativen Verfahren, wie leitfadengestützen Interviews und deren Auswertungsmethoden. Entsprechend aufwändig sind solche Verfahren allein schon formal (u. a. durch die Transkripterstellung). Noch aufwendiger werden sie durch die Anbindung an theoretisches Erklärungswissen, welches u. a. eine hohe Kompetenz im Umgang mit Entwicklungstheorien und in der Verknüpfung theoretischen Wissens mit Beobachtungssachverhalten sowie ein ausgesprochenes (selbst)kritisches Reflexionsvermögen bezogen auf diese erfordert.

Durch diesen enormen Aufwand erscheint der Ertrag vielfach nicht verhältnismäßig. Wie wir allerdings bereits im ersten Kapitel (Kapitel 1.1.2) erfahren durften, ist der Erfolg der Praxis Sozialer Arbeit wesentlich von Bedingungen abhängig, welche durch sinnverstehende Diagnostik tiefgängigere Substanz erhalten. Insofern scheint auch eine systematisierte idiografische Diagnostik besonders in der Gestaltungsdiagnostik vollstationärer Hilfen hilfreich, wenn nicht gar notwendig.

Bezüglich der Güte idiografischer Diagnostik sei an dieser Stelle nochmals auf das erste Kapitel unter 1.2.5 verwiesen.

Zielevaluation

Abschließend zu diesem Kapitel ein paar Fragen und Reflexionsaufgaben:

- Geben Sie mit eigenen Worten wieder, was die Grundlagen hermeneutisch/phänomenologisch-diagnostischen Verstehens sind.
- Benennen Sie, worauf systematisiertes methodisches Verstehen (ideografische Diagnostik) zwingend angewiesen ist.
- Nennen Sie zwei systematisierte Verfahren idiografischer Diagnostik.
- Nennen und beschreiben Sie zwei bis drei Gütekriterien idiografischer Diagnostik.

Vertiefende Literatur

Zur Vertiefung dieser Inhalte sei folgender Text empfohlen:

- Jöbgen J. (2004): „… und doch kein Fall für die Justiz“. Oder: Vom Nutzen der hermeneutischen Diagnostik. In: Heiner, M. (Hg.): Diagnostik und Diagnosen in der Sozialen Arbeit (S. 141–152). Freiburg: Lambertus.

Literatur

Ader, S./Schrapper, C. (Hg.) (2001): Sozialpädagogisches Fallverstehen und sozialpädagogische Diagnostik in Forschung und Praxis. Münster: Votum.

Beck, U. (1986): Risikogesellschaft – Auf dem Weg in eine andere Moderne. Frankfurt a. M: Suhrkamp.

Böhnisch, L. (2008): Sozialpädagogik der Lebensalter: Eine Einführung. Weinheim: Beltz Juventa.

Dilthey, W. (1894/1990): Ideen über eine beschreibende und zergliedernde Psychologie. Gesammelte Schriften. 5. Band. Göttingen: Vandenhoeck & Ruprecht.

Dilthey, W. (1900/1990): Die Entstehung der Hermeneutik. Gesammelte Schriften. 5. Band. Göttingen: Vandenhoeck & Ruprecht.

Fischer, W./Goblirsch, M. (2004): Narrativ-biographische Diagnostik in der Jugendhilfe. In: Heiner, M. (Hg.): Diagnostik und Diagnosen in der Sozialen Arbeit (S. 127–140). Freiburg: Lambertus.

Gadamer, H. G. (2010): Gesammelte Werke: Band 1: Hermeneutik I: Wahrheit und Methode: Grundzüge einer philosophischen Hermeneutik. Frankfurt a. M.: Mohr Siebeck.

Hartung, S./Spitta, W. (2020): Lehrbuch der Systemaufstellungen. Grundlagen, Methoden, Anwendung. Heidelberg: Springer.

Heiner, M. (2012): Handlungskompetenz Fallverstehen. In: Becker-Lenz, R./Busse, S./Ehlert, G./Müller-Hermann, S. (Hg.): Professionalität Sozialer Arbeit und Hochschule (S. 201–217). Wiesbaden: Springer VS.

Höpfner, N./Jöbgen, M. (1999): Zur Methodisierbarkeit von Hilfen oder: Braucht die Soziale Arbeit Diagnosen? In: Peters, F. (Hg.): Diagnosen, Gutachten, hermeneutisches Fallverstehen. Rekonstruktive Verfahren zur Qualifizierung individueller Hilfeplanung (S. 197–223). Frankfurt a. M.: IGFH.

Husserl, E. (1985): Die phänomenologische Methode. Ausgewählte Texte 1. Stuttgart: Reclam.

Jantzen, W. (2000): Rehistorisierende Diagnostik: Verstehende Diagnostik braucht Erklärungswissen. http://www.ibp-psychomotorik.de/x_forum/jantzen_home_frame.htm (Zugriff am 24.05.2022).

Jöbgen, M. (2004): Und doch kein Fall für die Justiz. Oder: Vom Nutzen der hermeneutischen Diagnostik. In: Heiner, M. (Hg.): Diagnostik und Diagnosen in der Sozialen Arbeit (S. 141–152). Freiburg: Lambertus.

König, K. (1994): Indikation. Entscheidung vor und während der psychoanalytischen Therapie. Göttingen: Vandenhoeck & Ruprecht.

Kosik, K. (1967): Dialektik des Konkreten. Frankfurt a. M.: Suhrkamp.

Krumenacker, F. J. (Hg.) (2004): Sozialpädagogische Diagnosen in der Paxis. Weinheim: Beltz Juventa.

Lambers, H. (2013): Theorien Sozialer Arbeit. Kompendium und Vergleich. Opladen: Budrich (UTB).

Mollenhauer, K./Uhlendorff, U. (1992): Sozialpädagogische Diagnosen 1: Über Jugendliche in schwierigen Lebenslagen. Weinheim: Beltz Juventa.

Mollenhauer, K./Uhlendorff, U. (1995): Sozialpädagogische Diagnosen II: Selbstdeutungen verhaltensschwieriger Jugendlicher als empirische Grundlage für Erziehungspläne. Weinheim: Beltz Juventa.

Müller, B. (2012): Sozialpädagogisches Können. Ein Lehrbuch zur multiperspektivischen Fallarbeit. Freiburg: Lambertus.

Schulz von Thun, F. (2010): Miteinander reden (Band 1). Störungen und Klärungen: Allgemeine Psychologie der Kommunikation. Hamburg: Rowohlt.

Seewald, J. (2001): Die Verstehen-Erklären-Kontroverse in der Motologie. In: Fischer, K./Holland-Moritz, H. (Red.): Mosaiksteine der Motologie (S. 147–161). Schorndorf: Hofmann.

Thiersch, H. (2005): Lebensweltorientierte Soziale Arbeit. Aufgaben der Praxis im sozialen Wandel. Weinheim: Beltz Juventa.

Uhlendorff, U. (1997): Sozialpädagogische Diagnosen III: Ein sozialpädagogisch-hermeneutisches Diagnoseverfahren für die Hilfeplanung. Weinheim: Beltz Juventa.

Watzlawick, P./Beavin, J. H./Jackson, D. D. (1969): Menschliche Kommunikation – Formen, Störungen, Paradoxien. Bern: Huber.

7. Kapitel: Netzwerkdiagnostik

Ziele des Kapitels

Die Diagnostik sozialer Netzwerke ist vielleicht dasjenige herausragende inhaltliche Alleinstellungsmerkmal sozialarbeitswissenschaftlicher Diagnostik, welches einen bedeutenden Unterschied u. a. zur psychologischen oder soziologischen (sozialen) Diagnostik abbildet. Es geht in der sozialarbeitswissenschaftlichen Diagnostik nämlich keineswegs nur um Soziometrisches (Soziales quantitativ bzw. nomothetisch vermessend) oder die psychologischen Momente sozialen Zusammenlebens. Vielmehr sollen über sozialarbeitswissenschaftliche Diagnoseverfahren und diagnostische Instrumente diejenigen Merkmale erfasst werden, welche den Gegenstandsbereich „Person-in-Environment" ausgezeichnet abzubilden imstande sind. Wie dies genau aussieht und was es zu berücksichtigen gilt, wird Inhalt dieses Kapitels sein. Nach der Lektüre dieses Kapitels

- kennen Sie die Hintergründe der Netzwerkdiagnostik und können u. a. benennen, welche Aussagen worüber möglich werden,
- können Sie ein netzwerkdiagnostisches Verfahren genauer beschreiben,
- werden Sie eine praktische Idee davon haben, wie netzwerkdiagnostische Verfahren zur Anwendung zu bringen sind, und dies beschreiben können.

7.1 Grundsätzliches

Netzwerkdiagnostische Instrumente wie Ecomaps (Dettmers 2009) oder easyNWK (Pantuček-Eisenbacher 2019) scheinen für Fragestellungen Sozialer Arbeit geradezu wie geschaffen. Dies hat zwei Gründe. Zum einen eigenen sich netzwerkdiagnostische Instrumente – besonders egozentrische Netzwerkkarten – ausgezeichnet, um typische Interventionsbereiche Sozialer Arbeit u. a. in Form des sozialen Kapitals[14] darzustellen (Pantuček-Eisenbacher 2019). Zum zweiten scheinen diese Instrumente den Gegenstandsbereich Sozialer Arbeit besonders gut abzubilden. Dies wird insbesondere dann deutlich, wenn unter diesem Gegenstand der „Person-in-Environment"-Ansatz (u. a. Lowy 1983, Röh 2013) verstanden wird.

„Person-in-Environment" steht geradehin für Vernetzung und subsumiert schließlich auch andere in der Sozialarbeitswissenschaft verhandelte Gegenstände wie zum Beispiel psychosoziale Probleme, soziale Ungleichheit bzw. Benachteiligung (Staub-Bernasconi 2007), soziale Teilhabe (Röh 2013) oder deren Verhinderungs-, Bewältigungs- bzw. Realisierungsbedingungen. „Person-in-Environment" ist zudem so abstrakt, dass sowohl bio-psycho-soziale, ökonomisch-materielle und systemisch-institutionelle als auch politische sowie kulturelle Perspektiven angesprochen werden, und zwar egal ob auf Erziehungs- und Bildungsfragen, Rehabilitations-, Gesundheits- und Therapiefragen oder soziale Inklusionsförderfragen abgestellt wird.

7.1.1 Was Netzwerke sind und welche es gibt

In der sozialarbeitswissenschaftlichen Netzwerkdiagnostik wird unter einem Netzwerk ein Beziehungsgeflecht verstanden, welches sich aus Personen (als Knotenpunkte) sowie den, zumindest potenziellen, Interaktionen zwischen diesen Personen (als Relationen) zusammensetzt. Dabei ist es irrelevant, ob es sich bei den Netzwerken um selbstständig (natürlich) gebildete oder künstlich geschaffene handelt.

Diagnostisch interessant sind mindestens zwei Perspektiven auf Netzwerke, nämlich die allozentrische und die egozentrische:

- Bei einer allozentrischen Perspektive richtet sich der diagnostische Blick auf Gesamtnetzwerke ohne Hervorhebung einzelner Personen. Es wird also das Netzwerk aus der Sicht von oben oder von außerhalb abgebildet – sprich, die Außenperspektive (u. a. Reka/Barabasi 2002, Schnegg/Lang 2002, Moreno 1954). Beispielhafte Werkzeuge hierfür sind die Sozial-Network-Analysis (SNA) oder das Soziogramm.
- Bei der egozentrischen Perspektive liegt der Fokus auf einzelnen Personen in ihren Netzwerken. Es wird also das Netzwerk aus Sicht einzelner Personen dargestellt – sprich, die Innenperspektive (u. a. Gerhardter 2001, Herz 2012). Beispielhafte Werkzeuge hierfür sind die Egocentric-Network-Analysis (ENA), Ecomaps oder Genogramme.

7.1.2 Was Netzwerke abbilden

Natürlich ist es auch in der sozialarbeitswissenschaftlichen Netzwerkdiagnostik das Ziel, sowohl mögliche Gründe und Ursachen für psychosoziale Probleme (z. B.

14 Erklärung unter 7.1.2.

Kontaktabbrüche zu wichtigen Bezugspersonen, generell kleine Netzwerke, Stress in Beziehungen) zu erkennen, als auch soziale Potenziale und Ressourcen (z. B. Personen als Multiplikator*innen, stabilisierende oder stärkende Beziehungen) zu entdecken (u. a. Pantuček-Eisenbacher 2019). So zeigen sich z. B. Zusammenhänge zu seelischer Stabilität, Gesundheit, sozialer Hilfebedürftigkeit und Identitätsentwicklung (zu letztem Remschmidt/Mattejat 1999). Menschen mit psychosozialen Problemen verfügen im Verhältnis zu Menschen ohne psychosoziale Probleme in der Regel über kleinere und weniger dichte soziale Netzwerke (Modrow 2017/Richter-Mackenstein 2017). Zudem verfügen sie über ein geringeres soziales Kapital und erleben in ihren Beziehungen seltener dauerhafte psychosoziale Entlastungen (u. a. Pantuček-Eisenbacher 2019).

Unter sozialem Kapital können Mittel und Möglichkeiten Einzelner verstanden werden, welche durch die kooperativen Beziehungen zwischen Menschen und durch die Zugehörigkeit zu Gruppen entstehen (z. B. die Jobvermittlung durch Bekannte oder die Hilfe durch Freund*innen beim Umzug). Symbolisches (wie Prestige), ökonomisches (finanzielle Zuwendungen durch Familie und Freunde) und kulturelles Kapital stehen zudem mit dem sozialen Kapital in einem Bedingungsverhältnis (u. a. Bourdieu 1983 und Putnam 1993), sodass auch hierüber indirekte Aussagen durch die Analyse von Netzwerken möglich werden. Für Deutschland typisch scheint z. B. der Zusammengang von Bildungserfolg und sozialer Herkunft zu sein. Beides steht zudem im engen Zusammengang zum beruflichen Erfolg und damit auch zum ökonomischen Kapital. Zudem können gebildetere, sozial und ökonomisch besser gestellte Menschen leichter am kulturellen Leben teilnehmen und haben durch ihre Bildung und den sozialen Stand zudem eher eine Affinität dazu.

Widmen wir uns aber wieder den sozialen Netzwerken und ihren spezifischen Merkmalen.

Qualitative und Quantitative Merkmale: Wie eben bereits angedeutet, können mittels Netzwerkdiagnostik eine Fülle von Merkmalen beobachtet werden (z. B. die Größe und Dichte von Netzwerken oder auch die Art der Beziehungsausgestaltung). Grob können diese Merkmale in qualitative (idiografische), wie Investment[15], Harmonie, (emotionale, instrumentelle und materielle) Unterstützung, Intimität[16], Wohlfühlen usw. (u. a. Dettmers 2009, Salisch/Kanevski/Philipp/Schmalfeld/Sacher 2010), und quantitative (nomothetische) Merkmale, wie Größe, Dichte, Beziehungsgewicht[17], Anzahl der Cluster, Brücken usw. (u. a. Reka/Barabasi 2002; Schnegg/Lang 2002), unterteilt werden – selbstredend lassen sich auch qualitative

15 Bezieht sich darauf, was Menschen aktiv in Beziehungen einbringen (gedacht als „Kosten"). Es handelt sich dabei immer um etwas, was nicht natürlich vorhanden ist, sondern einer bestimmten Anstrengung bedarf. So zählen Attraktivität und Intelligenz z. B. nicht dazu, während Zeit, Aufmerksamkeit, Zärtlichkeit usw. Merkmale von Investment sind.

16 Intimität bezieht sich generell auf die zwischenmenschliche Nähe und Vertrautheit, die Personen leben.

17 Hierzu und zu den anderen quantitativen Merkmalen mehr in Kapitel 7.2.2.

Merkmale bis zum einem gewissen Grad quantifizieren und damit auch nomothetisch erfassen.

7.2 Netzwerkdiagnostische Instrumente

Es gibt eine Fülle von Instrumenten, welche Beziehungen abbilden (u. a. Siette et al. 2021). Nicht all diese Instrumente sind jedoch im eigentlichen Sinne klassisch diagnostisch. Idiografische Verfahren wie z. B. Organisations- bzw. Familienaufstellungen oder -bretter können zwar gestaltungsdiagnostisch nutzbringend eingesetzt werden, stellen aber in erster Linie therapeutische Methoden dar (Ludewig/Wilken 2000, McGoldrick/Gerson 2020). Andere Instrumente wie z. B. das Mehr-Familien-Notationssystem oder Crossings von Peter Pantuček-Eisenbacher (2019) scheinen noch nicht ausgereift genug. Wir konzentrieren uns hier auf Instrumente, welche sich in der Praxis bewährt haben und zudem sehr ökonomisch sind, da mit relativ wenig Aufwand beeindruckend viele Informationen gesammelt werden können. Zu den bekanntesten Instrumenten zählen

- eher quantitative Merkmale abbildend (nomothetisch)
  - easyNWK (Pantuček-Eisenbacher 2019),
  - der Familien-Identifikations-Test (Remschmidt/Mattejat 1999)
  - und das Soziogramm (Moreno 1954) sowie
- eher qualitative Merkmale abbildend (idiografisch)
  - die Eco-Maps (u. a. Hartman 1978).

Nachfolgend sollen zwei dieser Instrumente exemplarisch beleuchtet werden. Beide Instrumente sind sehr umfänglich erprobt und werden zudem regelmäßig in der Forschung eingesetzt.

7.2.1 Das Soziogramm

Das Soziogramm hat seine fachwissenschaftliche Anerkennung in der sozialpsychologischen Forschung der 1950er Jahre erhalten. Besonders durch die Arbeit Jacob Levy Morenos (1954) fand das Instrument Eingang in die Soziometrie. Es geht auf den Pädagogen Rudolf Lochner zurück, welcher im Zuge der Erstellung von „Psychogrammen" gruppendynamische Prozesse berücksichtigte (Lochner 1927).

Beim Soziogramm geht es in erster Linie um die Quantifizierung qualitativer Merkmale von Beziehungen in einer Gruppe (*allozentrische Perspektive*). Hierdurch werden u. a. metrische Aussagen zur Qualität von Beziehungen zwischen den Gruppenmitgliedern (Zuneigung, Vertrauen, Achtung, Bewunderung etc.), zum Gruppenklima und zur Gruppenhierarchie (Identifikation von Leitfiguren, anderer Positionen in der Gruppe) möglich.

Das Instrument selbst liegt nicht in einer fertigen Form vor und es existieren auch keine statistischen Normen. Vielmehr werden einzelne Sätze (Items) als Fragen bzw. Aussagen zu bestimmen Sachverhalten formuliert und über eine Personenliste beantwortet. Einfache Beispiele solcherlei Fragen bzw. Aussagen sind: „Wen aus der Gruppe findest du sympathisch und wen unsympathisch?“ „Mit wem arbeitest du gern zusammen, mit wem gar nicht gern?“ „Wem aus der Gruppe würdest du bei wichtigen Entscheidungen vertrauen/wem nicht?“ Zur Verdeutlichung ist dies in Tab 7.2.1a mithilfe einer Frage bei einer Gruppe von sieben Bewohner*innen einer vollstationären Einrichtung der Kinder- und Jugendhilfe dargestellt.

Tab. 7.2.1a: Beispielfrage für ein Soziogramm

Wenn es mir seelisch schlecht geht, wem kann ich mich anvertrauen, ohne Sorge haben zu müssen, ausgelacht zu werden, verraten zu werden oder im Stich gelassen zu werden?	**A) Stella**	ja	vielleicht	nein
	B) Simeon	ja	vielleicht	nein
	C) Hashem	ja	vielleicht	nein
	D) Lucia	ja	vielleicht	nein
	E) Kim-Jong	ja	vielleicht	nein
	F) Jacob	ja	vielleicht	nein
	G) Charlotte	ja	vielleicht	nein

Nun können den ausgefüllten Items Zahlenwerte zugeordnet werden. Beispielsweise könnte für „Ja“ der Wert 1 stehen, für „Vielleicht“ der Wert 0 und für „Nein“ der Wert -1. Die Ergebnisse können dann in eine Tabelle (Tab. 7.2.1b) eingetragen werden.

Tab. 7.2.1b: Auswertung der Beispielfrage über die sieben Bewohner*innen

	A	B	C	D	E	F	G	Σ	IAV	IAM
A		1	-1	0	1	-1	-1	-1	0,33	**0,5**
B	1		1	1	1	1	0	5	**0,83**	**0**
C	-1	0		1	-1	0	-1	-2	**0,16**	**0,5**
D	0	1	1		0	0	-1	1	0,33	**0,16**
E	1	1	0	1		1	-1	3	**0,66**	**0,16**
F	0	0	0	1	0		-1	0	**0,16**	**0,16**
G	-1	-1	-1	0	-1	-1		-5	**0**	**0,83**
Σ	0	2	0	4	0	0	-5			
AMV	0,33	**0,5**	0,33	**0,66**	0,33	0,33	**0**			
AMM	0,33	**0,16**	0,33	**0**	0,33	0,33	**0,83**			

In den Zeilen (von rechts nach links) sind die Bewertungen von den Personen zu den jeweils anderen Gruppenmitgliedern eingetragen (in der ersten Zeile also die Bewertungen von A zu den je anderen Gruppenmitgliedern). So ergeben sich schlussendlich Zeilen- und Spaltensummen (Σ). Die Zeilensummen (pro Person *von oben nach unten* zusammengezählt) zeigen die Einschätzung aller Gruppenmitglieder zu einer Person (A wird von A bis G eingeschätzt). Die Spaltensummen (*von rechts nach links* zusammengezählt) zeigen die Einschätzung einer Person zu den Gruppenmitgliedern.

Im Falle der oben gestellten Frage kann auch festgehalten werden, dass die Spaltensummen etwas darüber aussagen, wie viel Zutrauen die Einzelnen in die anderen haben, während die Zeilensummen etwas darüber aussagen, wie viel Zutrauen die anderen in jede einzelne Person haben.

Die unter den Summen abgetragenen Werte sind Quotienten zu Vertrauen (AMV und IMV) und Misstrauen (IAV und IAM), welche sich durch die Division der Summen der entweder positiven oder negativen Kennwerte durch die Anzahl der maximal möglichen Werte ergeben (Beispiel AMV für A: 2/6 = 0,33). Diese Werte können maximal 1 und minimal 0 betragen.

Eine Auswertung macht nun ersichtlich, wie viel Zutrauen in der Gruppe herrscht und wie viel Zutrauen der Einzelnen in die anderen Gruppenmitglieder. So können Sie der obigen Tafel entnehmen, dass in der Gruppe tendenziell genauso viel Zutrauen wie Misstrauen vorherrscht. Einzelne Personen stechen dabei hervor. Denn während G sehr misstraut wird, vertrauen zwei Drittel der Gruppe D und niemand misstraut ihr. Besonders misstrauisch anderen Gruppenmitgliedern gegenüber scheinen A, C und G zu sein, während B und E den anderen viel Vertrauen schenken.

Mögliche interventionsbildende Fragen, die sich aus den Ergebnissen ergeben, könnten lauten: Wie kann ich das Vertrauen in die Gruppe stärken, besonders auch bei A, C und G? Was zeichnet B, D und E aus, dass diesen so viel Vertrauen geschenkt wird, und was davon könnte für die Gruppe, also auch für jede*n Einzelne*n, zur Vertrauensbildung nutzbar gemacht werden?

Nicht ganz so informativ, dafür aber auf einen Blick und damit unterstützend, ist die grafische Darstellung des Soziogramms (Abb. 7.2.1a). Die gestrichelten Linien symbolisieren hierbei das „Vielleicht" und die durchgezogenen Linien das Vertrauen. Das Misstrauen ist dadurch ausgedrückt, dass keine Pfeile eingetragen sind.

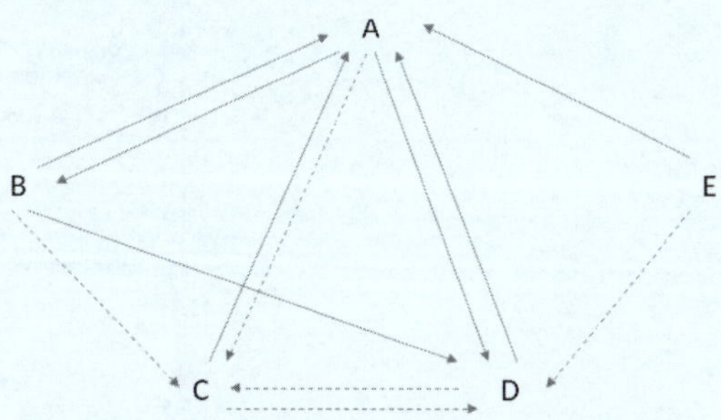

Abb. 7.2.1a: Grafische Darstellung des Soziogramms

7.2.2 easyNWK

Mittlerweile gibt es eine Fülle digitaler Netzwerkanalysetools, welche auch für netzwerkdiagnostische Zwecke in der Sozialen Arbeit verwendet werden können. Einige dieser Tools beinhalten umfangreiche Gestaltungs- und Analysepakete und bieten so sehr differenzierte diagnostische Möglichkeiten. easyNWK von Peter Pantuček-Eisenbacher zeichnet sich im Unterschied zu den anderen gängigen Verfahren dadurch aus, dass es besonders einfach in der Handhabung ist und sich auf die mathematische Analyse der bedeutsamsten Kennwerte konzentriert. Zudem ist es kostenlos (www.easyNWK.com) verfügbar und plattformunabhängig auf jedem Computer oder Tablet einsatzfähig. Darüber hinaus existiert eine umfangreiche webbasierte Form.

Bei easyNWK handelt es sich um ein Diagnostikum *egozentrischer* Netzwerke. Abgebildet und analysiert werden also die Netzwerke aus der Perspektive der ersten Person (Ankerperson genannt). Dargestellt werden die Personen (Knoten genannt) und deren Beziehungen (Kanten genannt) in vier Sektoren (bei easyNWK Quadranten), die da wären: 1) Familie, 2) Freunde und Bekannte, 3) Kolleg*innen und 4) professionelle Beziehungen. Die Darstellung erfolgt über drei Horizonte: starke Beziehungen, mittlere Beziehungsnähe und schwache Beziehungen (siehe Abbildung 7.2.1b).

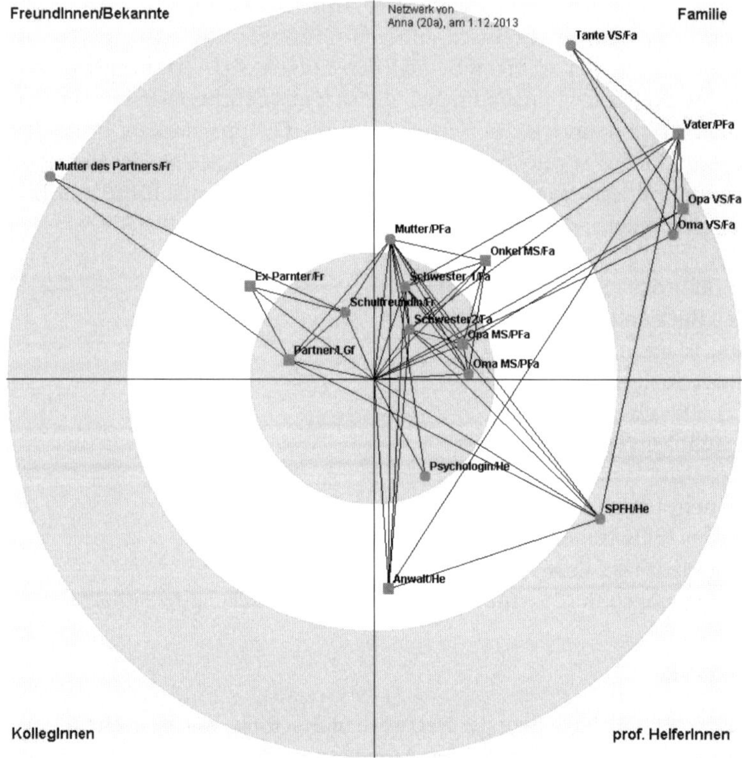

Abb. 7.2.1b: Netzwerkkarte einer jungen Frau mit psychosozialem Hilfebedarf

Sinn und Zweck. easyNWK soll vermittels quantitativer Erkenntnisse über verschiedene Kennwerte zu sozialen Netzwerken beispielsweise Aussagen über Hilfebedürftigkeit, Partizipation und soziale Integration ermöglichen. So stehen kleine und weniger dichte soziale Netzwerke beispielsweise für psychosozialen Hilfebedarf (u. a. Modrow 2017, Richter-Mackenstein 2017) und eine hohe Anzahl an Clustern und Beziehungen zu Clustern für sozialen und beruflichen Erfolg (Scheidegger 2010). Zudem können Hinweise darauf entnommen werden, woran (an welchen Beziehungen zu welchen Personen) gearbeitet werden muss, um Verbesserungen (z. B. mehr Inklusion, mehr Autonomie, mehr psychosoziale Gesundheit, mehr beruflichen Erfolg usw.) zu bewirken. Darüber hinaus können im Zuge des gemeinsamen Erstellens von Klient*innennetzwerkkarten mit der Fachkraft für Soziale Arbeit auch qualitative (idiografische) Merkmale wie Unterstützung mit erhoben werden, wenngleich diese nicht in die mathematischen Analysen einfließen.

Durchführung. In einem etwa einstündigen Interview sitzen Diagnostiker*in und Diagnostikant*in vor einem Bildschirm. Mit Unterstützung des*der Diagnostiker*in erstellt der*die Diagnostikant*in seine oder ihre eigene Netzwerkkarte. Dabei ist auf eine Reihe von Hinweisen zu achten, welche allesamt von Pantuček-Eisenbacher (2019) in einem Manual beschrieben und dort nachzulesen sind.

Die wichtigsten Werte der Netzwerkkarte

Dichte. Die Dichte eines sozialen Netzwerkes gilt als Indikator für dessen Funktionalität in Fragen der Unterstützung. Mathematisch ausgedrückt handelt es sich bei der Dichte um einen Quotienten, gebildet aus dem Verhältnis von tatsächlich realisierten Beziehungen (B) innerhalb eines Netzwerkes zur Anzahl maximal möglicher Beziehungen (maxB): $D = \Sigma_{B}/\Sigma_{maxB}$. Der Wert kann maximal zwischen 0 und 1 variieren. Dabei steht 1 für die maximale Dichte eines Netzwerkes – bedeutet also, dass alle maximal möglichen Beziehungen auch tatsächlich realisiert wurden –, während 0 dafür steht, dass keinerlei Beziehungen innerhalb des Netzwerkes realisiert sind.

Konservative Annahmen gehen nun davon aus, dass eine mittlere Dichte erstrebenswert bzw. psychosozial erstrebenswert wäre (Pantuček-Eisenbacher 2019). Eine zu hohe Dichte hingegen könnte als Hinweis auf eine eingeschränkte Autonomie bewertet werden, während eine zu niedrige Dichte auf Einsamkeit hindeute. Diese konservative Perspektive der sozialen Netzwerkforschung beruht in der Regel auf Untersuchungen von Teilnetzwerken (z. B. Kolleg*innen, näheres berufliches Umfeld, Familien usw.). Untersucht man Gesamtnetzwerke (z. B. das soziale Netzwerk einer Person), so muss die Tatsache in Rechnung gestellt werden, dass mit dem Anwachsen natürlich entstandener Netzwerke immer weniger potenziell mögliche Beziehungen auch tatsächlich realisiert werden. Auf eine einfache Formel gebracht bedeutet dies: Umso größer ein Netzwerk, desto weniger dicht ist es im Durchschnitt (u. a. Spörrle/Strobel/Stadler 2009). Um diesem Problem zu begegnen, kann eine einfache Korrektur vorgenommen werden, wodurch die Dichte unabhängig von der Netzwerkgröße ermittelt werden kann. Hierzu wird der Dichtekoeffizient schlicht mit der Anzahl der Personen innerhalb des Netzwerks minus einer Person multipiziert: $D_{korr} = D(n-1)$. Es handelt sich bei diesem Wert letztendlich um die durchschnittliche Anzahl realisierter Beziehungen jeder einzelnen Person innerhalb des Netzwerks. Und auch wenn dieser Wert aussagekräftiger ist als der eigentliche Dichtekoeffizient, so variiert er nun theoretisch zwischen 0 und ∞.

Größe. Die Größe eines Netzwerks sagt etwas über das soziale Kapital einer Person aus. Umso größer Netzwerke sind, desto mehr soziales Kapital besitzt eine Person. Auszugehen ist laut Studien (Spörrle/Strobel/Stadler 2009, Eller 2006, Laireiter/Lager 2007, Wagner/Wolf 2001) zu Gesamtnetzwerken einzelner Personen von einem durchschnittlichen Umfang von 30 bis 40 Personen. Zu nicht wenigen dieser Personen bestehen eher lose Kontakte, sogenannte „weak ties" (u. a. Pantuček-Eisenbacher 2019). Es zeigt sich, dass Gesamtnetzwerke, welche nicht mehr als 10 bis 20 Personen umfassen, mit sehr hoher Wahrscheinlichkeit auf psychosoziale Hilfebedürftigkeit hinweisen (Modrow 2017, 2018; Richter-Mackenstein 2017). Es deutet sich zudem an, dass mit Zunahme der Häufigkeit, Intensität und Dauer psychosozialer Probleme die Netzwerke schrumpfen – beginnend mit den weak ties, gefolgt von den Beziehungen im Kolleg*innennetzwerk und der Anzahl an Beziehungen zu Freund*innen und Bekannten. Zuletzt schrumpft auch das Familiennetzwerk (Pantuček-Eisenbacher 2019, Aspöck et al. 2011). Umgekehrt ist zu beobachten, dass mit der Zunahme von sozialem und beruflichem Erfolg (Zunahme ökonomischen und symbolischen Kapitals inkl. dem Anwachsen an gesellschaftlicher Inklusion) die Netzwerke nicht nur anwachsen, sondern auch durch eine Fülle *struktureller Löcher* sowie der Zunahme der Anzahl von Beziehungen zu *Clustern* gekennzeichnet sind. Ob hierbei der Erfolg für das Anwachsen verantwortlich ist oder das Anwachsen verantwortlich für den Erfolg, ist bislang genauso ungeklärt wie die zu vermutenden Zusammenhänge zur psychosozialen Gesundheit.

Cluster und strukturelle Löcher. Beziehungsnetzwerke, die sich um Knotenpunkte bilden (z. B. sind Familienmitglieder und Freunde oft untereinander vernetzt), werden als Cluster bezeichnet. Zwischen diesen Clustern bestehen in der Regel natürliche Löcher, welche als strukturelle Löcher bezeichnet werden. Empirische Daten weisen, wie eben bereits formuliert, darauf hin, dass die Anzahl der Cluster und die Zunahme struktureller Löcher mit sozialem und beruflichem Erfolg assoziiert ist.

Stars, Brücken und Brückenpersonen. Personen, welche über mehrere Cluster oder gar über mehrere Sektoren hinweg Beziehungen pflegen, werden als Brückenpersonen bezeichnet. Brücken sind Beziehungen über verschiedene Cluster oder Sektoren hinweg. Zu viel Clusterverschränkung und sektorale Verschränkungen beschneiden die Autonomie und Anonymität von Personen. Zudem haben Brückenpersonen einen erheblichen Einfluss auf den Erhalt und die Funktion des Netzwerkes. Ähnliches gilt auch für Stars.

Stars sind jene Personen innerhalb eines Netzwerkes, welche die meisten Beziehungen realisieren. Umso mehr Beziehungen realisiert werden, desto bedeutsamer sind die Personen für die Stabilität eines Netzwerks.

Bei Netzwerken, in welchen Fachkräfte Sozialer Arbeit tätig sind, zeigt sich oftmals, dass diese Fachkräfte zugleich die bedeutsamsten Brückenpersonen und Stars sind.

Multiplexe vs. uniplexe Beziehungen. Uniplexe Beziehungen bestehen, wenn Personen nur in einer Funktion bzw. mit einzelnen Eigenschaften Teil eines Netzwerkes sind (z. B. als Freundin). Sobald Personen mehrere Funktionen übernehmen – z. B. als Freundin und Kollegin –, spricht man von multiplexen Beziehungen. Multiplexe Beziehungen tragen das Risiko für Rollenkonflikte, Überforderungen sowie erzwungenen Vertrauensmissbrauch (z. B. wenn eine Sozialarbeiterin zugleich SPFH und Freundin ist oder wenn der Partner zugleich Freund, Kollege und Sportkamerad ist) in sich.

Das Beziehungsgewicht. Das Beziehungsgewicht (BG) gibt an, wie weit entfernt sich die Personen des Netzwerks von der Ankerperson befinden. Je höher der Wert, desto näher stehen die Personen zum Ego (Aspöck et al. 2011, S. 33). Ähnlich zur Dichte des Netzwerks soll dieser Wert etwas über die Autonomie der Ankerperson aussagen. Zudem sollen Aussagen über soziale Geborgenheit und Isolation ermöglicht werden. Allerdings ist der Wert des Beziehungsgewichts ähnlich problematisch zu beurteilen wie der Dichtekoeffizient, da er genauso durch die Netzwerkgröße beeinflusst ist und theoretisch zwischen 0 und ∞ variieren kann. Aber auch hier gibt es eine einfache Korrektur: $BG_{korr} = BG/n$. Nun haben wir die durchschnittliche Nähe der Personen eines Netzwerkes zur Ankerperson, womit der Wert unabhängig von der Netzwerkgröße interpretiert werden kann und zudem eine Kenngröße minimal 1 (geringstmögliche Nähe) und maximal 9 (höchstmögliche Nähe) annimmt.

Auswertung

Die mathematische Auswertung der Netzwerke erfolgt über einen Button. Ausgegeben werden Ergebnisse in einer Excel-Tabelle. Bedauerlich ist, dass easyNWK aktuell noch keine einfache Auswertungsmöglichkeit für die Ermittlung von Clustern, strukturellen Löchern sowie uni- und multiplexen Beziehungen anbietet. Die Auswertung solcher – nicht unbedeutender Kennwerte – muss also händisch durchgeführt werden. Allerdings befindet sich das Instrument in Überarbeitung, sodass davon auszugehen ist, dass sich dies bald ändern wird.

7.3 Zur Güte netzwerkdiagnostischer Instrumente

Generelle Aussagen zur Güte netzwerkdiagnostischer Instrumente sind natürlich nicht möglich. Allerdings liegen auch zu den einzelnen Verfahren nur rudimentär brauchbare Befunde vor (u. a. Siette et al. 2021). Bei den nomothetischen Verfahren wird hierfür u. a. verantwortlich gemacht, dass die Annahmen der klassischen

Testtheorie – beispielsweise, dass es sich bei gemessenen Merkmalen um recht invariante Persönlichkeitsmerkmale handelt – nicht gelten. Oder anders ausgedrückt: Da soziale Netzwerke innerhalb kürzester Zeit erheblichen Veränderungen unterworfen sind, ist es schwer, die Reliabilität netzwerkdiagnostischer Verfahren, z. B. durch Testwiederholung, zu messen. Noch schwieriger ist es, Validität und Objektivität zu erfassen, da es sich – besonders bei egozentrischen Netzwerkkarten – in der Regel um subjektive, mindestens jedoch intersubjektive Konstruktionen handelt, entsprechende Instrumente womöglich also nicht ansatzweise das reale soziale Netzwerk abbilden. All diese Argumente jedoch sollten nicht als Hinderungsgrund geltend gemacht werden, um überhaupt den Versuch zu unternehmen, die Güte netzwerkdiagnostischer Instrumente festzustellen. Neuere Studien verweisen auf eine deutliche zeitliche Stabilität sozialer Netzwerke (Modrow 2017, 2018; Richter-Mackenstein 2017). Darüber hinaus deuten sich ausgezeichnete klassifikatorische Eigenschaften bezüglich der Frage an, ob psychosozialer Hilfebedarf vorliegt oder nicht (Richter-Mackenstein 2017).

Und auch an dieser Stelle sei noch einmal darauf hingewiesen, dass die idiografische Güte umso wichtiger ist, desto weniger Kenntnisse zur nomothetischen Verfahrensgüte vorliegen. Diese bezieht sich aber auf die Anwendung und weniger auf das Verfahren selbst. Die Qualität der Ergebnisse ist also wesentlich durch die diagnostizierende Fachkraft bestimmt.

Fazit

Netzwerkdiagnostische Instrumente sind die einzigen, welche es annähernd erlauben, Person-in-Environment abzubilden. Den Schwerpunkt sozialarbeitswissenschaftlicher Diagnostik bilden dabei vor allem egozentrische Instrumente, wenngleich eine Reihe allozentrischer Instrumente existieren (beginnend mit einfachen Methoden wie dem Soziogramm bis hin zu recht anspruchsvollen Verfahren wie Gephi). Die egozentrischen Instrumente sind besonders interessant, da Fachkräfte sozialer Arbeit überwiegend mit der Behandlung sozialer Probleme in der Einzelfallarbeit befasst sind, wenngleich sich eine Zunahme an sozialraumorientierten und gruppenbezogenen Tätigkeiten abzeichnet (bis hin zu Aufgaben in der Unternehmensberatung und im strategischen Gesundheitsmanagement).

Auffällig ist zudem, dass eine Reihe der zur Anwendung gebrachten Instrumente sowohl idiografisch als auch nomothetisch genutzt werden können, wodurch sie sich als sehr potente Instrumente für die Gestaltungsdiagnostik bis hin zur Orientierungsdiagnostik eignen. Einzig Untersuchungen zum Nutzen bei risikodiagnostischen Fragen liegen noch nicht vor.

Oben wurde bereits auf die vielversprechende Vorhersagefähigkeit von Hilfebedürftigkeit (z. B. für die Zuweisungsdiagnostik in die Soziale Arbeit, Psychotherapie und konkrete einzelne Maßnahmen) durch Netzwerkdiagnostik hingewiesen. Allerdings bedarf es hierzu (z. B. zur Spezifität, Sensitivität) genauso wie zum Nutzen netzwerkdiagnostischer Instrumente, zur Diagnostik spezifizierter temporaler (z. B. Selbsthilfegruppen) und partieller (z. B. Familie) sozialarbeitswissenschaftlich relevanter Netzwerke weiterer Untersuchungen.

Zielevaluation

Abschließend zu diesem Kapitel ein paar Fragen und Reflexionsaufgaben:

- Benennen Sie, welche Aussagen zu welchen Themen mit netzwerkdiagnostischen Tools möglich werden.
- Äußern Sie sich zur Güte der einzelnen Instrumente.
- Beschreiben Sie ein netzwerkdiagnostisches Instrument genauer (Aufbau, Erkenntnismöglichkeiten usw.).
- Wie werden netzwerkdiagnostische Verfahren in der Praxis angewendet?

Vertiefende Literatur

Zur Vertiefung dieser Inhalte sind die zwei folgenden Texte empfohlen:

- Dettmers, S. (2009): Eco-Maps als Forschungsinstrument in klinischer Sozialarbeit. In: Pantuček, P./Röh, D. (Hg.): Perspektiven Sozialer Diagnostik (S. 233–242). Münster: Lit.
- Herz, A. (2012): Egozentrierte Netzwerkanalysen zur Erforschung von Sozialräumen. sozialraum.de, 2/2012. https://www.sozialraum.de/ego-zentrierte-netzwerkanalysen-zur-erforschung-von-sozialraeumen.php (Zugriff am 22.08.2022).

Literatur

Aspöck, T./Kogelnig, B./Nußbaumer, S./Stork, R./Windpassinger, A. (2011): Die egozentrierte Netzwerkkarte als Diagnoseinstrument der Sozialen Arbeit. Praxisrelevanz, Modifizierungen und Anwendungshilfen. Master-Thesis. FH-St. Pölten.

Bourdieu, P (1983): Ökonomisches Kapital – Kulturelles Kapital – Soziales Kapital. In: Kreckel, R. (Hg.): Soziale Ungleichheiten (S. 183–198). Göttingen: Schwartz. Verfügbar unter: http://unirot.blogsport.de/images/bourdieukapital.pdf (Zugriff am 25.05.2022).

Dettmers, S. (2009): Eco-Maps als Forschungsinstrument in klinischer Sozialarbeit. In: Pantuček, P./Röh, D. (Hg.): Perspektiven Sozialer Diagnostik (S. 233–242). Münster: Lit.

Eller, M. (2006): Soziale Netzwerke und der Gesundheitszustand von Typ 2 Diabetikern und Nicht-Diabetikern unter Längsschnittbetrachtung – Ergebnisse einer bevölkerungsbezogenen Fall-Kontroll-Studie. Dissertation. LMU München. Verfügbar unter: https://edoc.ub.uni-muenchen.de/5492/1/Eller_Martina.pdf (Zugriff am 25.05.2022).

Gerhardtner, G. (2001): Netzwerkorientierung in der Sozialarbeit. Eine überblicksartige Zusammenstellung zu „Soziale Netzwerke“ und „Organisationsnetzwerke“. http://www.pantucek.com/diagnose/netzwerkkarte/gerhardter_netzwerk.pdf (Zugriff am 25.05.2022).

Hartman, A. (1978): Diagratnmatic assessment of falllily relationships. Two methods of diagramming family relationships offer insights into complex family and community interactions and facilitate the interviewing and intervention process. Social Casework, Oktober 1978, 465–476. Verfügbar unter: https://historyofsocialwork.org/1978_hartman/1978,%20Hartmann,%20diagramatic%20assessment%20OCR%20(C%20notice).pdf (Zugriff am 25.05.2022).

Herz, A. (2012): Egozentrierte Netzwerkanalysen zur Erforschung von Sozialräumen. https://www.sozialraum.de/ego-zentrierte-netzwerkanalysen-zur-erforschung-von-sozialraeumen.php (Zugriff am 25.05.2022).

Laireiter, A. R./Lager, C. (2006): Soziales Netzwerk, soziale Unterstützung und soziale Kompetenz bei Kindern. Zeitschrift für Entwicklungspsychologie und Pädagogische Psychologie, 38 (2), 69–78.

Lochner, R. (1927): Das Soziogramm der Schulklasse. Zeitschrift für pädagogische Psychologie, experimentelle Pädagogik und jugendliche Forschung, 28, 177.

Lowy, L. (1983): Sozialarbeit. Sozialpädagogik als Wissenschaft im angloamerikanischen und deutschsprachigen Raum. Freiburg: Lambertus.

Ludewig, K./Wilken, U. (2000): Das Familienbrett. Ein Verfahren für die Forschung und Praxis mit Familien und anderen sozialen Systemen. Göttingen: Hogrefe.

McGoldrick/Gerson, R. (2020): Genograms. Assessment and Treatment (4. Aufl.). New York: W. W. Norton & Co.

Modrow, K. (2017): Netzwerkforschung in der ambulanten Sozialpsychiatrie. Quantitative Analysen egozentrierter Netzwerke mithilfe der digitalen Netzwerkkarte easyNWK. Soziale Arbeit, 66 (10), 390–398.

Modrow, K. (2018): Stabilisierung von Hilfebedarfen statt Hilfe zur Selbsthilfe. Netzwerkprofile und Inklusionsprozesse in der ambulanten Sozialpsychiatrie. Soziale Arbeit, 67 (6), 210–222.

Moreno, J. L. (1954): Die Grundlagen der Soziometrie. Opladen: Westdeutscher Verlag.

Pantuček-Eisenbacher, P. (2019): Soziale Diagnostik. Verfahren für die Praxis Sozialer Arbeit (4. Aufl.). Göttingen: Vandenhoeck & Ruprecht.

Putnam, R. D. (1993a): Making Democracy Work: Civic Traditions in Modern Italy. Princeton, NJ: Princeton University Press.

Reka, A./Barabasi, A. L. (2002): Statistical mechanics of complex networks. In: Reviews of Modern Physics, 1/2002, 47–97.

Remschmidt, H./Mattejat, F. (1999): Familien-Identifikations-Test. Göttingen: Hogrefe.

Richter-Mackenstein, J. (2017): Netzwerkanalyse mit easyNWK. Erste empirische und metrische Erkenntnisse einer Diagnostik sozialer Hilfebedürftigkeit. Soziale Arbeit, 66 (3), 88–96.

Röh, D. (2013): Klassifikationen in der Sozialen Arbeit – Vorschlag eines gegenstands- und funktionsbasierten Rahmens. In: Gahleitner, S. B./Hahn, G./Glemser, R. (Hg.): Psychosoziale Diagnostik (S. 80–93). Köln: Psychiatrie Verlag.

Salisch, M. von/Kanevski, R./Philipp, M./Schmalfeld, A./Sacher, A. (2010): Welche Auswirkungen hat die Ganztagsbeschulung auf die Einbindung von Jugendlichen in Peernetzwerke und Freundschaften und auf die Entwicklung sozialer und emotionaler Kompetenzen? Schlussbericht für das BMBF. Lüneburg.

Scheidegger, N. (2010): Der Einfluss von Netzwerkstrukturen auf den Karriereerfolg im Management. München: Rainer Hampp Verlag.

Schmitt, M./Gerstenberg, F. (2014): Psychologische Diagnostik. Weinheim: Beltz.

Schnegg, M./Lang, H. (2002): Netzwerkanalyse. Eine praxisorientierte Einführung (Methoden der Ethnographie; Heft 1). Selbstverlag.

Siette, J./Pomare, C./Dodds, L./Jorgensen, M./Harrigan, N./Georgiou, A. (2021): A comprehensive overview of social network measures for older adults: A systematic review. Archives of Gerontology and Geriatrics, 97, Article 104525.

Spörrle, M./Strobel, M./Stadler, C. (2009): Netzwerkforschung im kulturellen Kontext. Eine kulturvergleichende Analyse des Zusammenhangs zwischen Merkmalen sozialer Netzwerke und Lebenszufriedenheit. Zeitschrift für Psychodrama und Soziometrie, 8 (2), 297–319.

Staub-Bernasconi, S. (2007): Soziale Arbeit als Handlungswissenschaft. Stuttgart: Haupt (UTB).

Wagner, M./Wolf, C. (2001): Altern, Familie und soziales Netzwerk. Zeitschrift für Erziehungswissenschaft, 4 (4), 529–554.

Watzlawick, P./Beavin, J. H./Jackson, D. D. (1969): Menschliche Kommunikation – Formen, Störungen, Paradoxien. Bern: Huber.

8. Kapitel: Schriftliche Befragung vermittels Fragebögen

Ziele des Kapitels

In der sozialarbeitswissenschaftlichen Diagnostik gewinnen Fragebögen zunehmend an Bedeutung und stellen neben Interviewleitfäden die wohl am häufigsten zur Anwendung gebrachten diagnostischen Instrumente dar. Die Soziale Arbeit profitiert dabei aktuell besonders von Entwicklungen in der psychologischen Diagnostik, da es zu sozialpädagogischen Fragestellungen, wie kindlicher Entwicklung, Erziehungsverhalten und Kindeswohl, erhebliche Überschneidungen gibt. Fragebögen erfreuen sich besonderer Beliebtheit, da sie verhältnismäßig leicht und besonders zeitökonomisch zur Anwendung gebracht werden können und – bei hoher Güte – zugleich äußerst exakte Aussagen ermöglichen. Um ein Verständnis für diese Instrumentenkategorie zu entwickeln, werden wir uns in diesem Kapitel zuerst den Grundlagen der Fragebogendiagnostik zuwenden, diese anschließend vertiefen, um schließlich über die Beschreibung eines Beispielinstruments Anwendungswissen zu generieren. Im Anschluss sollten Sie in der Lage sein,

- die wesentlichen Grundlagen im Aufbau und in der Anwendung von Fragebögen benennen und beschreiben zu können,
- diejenigen Merkmale zu benennen und zu beschreiben, welche schriftliche Befragungen von Fragebögen unterscheiden,
- Vor- und Nachteile diagnostischer Fragebögen zu benennen und zu beschreiben,
- zu benennen und zu beschreiben, auf was zu achten ist, wenn sie Tatsachenaussagen – besonders in zuweisungs- und risikodiagnostischen Fragestellungen – machen müssen.

8.1 Grundsätzliches

Schriftliche Befragungen ähneln im Vorgehen leitfadengestützten diagnostischen Gesprächen, nur dass sie in schriftlicher Form durchgeführt werden. Das bedeutet in der Regel, dass Diagnostikant*innen einen Fragekatalog mit nach Hause bekommen, um diesen in Ruhe ausfüllen zu können. Die Fragen haben dabei einen offenen Charakter, zumindest jedoch hat der Katalog ein offenes Antwortformat (siehe unten).

Eine Sonderform der schriftlichen Befragung ist die ausführliche Stellungnahme zu einzelnen bzw. einer überschaubaren Anzahl an Themen oder Fragen. In solchen Fällen spricht man auch von Essays (Schmitt/Gerstenberg 2014). Andere Sonderformen sind Tagebücher und Ablaufdokumentationen.

Alle Formen der schriftlichen Befragungen können sowohl nach textanalytischen, hermeneutisch-rekonstruktiven (siehe Kapitel 7), aber auch nach quantitativen Regeln ausgewertet werden (u.a. Schmitt/Gerstenberg 2014, S. 46 f.). Es geht in der Analyse also zum einen um die tatsächlichen Sachinhalte der Texte sowie um formale Aspekte, es können aber auch Tiefenstrukturen und implizite Inhalte offengelegt werden (siehe Kapitel 6).

Da die gerade genannten Verfahren jedoch bis heute in der diagnostischen Praxis Sozialer Arbeit keinen Niederschlag gefunden haben, soll nicht weiter auf sie eingegangen werden. Vielmehr wenden wir uns nachfolgend dem Fragebogenverfahren als fest etablierter weiterer Sonderform der schriftlichen Befragung zu.

8.1.1 Allgemeine Merkmale von Fragebögen

Vom Fragebogen spricht man in der Regel dann, wenn sich das Instrument in Gänze durch einen hohen Strukturierungs- und Standardisierungsgrad auszeichnet (von den Fragen über die Antwortmöglichkeiten bis hin zu Auswertung und Interpretation). Insofern enthalten wissenschaftlichen Standards entsprechende diagnostische Fragebögen, besonders wenn Konstrukte wie Kindeswohl, Erziehungskompetenz oder ähnliches untersucht werden sollen, nur oder überwiegend geschlossene Fragen mit Antwortalternativen, Durchführungs- und Auswertungsrichtlinien, Interpretationshilfen und statistische Normen. Dieser strenge Anspruch an Fragebogeninstrumente ist nicht in jedem Fall nötig; denken Sie nur an gestaltungsdiagnostische Themen oder direkte Informationen. Sobald aber sogenannte Konstrukte vermittels Merkmalgruppen überhaupt erst untersuchbar werden sollen, was bei orientierungsdiagnostischen Fragen zu dem, „was der Fall ist", notwendig wird, braucht es diese hohen wissenschaftlichen Standards. Ohne diesen Anspruch könnte z. B. nicht erfasst werden, ob tatsächlich das gewünschte Konstrukt oder etwas ganz anderes, untersucht wird. Auch wären die Ergebnisse nur schwer einzuordnen, da sie keinen „objektiven" Referenzrahmen besäßen. Bei gestaltungsdiagnostischen Themen hingegen spielt dieser Sachverhalt kaum eine Rolle, da es in erster Linie um das Finden passender Interventionen für den Einzelfall geht. Das aber kann nicht von der

Fachkraft bestimmt werden, sondern muss ausgehandelt werden, wobei am Ende die Klient*innen über die Passung befinden.

Fragebögen dienen demnach sowohl der unmittelbaren, offensichtlichen Informationssammlung (z. B. von direkten biografischen Kenngrößen, Symptombeschreibungen, aber auch subjektivem Befinden) als auch der Erfassung von Konstrukten (Erziehungsverhalten, kindeswohlbezogene Zustände und Verhaltensweisen, seelische Probleme und Verhaltensprobleme, Einstellungen usw.). Entsprechend müssen auch die Qualitätsstandards angelegt sein. Ein Beispiel für ein gestaltungsdiagnostisches Instrument mit eher geringem Strukturierungs- und Standardisierungsgrad stellt Maja Heiner vor (2013, S. 145 ff.). Ein Beispiel für ein hoch standardisiertes, hoch strukturiertes und gut evaluiertes Instrument ist der Dresdner Körperbildfragebogen (DKB-35). Zu beiden Instrumenten finde Sie Ausschnitte zur Ansicht auf den nachfolgenden Seiten.

8.1.2 Aufbau von Fragebögen

Gute Fragebögen sind selbsterklärend (u. a. Schneider 2013). Sie brauchen die Diagnostiker*innen im Idealfall nicht, sollten also von den Diagnostikant*innen selbstständig und ohne große Schwierigkeiten ausgefüllt werden können (Borz/Döring

Bogen B

PRO-ZIEL Basisdiagnostik Lebensbereiche – Leitbogen Seite 1

Datum:

Nr.	LEBENSBEREICHE	1. BESTANDSAUFNAHME Erläuterungen/Anmerkungen		Nr.	2. EINSCHÄTZUNG		
		zur Art und Dauer (in Monaten) des Problems	zum Umgang der Klientel mit dem Problem und zu ihren Ressourcen		1. Einschätzung	2. Einschätzung	3. Einschätzung
					Sicht der Klientel: X, Fachkraft: ○ | Grad der Belastung: n = niedrig, h = hoch		
					Datum: n h	Datum: n h	Datum: n h
1	**Gesundheit/Befindlichkeit**						
1.1	☐ Körperliche Gesundheit			1.1			
1.2	☐ Lebensgefühl/Selbstbild			1.2			
1.3	☐ Leistungsvermögen			1.3			
1.4	☐ Äußeres Erscheinungsbild			1.4			
1.5	☐ Alltagsbewältigung			1.5			
1.6	☐ Sonstiges			1.6			
2	**Familie/Partnerschaft**						
2.1	☐ Partnerschaft			2.1			
2.2	☐ Elternschaft			2.2			
2.3	☐ Beziehung zu Eltern			2.3			
2.4	☐ Beziehung zu Verwandten			2.4			
2.5	☐ Wichtige Bezugsperson(en)			2.5			
2.6	☐ Sonstiges			2.6			
3	**Ausbildung/Beschäftigung**						
3.1	☐ Schule/Ausbildung			3.1			
3.2	☐ Arbeitsmarktchancen			3.2			
3.3	☐ Arbeitssituation			3.3			
3.4	☐ Sonstiges			3.4			
4	**Einkommen/Finanzen**						
4.1	☐ Einkommen aus Arbeit/Vermögen			4.1			
4.2	☐ Transfereinkommen			4.2			
4.3	☐ Finanzielle Verpflichtungen			4.3			
4.4	☐ Sonstiges			4.4			
5	**Unterkunft/Umfeld/Infrastruktur**						
5.1	☐ Eigene Wohnung			5.1			
5.2	☐ Unterkunft/Einrichtung			5.2			
5.3	☐ Wohnumfeld			5.3			
5.4	☐ Infrastruktur			5.4			
5.5	☐ Sonstiges			5.5			
6	**Soziale/kulturelle Integration**						
6.1	☐ Rechtliche Situation/Legalstatus			6.1			
6.2	☐ Nutzung Infrastruktur			6.2			
6.3	☐ Integration im Wohnumfeld			6.3			
6.4	☐ Mitgliedschaft/Soziale Kontakte			6.4			
6.5	☐ Sonstiges			6.5			
7	**Beziehung Klientel/Fachkraft**						
7.1	☐ Kooperation			7.1			
7.2	☐ Erleben			7.2			
7.3	☐ Sonstiges			7.3			

Abb. 8.1.2a: Auszug aus PRO-Ziel von Heiner (2013, S. 145–148)

DRESDNER KÖRPERBILDFRAGEBOGEN – DKB-35

Im Folgenden finden Sie eine Reihe von Fragen, in denen es um die Einstellung zum eigenen Körper geht. Bitte geben Sie an, in welchem Ausmaß die Aussagen im Augenblick auf Sie zutreffen.

1. Ich bewege mich anmutig.
   ich stimme voll zu ○ ○ ○ ○ ○ ich bin vollkommen dagegen
2. Ich bin häufig körperlich angeschlagen.
   ich stimme voll zu ○ ○ ○ ○ ○ ich bin vollkommen dagegen
3. Mir fehlt es an Spannkraft und Elan.
   ich stimme voll zu ○ ○ ○ ○ ○ ich bin vollkommen dagegen
4. In der Sexualität spüre ich meinen Körper angenehm und intensiv.
   ich stimme voll zu ○ ○ ○ ○ ○ ich bin vollkommen dagegen
5. Körperkontakt ist mir wichtig, um Nähe auszudrücken.
   ich stimme voll zu ○ ○ ○ ○ ○ ich bin vollkommen dagegen
6. Ich fühle mich körperlich oft schlapp.
   ich stimme voll zu ○ ○ ○ ○ ○ ich bin vollkommen dagegen
7. Es gibt viele Situationen, in denen ich mit meinem Körper zufrieden bin.
   ich stimme voll zu ○ ○ ○ ○ ○ ich bin vollkommen dagegen
8. Ich bin körperlich fit.
   ich stimme voll zu ○ ○ ○ ○ ○ ich bin vollkommen dagegen
9. Ich bin mit meinem sexuellen Erleben sehr zufrieden.
   ich stimme voll zu ○ ○ ○ ○ ○ ich bin vollkommen dagegen
10. Andere Menschen finden mich attraktiv.
   ich stimme voll zu ○ ○ ○ ○ ○ ich bin vollkommen dagegen
11. Ich suche körperlich Nähe und Zärtlichkeit.
   ich stimme voll zu ○ ○ ○ ○ ○ ich bin vollkommen dagegen
12. Ich mag meinen Körper.
   ich stimme voll zu ○ ○ ○ ○ ○ ich bin vollkommen dagegen

Abb. 8.1.2b: Auszug aus Dresdner Körperbildfragebogen (Thiel 2007)

2003, Merchel 2010, Moosbrugger/Kelava 2011, Schaffner 2009, Schmitt/Gerstenberg 2014). Entsprechend sollten Fragebögen auch konstruiert sein. So wird z. B. entweder schriftlich (als Teil des Bogens) oder durch Diagnostiker*innen mit wenigen Sätzen erläutert, wie der jeweilige Bogen auszufüllen und auf was beim Ausfüllen zu achten ist. Die Fragen sollten so kurz wie möglich gehalten sein und am besten keine Verneinungen, auf keinen Fall aber doppelte Verneinungen, beinhalten.

Zudem sollten die Fragen inhaltlich nicht aufeinander aufbauen, damit ihre Beantwortung so unbeeinflusst von den vorangegangenen Fragen wie möglich abläuft. Im Gegensatz dazu sollten die Antwortformate über den gesamten Bogen möglichst einheitlich sein oder zumindest nur gering variieren und wenn, dann blockweise (siehe unten). Dies hift dabei, sich auf den Inhalt zu konzentrieren und nicht auf die Form. Zuletzt sollte der Bogen im Rahmen von ca. zwanzig Minuten auszufüllen sein. Er sollte also nicht zu viele Fragen beinhalten (schließlich soll nicht die Aufmerksamkeitsspanne bzw. Konzentration selbst gemessen werden – hierfür gibt es spezifische Tests).

Itemformate

Einzelne Fragen werden als Items bezeichnet. Dabei können die Fragen als geschlossene oder – eher seltener – als offene mit oder ohne Antwortalternativen gestellt werden. Offene Fragen zeichnen sich dadurch aus, dass der Möglichkeitsraum für Antworten maximal ist. Typische offene Fragen beginnen mit „wer“, „wie“, „was“, „warum“, „wieso“, „weshalb“, „woher“ usw. (Beispiel: „Welche konkreten Gedanken haben Sie, wenn Sie sich mit dem Tod auseinandersetzen?“). Geschlossene Fragen zeichnen sich im Gegensatz dazu dadurch aus, dass der Raum möglicher Antworten beschränkt wird – ohne darum bereits suggestiv zu sein (Ein Beispiel hierzu: „Macht Ihnen der Gedanke an den Tod Angst?“).

Zumeist jedoch bestehen die Items von Fragebögen nicht aus Fragen, sondern aus Aussagen, zu welchen die Diagnostikant*innen eine Zustimmungs- bzw. Ablehnungstendenz ankreuzen. Hierzu werden Aussagesätze formuliert und Antwortalternativen gegeben (Beispiel: „Wenn ich über den Tod nachdenke, bekomme ich Angst – trifft zu, trifft nicht zu“). Ein drittes, eher selten verwendetes Itemformat ist die sogenannte Satzergänzung. Die Vervollständigung kann hierbei ebenso frei oder durch vorgeschlagene bzw. vorgegebene Alternativen vorgenommen werden (Beispiel: Über den Tod nachzudenken bedeutet für mich, …).

Antwortformate

Wie erwähnt, gibt es zu den unterschiedlichen Itemformaten auch unterschiedliche Antwortformate. Klassische offene Antwortformate kommen in der Regel immer dann zur Anwendung, wenn biografische Informationen abgefragt werden (z. B. Alter, Wohnort, Diagnosen usw.). Sollten aber diagnostische Erkenntnisse zu Konstrukten wie Kindeswohl, Erziehungskompetenz und dergleichen gewonnen werden, wird in der Regel auf geschlossene Antwortformate zurückgegriffen (siehe oben). Der Grund hierfür ist, dass diesen leichter Zahlen zuzuordnen sind. Dabei kann in verschiedene Skalenniveaus unterschieden werden. Typischerweise kommen hierbei dichotome bzw. binäre Formen (z. B. „Ja“, „Nein“) oder polytome (z. B. „immer“, „fast immer“, „regelmäßig“, „fast nie“, „nie“) zur Anwendung. Dichotom bzw. binär meint hierbei, dass zwischen zwei, polytom, oder zwischen mehr als zwei Antwortalternativen gewählt werden kann (typisch sind drei bis neun Möglichkeiten) und hier entsprechend Zahlen zuzuweisen sind (z. B. ja = 1 und nein = 0 bzw. +2 über 0 bis -2 für immer bis nie). Bei polytomen Antwortformaten sind mindestens die Rangfolgen oder auch die Merkmaldifferenzen von Bedeutung. Dabei sind polytome Antwortformate zwar immer auf Ordinalskalenniveau, werden aber in der Regel wie Intervallskalen behandelt (genaueres zur Begründung siehe Bortz 2003).

Selten kommen auch ungeordnete Antwortkategorien (nominalskaliert – Vorliebe für Partei) und sogenannte Ratings (geordnete Antwortkategorien, z. B. zwischen 0 und 100 %, welche intervall- oder gar verhältnisskaliert sind) zur Anwendung.

Exkurs: Skalenniveaus

Nominalskala. Beschrieben werden unterschiedliche Qualitäten, beispielsweise Geschmäcker, Bezeichnungen (z. B. Geschlecht, Farbqualitäten, Diagnosen). Dabei sind nur Häufigkeiten interessant. Man spricht auch von sogenannten Stringvariablen, da die Merkmalausprägungen keine Bedeutung haben, Zahlen also selbst nur Bezeichnungen wären, die keine Aussagekraft besitzen.

Ordinalskala. Beschrieben werden Ausprägungen, also die Intensität von Qualitäten im Sinne von mehr oder weniger, ja oder nein usw. Bedeutsam sind Ränge, Häufigkeiten, Modalwert und Median (z. B. Platzierungen, Schulnoten).

Intervallskala.[18] Beschrieben werden ebenfalls Ausprägungen von Qualitäten, wobei nun auch die Abstände zwischen den Ausprägungen bedeutsam sind. Aussagekräftig sind neben den bereits benannten Werten nun auch Mittelwerte, Varianzen usw. (z. B. Zeit, soziale Kompetenz, Erziehungskompetenz, Kindeswohl).

Verhältnisskala. Im Vergleich zu intervallskalierten Merkmalen können die Abstandsausprägungen nun auch im Verhältnis zu einem absoluten Nullpunkt beurteilt werden (z. B. 0–100 %, Größe, Alter, Anzahl Personen in einem Netzwerk usw.).

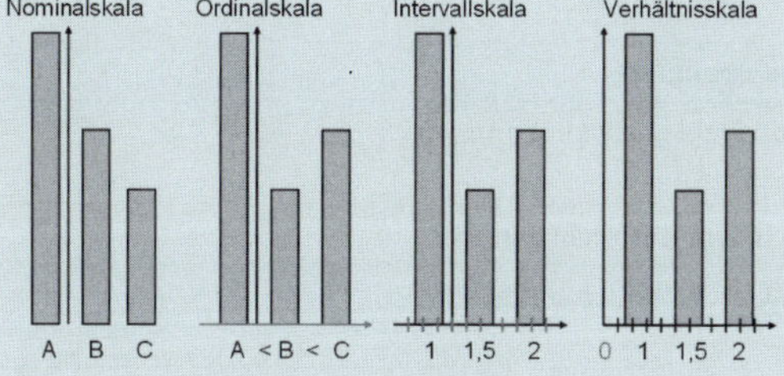

Abb. 8.1.2c: Überblick verschiedener Skalen (Quelle: https://quizlet.com/289197364/0-empirische-forschung-skalenniveaus-1-deskriptive-statistik-diagram/)

Wir wissen nun, wie Fragebögen konstruiert sind. Worauf aber ist noch zu achten und wie werden die Bögen ausgewertet? Auf ersteres konzentrieren wir uns nachfolgend, während wir letzteres im Anschluss (8.2) an einem konkreten Beispiel behandeln werden.

18 Bis einschließlich zum Ordinalskalenniveau spricht man von diskret verteilten Merkmalen, ab dem Intervallskalenniveau von kontinuierlich verteilten.

Zur Kontrolle möglicher Fehler

Menschen neigen beim Ausfüllen von Fragebögen zu absichtlichen und unabsichtlichen Fehlleistungen. So zeigen Menschen bei Unsicherheit – z. B. bei heiklen Themen und/oder wenn sie darum wissen, sich in einer „Testsituation" zu befinden – einen Hang zur Harmonisierung oder Milde bei der Beantwortung der Items. Bei einem polytomen Antwortformat mit Mitte würde sich also eine Tendenz herausbilden, die Mitte anzukreuzen. Um diesem Verhalten vorzubeugen, wird bei der Fragebogenkonstruktion auf eine Skalenmitte verzichtet oder es werden dichotome Antwortformate verwendet.

Menschen neigen zudem – besonders in diagnostischen Situationen – dazu, sozial erwünscht zu antworten. Dies kann nur durch das Bitten um Aufrichtigkeit vorgebeugt werden. Kontrolliert werden kann das Verhalten nur im Anschluss mittels Auswertung einer im Fragebogen eingepflegten Skala zur sozialen Erwünschtheit (Tabelle 8.1.2). Stellt sich nachträglich also heraus, dass die Diagnostikant*innen sozial erwünscht geantwortet haben, so ist der Bogen nicht verwertbar.

Tab. 8.1.2: Beispiel für eine aus 10 Items bestehende Skala zur sozialen Erwünschtheit (Winkler/Kroh/Spiess 2006)

Itemskala zur sozialen Erwünschtheit	***trifft zu***	***trifft nicht zu***
× Ich weiß immer genau, wieso ich etwas mag.		
× Mein erster Eindruck von Menschen stellt sich gewöhnlich als richtig heraus.		
× Viele Leute halten mich für außergewöhnlich.		
× Ich ziehe manchmal den Kürzeren, weil ich mich nicht schnell genug entscheiden kann.		
× Ich bin mir sehr sicher in meinem Urteil.		
× Zur Not lüge ich auch mal.		
× Ich habe gelegentlich jemanden ausgenutzt.		
× Ich habe schon mal zu viel Wechselgeld zurückbekommen und nichts gesagt.		
× Ich nehme niemals etwas an mich, was mir nicht gehört.		
× Ich habe noch niemals etwas im Geschäft oder anderswo beschädigt, ohne es zu melden.		

Fehlt die Motivation, einen Fragebogen auszufüllen, so neigen Menschen dazu, Items zufällig (inkonsistent) zu beantworten. Um herauszufinden, ob ein so ausgefüllter Bogen vorliegt, werden Items in den Bogen aufgenommen, bei welchen immer und in jedem Fall nur zugestimmt oder eben abgelehnt werden kann (Beispiel: „Kinder müssen trinken."). Eine weitere Möglichkeit, Inkonsistenz zu ermitteln, besteht in der Konstruktion von inhaltlich gleichbedeutenden Items, welche über den Bogen verteilt eingepflegt werden („Manche Kleinigkeit erfreut mich" und „Über so manche Kleinigkeit kann ich mich freuen").

Vor- und Nachteile von Fragebögen

Die Vorteile von Fragebögen liegen auf der Hand. Besonders hervorstechend ist, dass sie aufgrund ihrer Bauweise als überwiegend selbstredende Instrumente sehr zeit- und kostenökonomisch eingesetzt werden können. Die Bögen auszufüllen, dauert in der Regel nicht länger als zehn bis 25 Minuten und es können mehrere Personen zeitgleich untersucht werden. Durch ihre Standardisierung und strategische Berücksichtigung potenzieller Fehlleistungen sind die Ergebnisse weniger durch Diagnostiker*innen beeinflusst als z. B. bei Interviews. Allgemein ermöglichen Fragebögen eine hohe Fehlerkontrolle. Umso höher die Güte (Gütekriterien nomothetischer Instrumente) des Instruments, desto höher ist auch die Güte der Informationen. Die Erkenntnisse sind zudem sehr genau und spezifisch. Letzteres ist zugleich auch ein Nachteil von Fragebögen, da die Informationsbreite durch die mangelnde Flexibilität in der Anwendung und Verwendung gering ist.

Der Referenzrahmen „statistische Norm"

Vollstandardisierte Fragebögen bieten die Möglichkeit, die individuell ermittelten Ergebnisse der Diagnostikant*innen mit Referenzwerten zu vergleichen, sie also ins Verhältnis zu einer großen Grundgesamtheit zu setzen und damit zu bewerten. Vorausgesetzt ist, dass diese Referenzwerte repräsentativ für eine Grundgesamtheit von Menschen sind, zu der auch die untersuchte Person gehört. Sie bilden also die Werte der z. B. in Deutschland lebenden Gesamtbevölkerung ab, wobei, wenn relevant, nochmals Untergruppen nach Geschlecht und Alter oder ähnlichem dargeboten werden. So bringt die Ermittlung des IQs nur etwas, wenn dieser Wert ins Verhältnis zu anderen IQs gesetzt werden kann. Nur wenn gewusst wird, dass die meisten Menschen (nämlich 68,2 %) einen IQ zwischen 85 und 115 haben (der sog. Durchschnitt oder eben die Norm), kann beurteilt werden, dass ein Wert von 122 überdurchschnittlich (hoch) ist.

Abbildung 8.1.2d veranschaulicht die statistische Norm. Abgebildet ist eine sogenannte (standardisierte) Normalverteilung.[19] Die Glockenfläche wird durch die (prozentuale) Anzahl der Personen, welche bestimmte Werte (abgebildet auf der x-Achse) erreicht haben, gebildet. Die Gesamtfläche umfasst also alle untersuchten Personen, ausgedrückt in Prozent (100 Prozent). Umso mehr Personen bestimmte Werte erreicht haben, desto höher wird die Kurve an der Stelle und umgekehrt. Zu sehen ist im Bild, dass an den jeweiligen Enden der Kurven nur je 0,1 % der Menschen der Gruppe jeweilige Werte erreicht haben. Im Fall des IQs haben also nur 0,1 % der Menschen einen IQ kleiner gleich 55 und ebenso nur 0,1 % der Menschen einen IQ größer gleich 145. Das Gleiche ist aber auch anders zu lesen: 99,9 % der Menschen haben einen IQ größer 55 oder kleiner 145. Und nochmal anders: 99,8 % der Menschen haben einen IQ

19 Natürlich vorkommenden Merkmale erscheinen in der Regel kontinuierlich und normalverteilt – oder sind leicht und ohne Informationsverlust in diese zu transformieren –, nicht aber diskret. Man kann also sagen, dass die auf dem Bild dargestellte standardisierte Normalverteilung ab einer Stichprobengröße von 50 Personen die Regel ist.

zwischen 56 und 144. Zudem ist zu sehen, dass unter und über den Stellen für den IQ noch andere Werte eingetragen sind. Diese Werte bedeuten jeweils dasselbe. Ein IQ von 100 ist also gleich dem Wert 5 in der C-Skala und 0 in der z-Skala. Während der IQ in seiner Bedeutung klar der Intelligenzbeschreibung zugeordnet ist, sind die anderen abgebildeten Werte dies nicht. Viele Fragebögen und auch Tests arbeiten mit t- und c-Werten, wobei die sogenannten Prozentränge die unabhängig vom untersuchten Konstrukt auf den ersten Blick einleuchtensten Bezeichnungen sind. Ein IQ von 100 entspricht einem Prozentrang von 50, was nichts anderes bedeutet, als dass 50 % der Menschen einen IQ kleiner gleich oder größer gleich 100 haben.

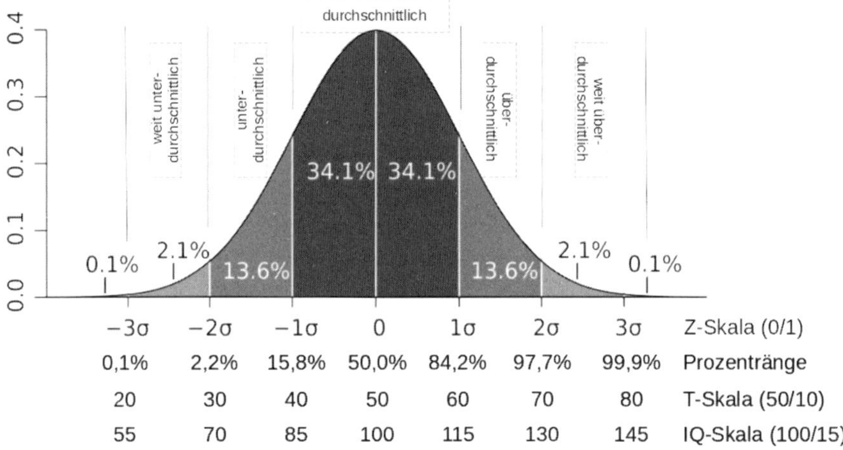

Abb. 8.1.2d: Standardnormalverteilung mit konventionellen Bezeichnungen

8.2 Der Fragebogen verdeutlicht am Beispiel des Erziehungs-Stil-Inventars (ESI)

Das Erziehungsstil-Inventar (ESI) dient der indirekten Messung der elterlichen Erziehungskompetenz. Dabei liefert das Erziehungsstil-Inventar (Krohne/Pulsack 1995) differenzierte Hinweise auf problematisches Erziehungsverhalten der Eltern z. B. im Zusammenhang mit Verhaltensproblemen von Kindern.

Erhebung. Die Erhebung erfolgt beim Kind (zwischen 8 und 16 Jahren), da davon ausgegangen wird, dass die Art, wie elterliche Erziehung erlebt und bewältigt wird, einen stärkeren Einfluss auf die Persönlichkeit des Kindes hat als die Selbsteinschätzungen der Eltern hinsichtlich ihres Erziehungsverhaltens. Darüber hinaus sind Fremdeinschätzungen oftmals valider als Selbsteinschätzungen (Neyer/Asendorpf 2017). Da die Augenscheinvalidität des Instruments zudem recht gering erscheint, kann es fast schon als ein implizites Maß angesehen werden. Das bedeutet, dass die befragten Kinder in der Regel nicht bemerken, dass sie zur Erziehungskompetenz der Eltern befragt werden. Sie sollen schlicht nur das Verhalten der Eltern einschätzen. Folgender Teil der Instruktion verdeutlicht dies: „Auf den folgenden Seiten findest du eine Reihe von Sätzen, die beschreiben, wie dein Vater zu dir sein könnte. Bitte lies den Satz durch und wähle aus den vier Antworten diejenige aus, die auf deinen Vater zutrifft. Denk daran, du sollst angeben wie dein Vater (nicht du) in jeder dieser Situationen handeln würde."

Der Bogen misst mit 65 Items verteilt auf vier Seiten den Erziehungsstil der Eltern, welcher sich aus Unterstützung (US), einschränkendem Verhalten bzw.

	nie oder sehr selten	manchmal	oft	immer oder fast immer
1. Mein Vater zeigt mir, wie Dinge funktionieren, mit denen ich umgehen möchte. . .	☐	☒	☐	☐
2. Wenn ich allein zu Hause bleiben muss, zählt mein Vater mir alles auf, was ich nicht tun darf.	☐	☐	☐	☒
3. Mein Vater wird ärgerlich, wenn ich mich bei einer Sache dumm anstelle.	☐	☐	☒	☐
4. Es kommt vor, dass mein Vater mir eine Belohnung verspricht und diese dann wieder vergisst.	☐	☒	☐	☐
5. Mein Vater wird ärgerlich, wenn ich Widerworte gebe.	☐	☐	☐	☒
6. Mein Vater hat Verständnis dafür, wenn ich eine andere Meinung habe als er. . . .	☒	☐	☐	☐
7. Wenn ich meinem Vater helfe und dabei etwas falsch mache, schickt er mich weg.	☐	☐	☒	☐

Abb. 8.2a: Itembeispiele zu US bis IK

1. Wenn ich meine Pflichten nicht erfülle . . .

- ☐ nimmt er es mir nicht übel
- ☐ zeigt er mir, dass ich ihm Kummer gemacht habe
- ☐ schimpft er mit mir
- ☒ verbietet er mir meine Lieblingsbeschäftigung (z.B. Fernsehen, Radfahren)
- ☐ gibt er mir Stubenarrest
- ☐ schlägt er mich

2. Wenn ich freche Antworten gebe . . .

- ☐ nimmt er es mir nicht übel
- ☐ zeigt er mir, dass ich ihm Kummer gemacht habe
- ☐ schimpft er mit mir
- ☒ verbietet er mir meine Lieblingsbeschäftigung (z.B. Fernsehen, Radfahren)
- ☐ gibt er mir Stubenarrest
- ☐ schlägt er mich

Abb. 8.2b: Itembeispiele zu Strafintensität (SI)

Einschränkung (ES), Lob (LS), Tadel (TS), Inkonsequenz (IK) und Strafintensität (SI) zusammensetzt. Die ersten fünf Skalen (US bis IK) bestehen aus je 12 Items (zur Skala US gehört in Abb. 8.2a z. B. das erste Item), welche über eine polytome Vier-Punkt-Skala („nie", „sehr selten", „fast immer", „immer") beantwortet werden (siehe Itembeispiele in Abb. 8.2a). Zur Strafintensität werden fünf erziehungsproblematischen Situationen vorgestellt, zu welchen jeweils eine von sechs Reaktionsmöglichkeiten zugeordnet werden sollen (6-Punkt-Skala). Im Ganzen, wie unter 8.1 gefordert, bilden diese Items zur Strafintensität einen eigenen Teil – inklusive weiteren Instruktionen – im Fragebogen, finden also auf einer eigenen Seite Platz (Itembeispiele siehe Abb. 8.2b), während die Items zu den restlichen fünf Skalen über den gesamten Bogen zufallsverteilt sind (20 Items pro Seite).

Vater	**US**	**ES**	**LS**	**TS**	**SI**	**IK**
Rohwert	21	38	33	33	11	35
Prozentrang	12	99	91	57	68	99

Mutter	**US**	**ES**	**LS**	**TS**	**SI**	**IK**
Rohwert	35	22	37	33	10	21
Prozentrang	70	84	95	35	53	78

Abb. 8.2c: Rohwert- und Ergebnistabellen eines 13-jährigen Jungen (Version der Mutter und des Vaters)

Auswertung. Die Auswertung der Fragebögen erfolgt über Schablonen. Für jede Seite liegt eine eigene Schablone vor, auf welcher erstens zu erkennen ist, welche Items zu welcher Skala und welche Zahlen zu jedem Kästchen der Antwortskala gehören und zu welchen Subskalen die Werte je aufsummiert werden sollen. Alle pro Seite aufsummierten Werte pro Subskala werden dann nochmals zusammengezählt und auf der ersten Seite des Bogens in die Rohwert- und Ergebnistabelle eingetragen (Abb. 8.2c). So ergeben sich für die Skala „Strafintensität" Rohwerte zwischen minimal 5 und maximal 30 und zu den anderen fünf Subskalen jeweils Rohwerte zwischen minimal 12 und maximal 48. Bei den Antworten der Items zu den Subskalen US bis IK gilt also in jedem Fall „nie oder sehr selten entspricht 1, manchmal entspricht 2, oft entspricht 3 und fast immer bzw. immer entspricht 4", während bei den Items zur Strafintensität in jedem Fall von oben nach unten gesehen 1 bis 6 zugeordnet wird.

Da mit Rohwerten allein nicht viel anzufangen ist, werden diesen über vorliegende Normenwerttabellen je nach Version (Vater- oder Mutterversion) alters- und geschlechtsspezifischen Prozenträngen (PR) und T-Werten (T) zugeordnet. Am Beispiel des 13-jährigen Jungen (siehe Tab. 8.2) zeigt sich beispielsweise für die Subskala ein unterstützendes Verhalten der Mutter über dem Rohwert 35 (eingekreist), ein Prozentrang von 70 und ein T-Wert von 56.

Tab. 8.2: Auswertungstabelle eines 13-jährigen Jungen zum ESI

Tabelle A: T-Werte (T) und Prozentränge (PR) für den Erziehungsstil Unterstützung

	8 bis 10 Jahre								11 Jahre								12 Jahre								13 Jahre								14 bis 16 Jahre							
	Mutter-Version				Vater-Version				Mutter-Version				Vater-Version				Mutter-Version				Vater-Version				Mutter-Version				Vater-Version				Mutter-Version				Vater-Version			
	Jungen		Mädchen		Jungen		Mädchen		Jungen		Mädchen		Jungen		Mädchen		Jungen		Mädchen		Jungen		Mädchen		Jungen		Mädchen		Jungen		Mädchen		Jungen		Mädchen		Jungen		Mädchen	
Rohwert	PR	T	PR	T	PR	T	PR	T	PR	T	PR	T	PR	T	PR	T	PR	T	PR	T	PR	T	PR	T	PR	T	PR	T	PR	T	PR	T	PR	T	PR	T	PR	T	PR	T
12													1	29	2	30	1	26	1	26	1	29									1	27								
13							1	28							5	31	1	27							1	27			1	28										
14	1	28			1	29							5	31			2	29	1	28	2	32							4	30							1	29		
15							4	31	2	31	1	25	8	33	8	33	3	30	2	29	3	33	1	30	2	29			5	31									1	30
16	2	31			3	32			5	33	2	26	9	34	10	35	4	31	2	31	5	34	3	31	3	31	1	26	6	32	3	32	1	27	1	26	4	32		
17									7	34									3	32	7	35			5	32	1	27			5	33					7	33	3	33
18	3	34	2	30	6	35			9	35			11	36	13	37	5	34	3	33	9	36	4	34	6	33	2	29			7	34	2	30						
19	5	35			8	36	9	37	11	36			12	37	15	38	8	35	5	34	11	38	6	35	7	35			8	35	9	35	3	32						
20	10	36	6	33	10	38	15	39	13	38					18	39	10	36	8	36	13	39	10	37	8	36	3	32	10	37	11	36			2	32	9	37		
21	13	38	8	35	13	39	19	40	17	39			13	40	21	41	11	38	11	37	17	40	14	38	9	37	5	33	12	38	12	38	5	35	4	33	12	38	9	38
22	14	39			17	40	21	42	19	40	4	35	15	41			13	39	14	38	21	41	17	39	12	38	7	34	15	39	14	39	8	37	6	35	15	40	13	39
23	18	41			24	42	24	43	21	41	8	36	18	42	26	43	16	40	17	39	26	42	20	41	16	40	8	36	19	40			12	39	8	36	18	41	16	41
24	24	42	12	39	33	43	29	45	23	43	12	38	23	43			22	41	20	40	30	43	24	42	20	41	11	37	22	41	16	41	16	40	10	38	22	42	21	42
25	29	43	16	41			35	46	27	44	17	39	27	44			27	43	23	42	34	44	31	43	24	42	13	38	25	43	21	42	21	42	13	39	27	43	27	43
26	33	45	18	42					31	45	20	40	31	46	31	47	30	44	28	43	37	46	35	45	28	44	17	40	29	44	26	43	26	43	17	41	32	45	36	45
27	36	46	23	44	40	47	41	49	36	46	24	42	35	47	35	48	33	45	33	44	40	47	38	46	33	45	20	41			31	44	33	45	23	42	37	46	42	46
28	40	47	31	45	47	49			41	48			39	48	40	49	37	46	37	45	43	48	43	48	38	46	23	42	31	46	35	46	41	47	30	44	41	47	46	47
29	44	49	37	47	51	50	50	52	44	49	29	45	45	49	47	50	41	48	40	47	47	49	49	49	42	48	28	44	34	47	40	47	46	48	35	45	44	49	51	49
30	49	50	46	48			60	54	48	50	33	46	52	50	53	51	44	49	43	48	51	50	53	50	47	49	34	45	39	48	42	48	53	50	41	47	48	50	54	50
31	55	52	54	50	56	53	71	55	54	51	37	48	58	52	60	53	48	50	45	49	54	51	57	52	51	50	38	46	46	50	47	49	58	52	45	48	54	51	59	51
32	62	53	58	51	60	54	80	57	59	53	43	49	63	53	65	54	54	52	47	50	57	53	63	53	56	52	41	48	51	51	54	50	62	53	51	50	58	53	64	53
33	68	54	65	53	68	55	86	58	64	54	49	51	68	54	67	55	60	53	52	52	64	54	67	54	61	53	46	49	57	52	59	51	69	55	56	51	65	54	68	54
34	72	56	71	54			91.	60	69	55	56	52	71	55	(70)	(56)	64	54	58	53	70	55	70	56	66	54	51	51	62	53	62	53	76	57	60	53	72	55	72	55
(35)	76	57	77	56	77	58			74	56	63	53	73	56	74	57	68	55	62	54	73	56	74	57	70	56	55	52	67	54	65	54	82	58	65	54	75	56	75	57
36	80	58	81	57	82	60	94	63	78	58	68	55	77	57	77	59	73	57	66	55	75	57	78	59	75	57	58	53	72	56	68	55	86	60	68	56	78	58	77	58
37	83	60	84	59	87	61			80	59	71	56	82	59	82	60	76	58	70	57	77	58	82	60	78	58	63	55	75	57	71	56	88	62	72	57	81	59		
38	86	61	88	60					82	60	77	58	85	60	86	61	79	59	75	58	79	59	85	61	81	60	70	56			74	57	91	63	77	59	82	60	78	61
39	89	62	90	62	91	64			85	61	82	59	87	61	88	62	83	60	79	59	83	61	87	63	83	61	74	57	79	59	76	58			82	60	85	62	80	62
40	91	64			94	65	96	69	87	63	86	61	88	62	90	63	88	62	84	60	85	62	90	64	86	62	79	59	82	60	78	59	93	67	87	62	88	63	84	63
41									88	64	91	62	91	63	94	65	91	63	88	62	87	63	92	65	89	64	84	60	85	61	81	61					91	64	90	65
42	94	67							91	65	94	64			98	66	92	64	91	63	90	64	93	67	94	65	87	61	88	63	85	62	95	70	92	65	93	66	93	66
43	97	68	92	68	97	69			95	66			94	66			94	66	93	64	92	65	95	68			90	63	92	64	87	63	97	71	95	66	95	67	97	67
44			93	69	99	71			98	68							96	67			94	66	97	70	97	68	92	64	94	65	89	64	99	73	98	68	96	68		
45			96	71							96	68	96	68			98	68	96	67	96	68	97	71	99	69	94	65	96	66	92	65			99	69	98	69	99	70
46	98	72							99	70	97	69					99	69	98	68	98	69					96	67	97	67	95	66								
47	99	73	98	74			99	79	99	71	98	71							99	69	99	70	98	74	99	72	98	68	98	69	98	68								
48			99	75							99	72	99	72			99	72			99	71	99	75			99	70	99	70	99	69								

Beurteilung. Wie zuvor bereits bezüglich des Intelligenzquotienten angedeutet, kann der Roh- oder auch T-Wert im Vergleich mit der Gesamtstichprobe vermittels Prozenträngen einfach beurteilt werden. Wie zu sehen (Tab. 8.2) gibt es hierbei für jede Skala separate Referenzwerte je Version des Bogens (ob Mutter, Vater oder andere beurteilt werden) und abhängig von Geschlecht und Alter des Kindes. In unserem Fall des 13-jährigen Jungen hatten wir bereits festgestellt, dass der Prozentrang für den Rohwert von 35 (Skalensummenwert) zum unterstützenden Verhalten durch die Mutter bei 70 liegt. Das bedeutet also, dass 70 % der Jungen seiner Altersgruppe das Unterstützungsverhalten der Mutter als genauso hoch oder gar niedriger einschätzen, während (nur) 29 % mehr unterstützendes Verhalten der Mutter erleben. Dieser Wert bewegt sich im oberen Durchschnitt (ist also nicht besonders auffällig, sondern normal). Auch als durchschnittlich einzuschätzen sind die Werte zu Strafintensität, Inkonsequenz und Tadel, während die Werte für einschränkendes Verhalten (PR von 84) und Lob (PR von 95) überdurchschnittlich sind. Im erstens Fall spricht man von knapp überdurchschnittlich und damit bedenkenswert aber noch nicht besonders auffällig, da 16 % der Kinder seines Geschlechts und Alters das Verhalten der Mutter als gleich einschränkend oder noch einschränkender einschätzen als er.

Im zweiten Fall liegt eine Auffälligkeit vor, da nur 5 % der Kinder gleichen Alters und Geschlechts den Eindruck haben, genauso intensiv, intensiver und oft bzw. öfter gelobt zu werden wie der 13-jährige Junge. Dabei ist Lob in solcher oder höherer Intensität nicht per se gut oder schlecht. Es muss natürlich ins Verhältnis gesetzt werden, u. a. zu den anderen Skalenwerten (z. B. zu US, SI und IK). Mit dem Wissen aber, dass zu viel Lob die Motivation einschränkt, und mit Blick auf die zwar durchschnittlichen, aber doch hohen Werte zu IK, erscheint das Loben als möglicherweise unecht. Alles in Allem jedoch kann das erlebte Verhalten der Mutter als eher unauffällig bezeichnet werden. Anders verhält es sich aber mit dem erlebten Verhalten des Vaters.

Wie zu sehen ist, sind die Werte für US deutlich unterhalb des Durchschnitts, während die Werte zu ES, LS und IK als deutlich überdurchschnittlich einzuordnen sind. Der Vater scheint seinen 13-jährigen Sohn also wenig bis kaum zu unterstützen, ihn hingegen sehr stark einzuschränken, dafür aber bei korrektem Verhalten übermäßig zu loben, dabei allerdings im gesamten Verhalten inkonsequent zu sein. Nach Krohne und Pulsack (1995) hängen schlechte Schulleistungen (insbesondere bei Mädchen), erhöhte Ängstlichkeit und Schulunlust (speziell bei Jungen) u. a. mit fehlender elterlicher Unterstützung zusammen. Das väterliche Erziehungsverhalten könnte also das Leistungsversagen des 13-jährigen Jungen in der Schule und zudem seine hohe Ängstlichkeit im sozialen Kontakt zu anderen Schüler*innen erklären. Und da verstärkte Ängstlichkeit und ein geringes Zutrauen in die eigene Fähigkeit im Zusammenhang mit einer inkonsequenten oder auch inkonsistenten Erziehung stehen, erklären die Inkonsequenz des Vaters und die sich andeutende Inkonsequenz der Mutter im Zusammenspiel mit der mangelnden Unterstützung des Vaters und dem möglicherweise übertriebenen Loben bei Eigenaktivitäten sowohl die mangelnde Schulmotivation und das – über ein anderes Instrument (Selbstwertinventar für Kinder und Jugendliche, SEKJ) bestätigte – niedrige Selbstwertgefühl des Jungen.

Fazit

Während die Stärke netzwerkdiagnostischer Instrumente darin liegt, dass diese den Gegenstandsbereich Sozialer Arbeit und daher auch die entsprechenden praktisch relevanten Merkmale im Stande sind abzubilden, ist die Stärke fragebogendiagnostischer Instrumente in ihrer Praktikabilität zu sehen. Darum liegen zu dieser Instrumentenkategorie wohl auch die meisten Verfahren, und zwar zu sehr differenzierten Fragestellungen, vor (z. B. zum Selbstwertgefühl, zu Selbstkonzepten, Angstproblematiken bis hin zur Bestimmung von Beziehungen zwischen Eltern und Kind oder Gruppen sowie zu Themen wie Erziehungskompetenz oder Kindeswohl). Und auch, wenn schriftliche Befragungen als Sonderfall aktuell kaum entwickelt sind, so ist kurzum von der am umfangreichsten ausgestatteten Instrumentenkategorie auszugehen. Die meisten der Frageinstrumente haben hierbei zudem nomothetischen Charakter und erlauben bei hoher Güte die sehr gezielte Diagnostik spezifischer Gegenstände bei zugleich exquisiter Sehschärfe. Diese unbestrittene Qualität ist zugleich aber auch ein bedeutsamer Nachteil von Fragebögen: Die Informationsvielfalt ist eingeschränkt. Diese Schwäche kann allerdings durch die Kombination mit anderen Instrumenten und einem methodisch breiten Vorgehen ausgeglichen werden.

Zielevaluation

Abschließend zu diesem Kapitel ein paar Fragen und Reflexionsaufgaben:

- Nennen Sie wesentlichen Grundlagen des Aufbaus und der Anwendung von Fragebögen.
- Worin unterscheiden sich die schriftliche Befragung und Fragebögen?
- Was sind die Vor- und Nachteile diagnostischer Fragebögen?
- Auf was ist bei Fragebögen und schriftlichen Befragungen zu achten, wenn sie Tatsachenaussagen – besonders in zuweisungs- und risikodiagnostischen Fragestellungen – machen?

Vertiefende Literatur

Zur Vertiefung dieser Inhalte ist folgender Text empfohlen:

- Schneider, A. (2013): Fragebogen in der Sozialen Arbeit. Praxishandbuch für ein diagnostisches, empirisches und interventives Instrument. Opladen: Budrich (UTB).

Literatur

Borz, J./Döring, N. (2003): Forschungsmethoden und Evaluation. Berlin: Springer.
Deegener, G./Spangler, G./Körner, W./Becker, N. (2009): Eltern-Belastungs-Screening zur Kindeswohlgefährdung. Deutsche Form des Child Abuse Potential Inventory (CAPI) von Joel S. Milner. Göttingen: Hogrefe.
Heiner, M. (2013): Bausteine einer diagnostischen Ausstattung. In: Gahleitner, S. B./Hahn, G./Glemser, R. (Hg.): Psychosoziale Diagnostik (S. 135–151). Köln: Psychiatrie Verlag.
Krohne, H. W./Pulsack, A. (1995): Erziehungs-Stil-Inventar – ESI. Weinheim: Beltz.
Merchel, J. (2010): Evaluation in der Sozialen Arbeit. München: Reinhardt (UTB).
Moosbrugger, H./Kelava, A. (2011): Testtheorie und Fragebogenkonstruktion. Berlin: Springer.
Neyer, F. J./Asendorpf, J. B. (2017): Psychologie der Persönlichkeit. Heidelberg: Springer.
Pantuček-Eisenbacher, P. (2019): Soziale Diagnostik. Verfahren für die Praxis Sozialer Arbeit (4. Aufl.). Göttingen: Vandenhoeck & Ruprecht.
Schaffer, H. (2009): Empirische Sozialforschung für die Soziale Arbeit. Freiburg: Lambertus.
Schmitt, M./Gerstenberg, F. (2014): Psychologische Diagnostik. Weinheim: Beltz.
Schneider, A. (2013): Fragebogen in der Sozialen Arbeit. Opladen: Budrich (UTB).
Thiel, P. P. (2007): Der Dresdner Körperbildfragebogen. Entwicklung und Validierung eines mehrdimensionalen Fragebogens. Unveröffentlichte Dissertationsschrift, Medizinische Fakultät der Technischen Universität Dresden.
Winkler, N./Kroh, M./Spiess, M. (2006): Entwicklung einer deutschen Kurzskala zur zweidimensionalen Messung von sozialer Erwünschtheit. Berlin: Deutsches Institut für Wirtschaftsforschung.

9. Kapitel: Klassifikationssysteme

Ziele des Kapitels

Wenn es ein Wort gibt, über welches in der Sozialen Arbeit immerzu hitzige Diskussionen geführt werden, dann ist es das der Klassifikation. Viele dieser Diskussionen gründen sich auf Missverständnissen und falschen Vorstellungen zur Macht der Klassifikation und hier besonders der sogenannten klassifizierenden Diagnostik. Diagnostik aber bedeutet immer Unterscheidung. Und bis auf wenige Ausnahmen (z. B. im tonisch-emotionalen, präreflexiven Verstehen) werden diese Unterscheidungen vor einer Hintergrundfolie genereller Aussagen geordnet und klassifiziert. Klassifizieren ist eher die Regel als die Ausnahme und dies sowohl in der idiografischen als auch in der nomothetischen Diagnostik.

In diesem Kapitel werden wir uns eingehend mit dem Klassifikationsbegriff, dem Klassifizieren und den Klassifikationssystemen auseinandersetzten müssen, in der Hoffnung, die wesentlichen Missverständnisse auszuräumen und den Nutzen sowie auch ethisch korrekten Gebrauch des Klassifizierens zu vermitteln. Nach der Lektüre des Kapitels können Sie

- den Unterschied zwischen Klassifizieren und Klassifikationssystem beschreiben,
- zwei Typen von Klassifizierung (dimensional, kategorial) nennen und in eigenen Worten beschreiben,
- etwas zum Aufbau von Klassifikationssystemen sagen und
- zwei Klassifikationssysteme mit Ziel nennen und beschreiben.

9.1 Grundsätzliches

Klassifizieren bedeutet, etwas bestimmten Klassen zuzuordnen. Die Zuordnung kann dabei zu Kategorien oder zu Dimensionen erfolgen (Schmitt/Gerstenberg 2014).

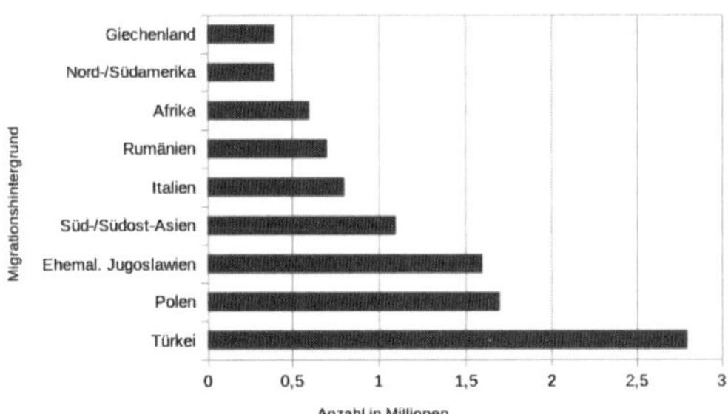

Abb. 9.1: Beispiel für eine diskrete Verteilung (Brzoska/Yilmaz-Aslan/Probst 2018, S. 637)

Bei *kategorialen Klassen* von Variablen handelt es sich um solche, bei welchen die einzelnen Merkmale oder Merkmalgruppen absolut von anderen Merkmalen oder Merkmalgruppen abgegrenzt werden können (etwas ist der Fall oder nicht; Säugetiere vs. Reptilien; männlich vs. weiblich). Es handelt sich bei den zugrunde liegenden statistischen Verteilungen um diskrete Häufigkeitsverteilungen, wenngleich es bei einer Zunahme der Kategorien durchaus zu einer Angleichung an dimensionale Verteilungen kommen kann.

Bei *dimensionalen Klassen* sind die einzelnen Merkmale oder Merkmalgruppen kontinuierlich (stetig) verteilt (Intelligenz, soziale Inklusion). Das heißt, wie im letzten Kapitel besprochen (Abb. 9.1), dass die Merkmalunterschiede gegen unendlich gehen (z. B. Größenunterschiede bei Menschen).

Natürlich vorkommende Objekte sind in ihren sie auszeichnenden Eigenschaften in der Regel stetig und nicht diskret verteilt. Was genau einen Planeten von einem Zwergplaneten oder was Gasriesen von Gestirnen (z. B. braunen Zwergen) unterscheidet, ist in der Regel auf eine plausible Setzung zurückzuführen. Die Übergänge sind aber mehr oder weniger fließend. Man könnte auch logisch argumentativ formulieren, dass nur etwas mit sich selbst identisch sein kann. Wenn also vermeintlich zwei Objekte in Allem dieselben Eigenschaften haben, dann sind es nicht zwei Objekte. Vielmehr handelt es sich um ein und dasselbe Objekt. Sobald sich aber ein Objekt in mindestens einer Eigenschaft, also in einem Merkmal, von einem anderen Objekt unterscheidet, handelt es sich um zwei. Ich beispielsweise bin, während ich diese Zeilen schreibe, in Rendsburg und nicht in Dresden. Ich könnte mich aber auch weder in Rendsburg noch in Dresden befinden, sondern z. B. in Kassel. Wäre ich jetzt vermeintlich also auch in Dresden, dann wäre dies nicht ich, sondern ein Klon oder ein Missverständnis.

Merkmalausprägungen spielen also eine identitätsbildende Rolle. Die Eigenschaft, hier in Rendsburg zu sein, zeichnet mich aktuell also aus, wenngleich es mich nicht vollständig definiert. Doch wie uns die moderne Physik – spätestens mit der Relativitäts-, Quanten- und Stringtheorie – zeigt, sind selbst diese einfachen kategorialen Unterschiede von Merkmalen bei genauerer Betrachtung nicht immer eindeutig.

Teilchen können (bis mindestens auf molekulare Ebene) Wellen sein oder sich wie solche verhalten. Ein und dasselbe Teilchen kann sich gleichzeitig an unterschiedlichen Orten befinden und verbundene Teilchen können von ihrer Entfernung unabhängig gleichzeitig reagieren. Abgekürzt kann also behauptet werden, dass sich Objekte bei genauerer Betrachtung in den meisten ihrer tatsächlichen Eigenschaften unterscheiden, wenngleich mitunter nur in Nuancen. Es gibt also gute Gründe, anzunehmen, dass es gar keine natürlichen Klassen von Objekten oder Eigenschaften und deren Ausprägungen gibt, sondern nur künstliche, die quasi erst mit der Feststellung von (oder Festlegung auf) bestimmte ähnliche (andere) Eigenschaften entstehen (z. B. ist etwas da oder ist es nicht da).

Besonders deutlich wird diese These an auf das Leben aufsetzenden Eigenschaften, wie beim Erleben, Denken, Bewegen, Handeln und Verhalten. Denn bereits die Gegenstände selbst sind nominalistisch definiert. Man stellt also nicht einfach nur fest, was Verhalten, Denken, Erleben usw. jeweils ist. Vielmehr wird es festgelegt. Gleiches gilt auch für die Untergruppen von Verhalten, Denken usw., also den Handlungen, Gedanken und Erlebnisinhalten, und erst recht für deren Eigenschaften und deren Ausprägungen – wie also jemand erlebt und wie er sich verhält usw.

Als Beispiel sei hier auf den Erziehungstil von Menschen verwiesen. Im letzten Kapitel wurde hierzu das ESI besprochen. Der Erziehungsstil von Eltern setzte sich bei diesem aus lobendem, tadelndem, strafendem, einschränkendem und unterstützendem Verhalten zusammen. Daneben wurde noch eingeschätzt, wie konsequent das elterliche Verhalten von den Kindern erlebt wird. In der klassisch pädagogisch-psychologischen Forschung existieren aber noch andere Modelle zu Erziehungsstilen, so z. B. das von Lewin, Lippitt und White (1939), welches Erziehung in drei Typen unterscheidet: autoritär, demokratisch und laissez-fair. Die anderen Modelle rekurrieren zum Teil auch auf andere Merkmale (z. B. Fürsorge, Empathie, Akzeptanz und Ablehnung, Responsivität, Disziplin und Strenge).

Zusammengefasst kann also gesagt werden, dass für die Klassifikation auch in den sozialarbeitswissenschaftlichen Themenfeldern *künstliche Kategorien* angefertigt werden.[20] Und da zudem Regeln erstellt werden, mit welcher Merkmalausprägung oder mit welchen Merkmalen wer oder was in welche Kategorie fällt, spricht man auch von *konventionellen Kategorien* bzw. konventionellem Kategorisieren. Und genau an diesem Punkt kann deutlich gemacht werden, dass die Schwierigkeiten, welche die Soziale Arbeit über die Jahrzehnte nach dem dritten Reich mit Klassifikation hatte und hat (u. a. Rapetti 2014), auf drei, weder empirisch noch erkenntnistheoretisch gestützten Missverständnissen aufsetzen: 1) gefundene natürliche Kategorien, 2) Zuweisungssicherheit aufgrund objektiver Befunde und 3) Unabänderlichkeit bzw. zeitlich hohe Stabilität von Eigenschaften und deren Ausprägungen. Denn genauso wenig wie menschliches Verhalten auf Gehirnprozesse oder gar auf subatomare Mechanismen zu reduzieren ist, ist es in der Natur zu finden wie

20 Klassischerweise wird dies bei nomothetischen Instrumenten vermittels statistischer Prozedere unterstützt.

Wanzen auf einer Mauer (siehe zu alldem nochmals Kapitel 1).[21] Kategorien sind genauso relativ wie die Zuordnung von Merkmalen in Kategorien, deren zeitliche Stabilität oder deren Beschreibung als tatsächlich personenimmanent gilt.[22]

Ethische Probleme entstehen also nicht durch Klassifikation an sich, sondern durch die daran geknüpften Erwartungen an die Voraussetzungen als auch an die Konsequenzen von Klassifikation (vgl. Schrödter 2009); z. B. durch den Glauben an eine perfekte invariante und objektiv gültige Zuordnung zu vermeintlich natürlichen Kategorien sowie die daraus abgeleiteten Konsequenzen und zugehörigen Stigmatisierungen (lebenswert vs. lebensunwert, tüchtig vs. untüchtig). Dieser Irrglaube verweist nochmals auf eine bereits besprochene Tatsache, nämlich darauf, dass die Verantwortung für Entscheidungen, u. a. für Diagnosen und daraus Abgeleitetem, bei den Diagnostiker*innen selbst liegt und gerade nicht bei den Instrumenten. Klassifikation ist immer eine künstliche Vereinfachung eines komplexen Sachverhalts, also Konstruktionen. Vereinfachungen aber machen unser Leben leichter, wenn sie nicht für unabhängige Tatsachen gehalten werden. Zum Problem werden sie dort, wo sie mit den tatsächlichen Objekten verwechselt werden.

9.1.1 Klassifikationssysteme und deren Nutzen

Zuerst einmal muss gesagt werden, dass Klassifikationssysteme keine diagnostischen Instrumente im klassischen Sinne sind. Denn vermittels dieser können keine Informationen generiert werden. Vielmehr werden über Klassifikationssysteme gesammelte Informationen geordnet. Hierdurch wird es möglich, Diagnosen z. B. durch die Vergabe einfacher Labels zu stellen. Es handelt sich bei Klassifikationssystemen demnach eher um diagnostische Systematisierungshilfen. So werden beispielsweise über Interviews und Fragebögen Informationen zu Merkmalen (z. B. Symptomen) gesammelt, um diese dann nach bestimmten Regeln zu einem bestimmten Konstrukt zuzuordnen (z. B. einem Störungs- oder Krankheitsbild). Werden alle notwendigen Kriterien zur Einordnung in ein bestimmtes Konstrukt (z. B. generalisierte Angststörung) schließlich erfüllt, wird ein Lable (z. B. eine Diagnose) vergeben.

Wie schwer – und entsprechend langwierig – es mitunter ist, solche Instrumente zu entwickeln, zeigen die Versuche in der Sozialen Arbeit, Instrumente zur Bestimmung der sozialen Inklusion zu konstruieren. Beispiele dafür sind u. a. die Inklusions-Chart von Pantuček-Eisenbacher und Grigori (2016), die Lebenslagen-

21 So mag subatomares Wirken notwendig sein, damit Gehirne entstehen und arbeiten können, auch mögen Gehirne notwendig sein, damit Menschen denken und fühlen können. Aber Elektronen denken genauso wenig wie Gehirne oder Steine. Ebenso wenig sind Gedanken Atome oder bringen welche hervor.

22 Menschliches Erleben, Denken, Handeln usw. sind Tätigkeiten, werden aber behandelt wie natürliche Objekte (Dinge wie Schuhe oder Zellen). Es handelt sich bei alldem aber nicht um solche Gegenstände. Und wie schwer es ist, Tatsachenbeschreibungen von Tätigkeiten zu erhalten, sehen wir schon an den Schwierigkeiten der Atom- und Astro-Physik, die exakten Bewegungen von Himmelskörpern oder Teilchen zu bestimmen.

Diagnostik nach Röh (2013) – siehe Abb. 9.1.1 – oder das Person-in-Environment von Karls und Wandrei (1994). Nichtsdestotrotz scheint die Entwicklung von Klassifikationsinstrumenten aus mehreren Gründen lohnenswert. Nicht nur die Kommunikation zwischen Fachkräften wird erleichtert (was z. B. der Umgang mit der ICF und ICD-10 zeigt), sondern auch die Bestimmung von Prognosen und geeigneten Interventionen wird verbessert. Mit einem hochwertigen Instrument zur Messung von Kindeswohlgefährdung wäre es beispielsweise leichter, diese frühzeitig zu erkennen, differenziert zu benennen und geeignete Interventionen zu bestimmen (Put/Assink/Boekhout van Solinge 2017).

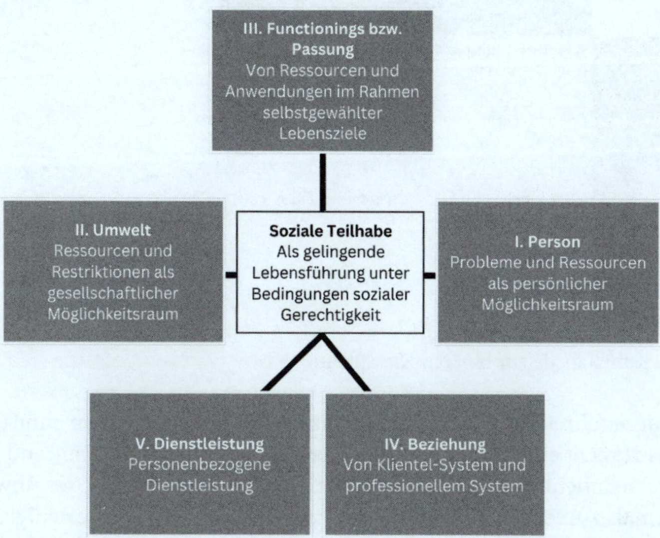

Abb. 9.1.1: Vorschlag für eine sozialarbeitswissenschaftlichen Klassifikation sozialer Teilhabe von Dieter Röh (2013, S. 88, eigene Grafik)

9.2 Zur Güte von Klassifikation

Diagnostik vermittels Klassifikationssystemen ist immer nomothetisch, wenngleich mitunter der Anschein erweckt wird, als ob man auf die statistische Prüfung nicht offensichtlicher Sachverhalte oder Konstrukte verzichten könnte (z. B. bei Konzepten wie das Kindeswohl oder bei klassisch psychodynamischen Persönlichkeitskonzepten wie dem von Alexander Lowen 1988 oder Karl König 2010). Kategorien werden nicht erst mit der Analyse von Datensetzen erstellt, vielmehr wird in bereits bestehende Kategorien eingeordnet. Wie hoch aber ist die Zuweisungssicherheit solcher Instrumente einzuschätzen, gerade vor dem Hintergrund des Wissens, dass es sich um künstliche Kategorien handelt, welche auf der dimensionalen Verteilung von

Merkmalen aufbauen? Um dies festzustellen, wird sich bei der Entwicklung von Klassifikationssystemen einer Reihe statistischer Methoden wie Cluster- und Faktorenanalysen bedient, welche an dieser Stelle nicht weiter ausgeführt werden können. Um abschließend aber beurteilen zu können, ob z. B. eine Person aufgrund bestimmter Merkmale wirklich mit einer bestimmten Wahrscheinlichkeit einer bestimmten Gruppe zuzuordnen ist oder nicht (z. B. Kindeswohlgefährdung liegt vor, liegt nicht vor), benötigt es neben hoher Reliabilität und Validität der Instrumente die Bestimmung der klassifikatorischen Güte (u. a. in Form von Sensitivität und Spezifität).

	zugewiesen	nicht zugewiesen
Merkmal	**Sensitivität (richtig-positiv)** Anzahl der korrekt Zugewiesenen im Verhältnis zur tatsächlichen Grundgesamtheit ohne Merkmal	**falsch-negativ** Anzahl der inkorrekt nicht Zugewiesenen zur tatsächlichen Grundgesamtheit mit Merkmal
kein Merkmal	**falsch positiv** Anzahl der inkorrekt Zugewiesenen zur tatsächlichen Grundgesamtheit ohne Merkmal	**Spezifität (richtig-negativ)** Anzahl der korrekt nicht Zugewiesenen zur tatsächlichen Grundgesamtheit ohne Merkmal

Abb. 9.2a: Kreuztabelle zur binären Klassifikation

Sensitivität beschreibt die Wahrscheinlichkeit, mit der eine Person aufgrund eines Merkmals zurecht einer Kategorie oder Klasse zugeordnet wird, während *Spezifität* die Wahrscheinlichkeit beschreibt, mit der eine Person aufgrund der Abwesenheit des Merkmals zurecht nicht dieser Klasse zugeordnet wird. Die jeweiligen Gegenwahrscheinlichkeiten stehen für die jeweils inkorrekte Zuordnung (siehe Abb. 9.2a). Verdeutlicht werden kann dies mit den im Kapitel 7 angesprochenen Erkenntnissen zu easyNWK.

Berichtet wurde, dass eine Studie (Richter-Mackenstein 2017) darauf hindeutet, dass easyNWK über ausgezeichnete klassifikatorische Eigenschaften bezüglich der Frage verfügen könnte, ob ein psychosozialer Hilfebedarf vorliegt oder nicht. Wir haben also mindestens zwei Gruppen, in welche Menschen aufgrund bestimmter ermittelter Merkmale eingeordnet werden können. Theoretisch muss es sich bei den beiden Gruppen um sogenannte Grundgesamtheiten handeln, praktisch um repräsentative Stichproben dieser zwei Gruppen – nämlich der Gruppe der Hilfebedürftigen und der Gruppe derer, die keinen Bedarf an Sozialer Arbeit haben. Das Merkmal zur Ermittlung des Bedarfs an Sozialer Arbeit war im Falle des easyNWK die personale Größe der egozentrischen Netzwerke.

In der Grafik (Abb. 9.2b) sind diese beiden Häufigkeitsverteilungen annäherungsweise dargestellt. Schwarz ist die Verteilung derjenigen Personen, welche zur Gruppe der Hilfebedürftigen gehören, und grau ist die Verteilung derjenigen Perso-

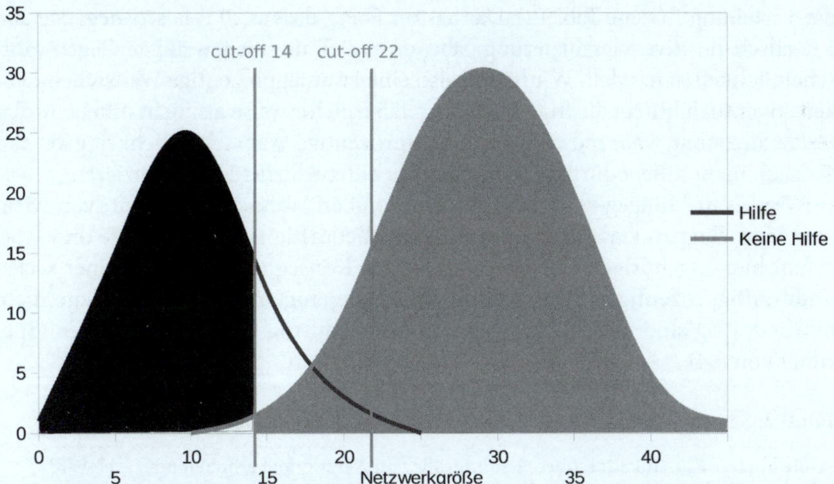

Abb. 9.2b: Verteilungen zur Netzwerkgröße mit Cut-off-Werten für die Zuweisung

nen, welche zur Gruppe von Menschen gehören, welche keinen Hilfebedarf aufweisen. Es ist zu sehen, dass diese beiden Verteilungen sich überschneiden. Und genau dieser Überschneidungsbereich stellt eine Unsicherheit dar. Denn Menschen, die über Netzwerke verfügen, welche minimal zehn bis maximal 25 Personen umfassen, können keiner der beiden Klassen sicher zugeordnet werden.

Um nun die Wahrscheinlichkeit der korrekten Zuweisung zu bestimmen, muss zuerst die Frage geklärt werden, was diagnostisch wichtig ist. Sollen möglichst viele Menschen erfasst werden, welche hilfebedürftig sind, oder sollen möglichst diejenigen sicher ausgeschlossen werden, welche keinen Hilfebedarf haben? Hierzu werden sogenannte Cut-off-Werte festgelegt, Netzwerkgrößen also, welche die beiden Gruppen scheiden. Nun werden die Wahrscheinlichkeiten bestimmt, mit der Menschen aufgrund des Merkmals entweder in die eine oder in die andere Gruppe fallen. Und um möglichst genau zu sein, werden diese für alle der möglichen Cut-off-Werte zwischen zehn und 25 bestimmt. Exemplarisch soll dies an zwei Cut-off-Werten verdeutlicht werden.

Angenommen uns ist es wichtig, so viele Menschen wie möglich korrekt als hilfebedürftig zu klassifizieren, allerdings mit einer nur geringen Wahrscheinlichkeit fälschlicher Klassifizierungen. Bei einem Cut-off von 14 (Personen) liegt die Wahrscheinlichkeit[23] der korrekten Zuweisung bezüglich der Hilfebedürftigkeit bei 80 % (Sensitivität = schwarz ausgemalter Teil der Verteilung), während die korrekte Zuweisung zu „nicht hilfebedürftig" bei 95 % liegt (Spezifität = grau ausgemalter Teil

23 Die Formel lautet: $sens = f_{absd}/f_{absh}$ wobei f_{absd} für die absolute Häufigkeit (Anzahl) der als korrekt hilfebedürftig Diagnostizierten steht und f_{bsd} für die Anzahl der tatsächlich Hilfebedürftigen. Gerechnet werden kann auch mit der prozentualen Häufigkeit.

der Verteilung[24],(siehe Tab. 9.2). Das hat zur Folge, dass es 20 % falsch-negative und 5 % falsch-positive Klassifizierung gäbe, da es sich um die jeweiligen Gegenwahrscheinlichkeiten handelt. Wir hätten also eine zwanzigprozentige Wahrscheinlichkeit, eigentlich hilfebedürftige Menschen fälschlicherweise als nicht hilfebedürftig zu klassifizieren, während es nur eine fünfprozentige Wahrscheinlichkeit gäbe, tatsächlich nicht hilfebedürftige Menschen als hilfebedürftig zu klassifizieren.

Wäre es uns hingegen wichtig, mit einer hohen Wahrscheinlichkeit (von 95 %) jene Menschen zu klassifizieren, welche hilfebedürftig sind, dann hätte dies – bei einem hier zugehörigen Cut-off von 22 – zur Konsequenz, dass mit einer sechsunddreißigprozentigen Wahrscheinlichkeit diejenigen Menschen, welche nicht hilfebedürftig sind, fälschlicherweise als hilfebedürftig klassifiziert würden (Spezifität von .64)

Tab. 9.2: Sensitivität und Spezifität zu easyNWK bei zwei Cut-off-Werten

Güte binärer Klassifikation über Gesamtgröße von Netzwerken erhoben mit easyNWK		
	cut-off 14	cut-off 22
Sensitivität	.80	.95
Spezifität	.95	.64

Um die Güte der Klassifikationsfähigkeit eines Verfahrens insgesamt (also bei allen möglichen Cut-off-Werten im Überschneidungsbereich) zu bestimmen, wird auf den sogenannten AUC-Wert zurückgegriffen. Dieser wird auch als Wert zur Bestimmung der diskriminanten Validität[25] genutzt. Der Vollständigkeit halber soll er hier erwähnt werden. Ermittelt wird der AUC-Wert über das Flächenintegral der Fläche unterhalb derjenigen Kurve (darum auch AUC = area under the curve), welche sich bildet, wenn man alle Paare der Paarung „Sensitivität multipliziert mit falsch-positiv“ eines Tests grafisch darstellt.

> „Die AUC-Werte reichen von .500 für eine nicht bessere als zufällige Unterscheidungsgenauigkeit bis zu 1 für eine perfekte Unterscheidung. AUC-Werte zwischen .556 und .639 entsprechen einer kleinen Effektgröße, AUC-Werte zwischen .640 und .714 einer mittleren Effektgröße und AUC-Werte von .715 und höher entsprechen einer großen Effektgröße.“ (van der Put/Assink/Boekhout van Solinge 2017, S. 74, eigene Übersetzung)

24 Die Formel hier lautet: $spez = f_{bsnd}/f_{absnh}$ wobei f_{absnd} für die absolute Häufigkeit der korrekt als nicht hilfebedürftig diagnostiziert steht und f_{absnh} für die absolute Häufigkeit der tatsächlich nicht Hilfebedürftigen.

25 Als diskriminante Validität wird die ermittelte Gültigkeit von Klassen bezeichnet, welche sich dadurch zeigt, dass es keine statistischen Zusammenhänge von Klassen gibt. Sie unterscheiden sich also möglichst maximal (darum auch diskriminant).

In unserem Falle ergibt sich ein Wert von .875, also ein starker Effekt, und dies trotz der nicht unerheblichen generellen (also über alle Cut-off-Werte gesehenen) Zuweisungsunsicherheiten von annähernd 13 %.

9.3 Gängige Klassifikationsverfahren

Im internationalen Vergleich verfügt die Soziale Arbeit im deutschsprachigen Raum nur über sehr wenige Klassifikationssysteme, welche die für uns zentralen Fragen zu beantworten helfen. Beispielsweise existiert zwar eine Reihe an Instrumenten zur Klassifizierung des Kindeswohls, allerdings liegen zu keinem dieser Instrumente Daten zur klassifikatorischen Güte vor. Bis auf ein Verfahren (dem EBSK) handelt es sich bei allen anderen zudem entweder um strukturierte klinische Entscheidungsinstrumente, welche ohne Datengrundlagen auskommen und rein auf Erfahrung aufsetzen, oder um sogenannte konsensbasierte Instrumente (Ackermann 2020, White/Bracher/Weil/Schött/Klitzing 2021), welche zu konsensualisierten Urteilen führen, die wiederum auf Einschätzungen der Fachkräfte beruhen.[26] Das Eltern-Belastungs-Screening zur Kindeswohlgefährdung (Deegener/Spangler/Körner/Becker 2009) – eine Kurzfassung des Child Abuse Potential Inventory (CAPI) von Joel S. Milner – ist das einzige direkt messende und an Risikofaktoren ausgerichtete Instrument zur Klassifikation. Allerdings ist seine klassifikatorische Güte mit einem AUC von .610 für das amerikanische Original nur mäßig (van der Put/Assink/Boekhout van Solinge 2017). Und für die deutsche Version (EBSK) liegen keine Erkenntnisse zur klassifikatorischen Güte vor. Auch ist der Anspruch der deutschen Version ein anderer als beim CAPI. Es muss also konstatiert werden, dass es im deutschsprachigen Raum zur Bestimmung des Kindeswohls kein einziges hinreichend auf klassifikatorische Güte geprüftes Instrument gibt. Gängige Verfahren wie der Stuttgarter Kinderschutzbogen (Eisenlohr/Reich 2004) oder die Sozialpädagogischen Diagnosetabellen (Hillmeier/Britze/Huber 2013) sind damit nur unter viel Vorbehalt und mit großer Vorsicht zu verwenden, zumal neben wenigen Daten zur Reliabilität (z. B. Macsenaere/Paries/Arnold 2008, Strobel/Liel/Kindler 2008) nur unzureichende Informationen zur Validität vorliegen. Ähnliches gilt auch für das im nächsten Punkt vorzustellende Maltreatment-Classification-System (MCS, Horlich/Dehmel/Sierau/White/von Klitzing 2014a u. 2014b).

Andere in Deutschland zur Anwendung gebrachte Klassifikationsinstrumente wie das Person-in-Environment (PiE) haben moralisch weniger heikle und in ihrer Konsequenz weniger dramatische Fragestellungen als das Kindeswohl zu beantworten, werden also auch nicht zur Risikoabschätzung eingesetzt. Zwar gibt es auch bei diesen kaum bis keine Befunde zur klassifikatorischen Güte, allerdings gibt es –

26 Sie untersuchen also nicht die Kindeswohlgefährdung an sich, sondern die fachliche Meinung darüber, ob eine vorliegt oder nicht.

u. a. im Falle des International Classificationsystem of Functioning Disability and Health (ICF) – umfängliche Forschung hierzu (u. a. Cieza/Geyh/Chatterji/Kostanjsek/Üstün/Stucki 2006, Finger/Escorpizo/Bostan/de Bie 2014, Soberg/Sandvik/Ostensjo 2008). Die ICF befindet sich also in einer stetigen Entwicklung, ähnlich dem International Statistical Classificationsystem of Diseases and Related Health Problems (ICD) oder des Diagnostic and Statistical Manual of Mental Disorders (DSM) zur Bestimmung psychischer Beeinträchtigungen.

Zusammengefasst liegen für die Soziale Arbeit einige wenige Klassifikationssysteme mit unzureichend ermittelter Güte vor. Weiß man jedoch die Werte einzuordnen, so können diese Klassifikationssysteme sehr nützlich sein. Darum seien hier nochmals die Verfahren in einer Liste zusammengefasst, für welche mindestens Kenntnisse zur klassischen Testgüte (Reliabilität und Validität) vorliegen und welche sich in fortführender Entwicklung befinden:

- International Classificationsystem of Functioning Disability and Health – *ICF* (DIMDI 2005),
- Person-in-Environment – *PiE* (Karls/Wanderei 1994),
- Stuttgarter Kinderschutzbogen – *SKB* (Eisenlohr/Reich 2004),
- Sozialpädagogische Diagnosetabellen – *SPDT* (Hillmeier/Britze/Huber 2013),
- Maltreatment-Classification-System – *MCS*,
- Eltern-Belastungs-Screening zur Kindeswohlgefährdung – *EBSK* (Deegener/Spangler/Körner/Becker 2009).

9.4 Klassifikationssysteme am Beispiel des MCS

Das Maltreatment-Classification-System (MCS) ist eines der wenigen international anerkannten Systeme zur Klassifikation von Misshandlung und Vernachlässigung im Kindes- und Jugendalter (Horlich/Dehmel/Sierau/White/von Klitzing 2014a). Es wurde von Barnett, Manly und Cicchetti (1993) entwickelt und kommt seitdem in den USA sehr erfolgreich zur Anwendung. Und auch wenn sich die deutsche Fassung noch in der Erprobung befindet, soll das MCS hier als Beispiel genutzt werden, da es als recht überschaubares Instrument alle typischen Merkmale von Klassifikationssystemen in sich vereint.

Über das MCS können sieben Formen (Subtypen) von Misshandlung bzw. Vernachlässigung klassifiziert werden: körperliche Misshandlung (KM), sexueller Missbrauch (SM), körperliche Vernachlässigung (mangelnde Versorgung, KVMV), körperliche Vernachlässigung (mangelnde Beaufsichtigung, KVMB), emotionale Misshandlung (EM), moralisch-rechtlich-erzieherische Misshandlung (MRB) sowie bildungsbezogene Misshandlung (BM). Zu jeder der Formen liegen konkrete Beschreibungen zu Merkmalen sowie zu Ausschlusskriterien bzw. -merkmalen vor. So wird zu körperlicher Misshandlung u. a. ausgeführt, dass diese dann vorliege,

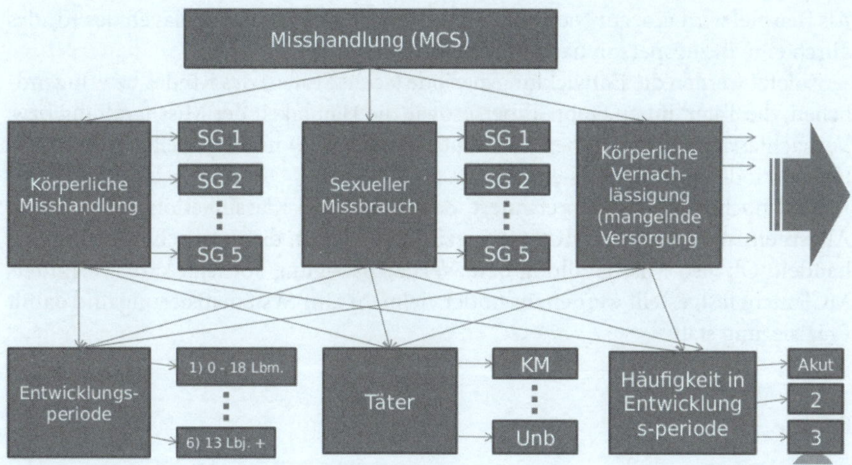

Abb. 9.4: Grobe Übersicht über den Aufbau des MCS (Kategorien und Unterkategorien)

> „wenn eine Bezugsperson oder ein verantwortlicher Erwachsener einem Kind eine körperliche Verletzung zufügt, die durch nicht akzidentelle (absichtliche) oder fahrlässige Mittel verursacht wurde. Dies bezieht sich nicht auf kulturell zulässige körperliche Veränderungen wie beispielsweise Beschneidung und Ohrenpiercing." (MCS 2014, S. 3)

Ausgeschlossen sind u. a. einmaliges Ohrfeigen oder einmaliges an den Haaren ziehen ohne körperliche Spuren (z. B. keine Haare ausgerissen, keine Rötungen). Sind körperliche Verletzungen (z. B. vaginale oder rektale Einrisse) als direkte Folge einer sexuellen Handlung entstanden, „werden (sie) ausschließlich als Sexueller Missbrauch kodiert". Andere Verletzungen hingegen, „die mit Geschlechtsverkehr einhergehen können, bei denen der Versuch unternommen wird, ein Kind zu sexuellen Handlungen zu zwingen (z. B. durch Schläge, Verbrennungen) werden als Körperliche Misshandlung und Sexueller Missbrauch kodiert" (MCS 2014, S. 3).

Die einzelnen Missbrauchs- und Vernachlässigungsformen können in fünf unterschiedlichen Schweregraden klassifiziert werden. Auch hierzu gibt es Leitlinien, die mit Beispielen veranschaulicht werden. So wird z. B. der Schweregrad 3 bei KM dann vergeben, wenn

> „der rabiate Umgang der Bezugsperson mit dem Kind beträchtliche Schrammen, Beulen, Striemen, blaue Flecken oder kleinere Verletzungen zur Folge (hat) (z. B. Wunden, die genäht oder anderweitig geringfügig ärztlich versorgt werden müssen)." (MCS 2014, S. 3)

Als Beispiel wird u. a. auf Nasenbluten verwiesen, welches das Schlagen des Kindes durch eine Bezugsperson nach sich zieht.

Zuletzt werden die Entwicklungsperiode (sechs Stufen) des Kindes bzw. Jugendlichen, die Täter*innen (zehn Typen) sowie die Häufigkeit der Misshandlung bzw. Vernachlässigung (drei Typen von akut bis chronisch) in der jeweiligen Entwicklungsperiode klassifiziert (siehe Abb. 9.4).

Und nochmals sei daran erinnert, dass es sich bei Klassifikationssystemen im Allgemeinen und bei der MCS im Speziellen nicht um diagnostische Instrumente handelt. Ob also Misshandlung bzw. Vernachlässigung vorliegt, kann vermittels MCS nicht festgestellt werden. Es findet vielmehr eine Systematisierung und damit Präzisierung statt.[27]

Fazit

Klassifizieren ist immer ein Reduzieren von Komplexität, um Gegenstände vermittels bestimmter Merkmale (z. B. Eigenschaften) besser einordnen zu können und so Tatsachenaussagen zu bestimmten Sachverhalten möglich zu machen (Kindeswohlgefährdung liegt vor oder nicht vor). Um aber überhaupt klassifizieren zu können, müssen Kategorien gefunden oder gebildet werden, wobei zumindest für Kategorien sozialarbeitswissenschaftlicher Diagnostik gilt, dass diese vor dem Hintergrund dimensional verteilter Merkmale gebildet werden müssen, es sich also um Konstrukte (nicht zu verwechseln mit Illusionen) handelt. Ein ethisches Problem kann somit nicht die klassifizierende Reduktion von Merkmalen auf Klassen (in Kategorien) an sich sein. Vielmehr ergeben sich ethische Probleme durch die an die Klassifikation und das Klassifikationssystem herangetragenen Erwartungshaltungen zu deren Aussagekraft und aus den daraus abgeleiteten Handlungen von Menschen (wenn hierauf dann z. B. Diskriminierung begründet wird – z. B. Kinderbegrüßungsgeld nur für autochthone deutsche Mütter oder Reisemöglichkeit nur für gegen Corona geimpfte Personen).

Klassifikationssysteme sind Systematisierungshilfen – und somit keine klassisch diagnostischen Instrumente zur Befunderhebung –, welche nicht nur die Kommunikation zwischen Fachkräften erleichtern, sondern auch die Bestimmung von Prognosen und geeigneten Interventionen verbessern. Mit hochwertigen Instrumenten zu beispielsweise sozialen Problemen, zur Kindeswohlgefährdung oder zur sozialen Inklusion wird und würde es leichter, diese zu erkennen, differenziert zu benennen und geeignete Interventionen zu bestimmen. Erste vielversprechende Klassifikationssysteme existieren, wie gesehen, bereits. Allerdings ist zur Bestimmung deren Güte noch viel Arbeit zu leisten.

27 Es gibt generell wenige Ausnahmen. Beispielsweise stellt die ICD als Schwelleninstrument eine solche dar. Denn es gilt, dass erst dann eine psychische Erkrankung vorliegt, wenn alle notwendigen und genau festgelegten Kriterien (Schwellen) für mindestens eine Diagnose erfüllt werden.

Zielevaluation

Abschließend zu diesem Kapitel ein paar Fragen und Reflexionsaufgaben:

- Beschreiben Sie, was der Unterschied zwischen Klassifizieren und einem Klassifikationssystem ist.
- Beschreiben Sie, was natürliche und was künstliche Kategorien auszeichnet.
- Was sind die Funktionen von Klassifikationssystemen, was die Voraussetzungen für eine gelingende Klassifikation und was sind ihre Grenzen?
- Beschreiben Sie den typischen Aufbau von Klassifikationssystemen – nutzen Sie hierzu gern ein konkretes Beispiel.

Vertiefende Literatur

Zur Vertiefung dieser Inhalte sind die zwei folgenden Texte empfohlen:

- Röh, D. (2014): Klassifikation in der Soziale Arbeit. Vorschlag eines gegenstands- und funktionsbasierten Rahmens. In: Gahleitner, S. B./Hahn, G./Glemser, R. (Hg.): Psychosoziale Diagnostik (S. 80–93). Köln: Psychiatrieverlag.
- White, L. O./Bracher, A./Weil, A. S./Schött, M./Klitzing, K. (2021): Erfassung von Misshandlung im Kindes- und Jugendalter. Praxis der Kinderpsychologie und Kinderpsychiatrie, 70 (1), 24–39.

Literatur

Ackermann, T. (2020): Risikoeinschätzungsinstrumente und professionelles Handeln im Kinderschutz. Wie Sozialarbeiter_innen mit „Kinderschutzbögen" interagieren und was das mit Professionalität zu tun hat. Sozial Extra, 1/2021, 42–48.

Barnett, D./Manly, J. T./Cicchetti, D. (1993): Defining child maltreatment. The interface between policy and research. In: Cicchetti, D./Toth, D. (Hg.): Child Abuse, Child Development and Social Policy (S. 7–73). Ablex: New Jersey.

Brzoska, P./Yilmaz-Aslan, Y./Probst, S. (2018): Umgang mit Diversität in der Pflege und Palliativversorgung am Beispiel von Menschen mit Migrationshintergrund. Z Gerontol Geriat, 51 (6), 636–641.

Cieza, A./Geyh, S./Chatterji, S./Kostanjsek, N./Üstün, B. T./Stucki, G. (2006): Identification of candidate categories of the International Classification of Functioning Disability and Health (ICF) for a Generic ICF Core Set based on regression modelling. BMC Medical Research Methodology, 6, 36.

Deegener, G./Spangler, G./Körner, W./Becker, N. (2009): Eltern-Belastungs-Screening zur Kindeswohlgefährdung. Deutsche Form des Child Abuse Potential Inventory (CAPI) von Joel S. Milner. Göttingen: Hogrefe.

DIMDI (2005): Internationale Klassifikation der Funktionsfähigkeit, Behinderung und Gesundheit. Stand Oktober 2005. Köln: WHO.

Eisenlohr, K./Reich, W. (2004): Der Stuttgarter Kinderschutzbogen. Ein Diagnoseinstrument. In: Heiner, M. (Hg.): Diagnostik und Diagnosen in der Sozialen Arbeit. Ein Handbuch (S. 285–298). Freiburg: Lambertus.

Finger, M. E./Escorpizo, R./Bostan, C./De Bie, R. (2014): Work Rehabilitation Questionnaire (WORQ). Development and Preliminary Psychometric Evidence of an ICF-Based Questionnaire for Vocational Rehabilitation. Journal of Occupational Rehabilitation, 24, 498–510.

Hillmeier, H./Britze, H./Huber, G. (2013): Sozialpädagogische Diagnosetabellen. München: ZBFS.

Horlich, J./Dehmel, S./Sierau, S./White, L./von Klitzing, K. (2014a): Das Maltreatment Classification System (MCS) – Ein Modell zur Kategorisierung der Kindesmisshandlung und -vernachlässigung (Teil 1). Soziale Arbeit, 63 (6), 202–210.

Horlich, J./Dehmel, S./Sierau, S./White, L./von Klitzing, K. (2014b): Das Maltreatment Classification System (MCS) – Ein Modell zur Kategorisierung der Kindesmisshandlung und -vernachlässigung (Teil 2). Soziale Arbeit, 63 (7), 242–249.

Karls, J. M./Wandrei, K. E. (1994): PIE-Manual. Person-In-Environment System. Washington. Deutsche Übersetzung: http://www.pantucek.com/soziale-diagnostik/verfahren/70-person-in-environ-ment-classification-system-pie.html (Zugriff am 24.02.2022).

König, K. (2010): Kleine psychoanalytische Charakterkunde. Göttingen: Vandenhoeck & Ruprecht.

Lewin, K./Lippitt, R./White, R. K. (1939): Patterns of aggressive behavior in experimentally created social climates. Journal of Social Psychology, 9, 271–299.

Lowen, A. (1988): Körperausdruck und Persönlichkeit. Grundlagen und Praxis der Bioenergetik. Kempten: Kösel.

Macsenaere, M./Paries, G./Arnold, J. (2008): EST. Evaluation der Sozialpädagogischen Diagnose-Tabellen. Abschlussbericht. München: KJI.

Richter-Mackenstein, J. (2017): Netzwerkanalyse mit easyNWK. Erste empirische und metrische Erkenntnisse einer Diagnostik sozialer Hilfebedürftigkeit. Soziale Arbeit, 66 (3), 88–96.

Röh, D. (2014): Klassifikation in der Soziale Arbeit. Vorschlag eines gegenstands- und funktionsbasierten Rahmens. In: Gahleitner, S. B./Hahn, G./Glemser, R. (Hg.): Psychosoziale Diagnostik (S. 80–93). Köln: Psychiatrie Verlag.

Soberg, H. L./Sandvik, L./Ostensjo, S. (2008): Reliability and applicability of the ICF in coding problems, resources and goals of persons with multiple injuries. Disability and Rehabilitation, 30 (2), 98–106.

Strobel, B./Liel, C./Kindler, H. (2008): Validierung und Evaluierung des Kinderschutzbogens. Ergebnisbericht. München: DJI.

van der Put, C. E/Assink, M./Boekhout van Solinge, N. F. (2017): Predicting child maltreatment: A meta-analysis of the predictive validity of risk assessment instruments. Child Abuse & Neglect, 73, 71–88.

White, L. O./Bracher, A./Weil, A. S./Schött, M./Klitzing, K. (2021): Erfassung von Misshandlung im Kindes- und Jugendalter. Praxis der Kinderpsychologie und Kinderpsychiatrie, 70 (1), 24–39.

10. Kapitel: Diagnostische Berichte und Gutachten

Ziele des Kapitels

Das Verfassen von Berichten gehört in der Sozialen Fallarbeit zu den regelmäßigen Aufgaben. Fachkräfte der Sozialen Arbeit verfassen u. a. zur Bewilligung, Fortführung oder Beendigung von Maßnahmen diagnostische Berichte sowie Zwischen- und Abschlussberichte (Pantuček-Eisenbacher 2019). Dabei unterscheiden sich diagnostische Berichte von anderen Berichten letztlich nur in der Schwerpunktsetzung auf Befundvermittlung und Maßnahmenempfehlung – diagnostische Berichte sind es allesamt. Gutachten hingegen sind Sonderformen von Berichten und übernehmen zusätzliche Funktionen, sollen sie doch bei der Entscheidungsfindung fachfremder Professioneller helfen. Was zeichnet also sach- und fachgerechte Berichte und Gutachten aus? Dieser Frage und anderen Aspekten von Berichten und Gutachten wenden wir uns in diesem Kapitel zu. Dabei sollen Sie u. a. lernen,

- was Berichte und Gutachten sind und welche Zwecke sie erfüllen.
- welche Gemeinsamkeiten und Unterschiede zwischen Berichten und Gutachten existieren.
- welche formalen und konkreten Anforderungen an Berichte und Gutachten zu stellen sind.
- was sozialarbeitswissenschaftliche Gutachten nicht leisten können und wo ihre Grenzen liegen.

10.1 Grundsätzliches

Diagnostische Berichte (nachfolgend kurz „Berichte" genannt) sind ein wichtiges Instrument, um Befunde und Empfehlungen zu kommunizieren. Sie übernehmen eine unterstützende Funktion bei der Auswahl geeigneter Maßnahmen und Interventionen und liefern Begründungen für die jeweilige Wahl. Damit dienen sie zugleich als Legitimationsgrundlage vor Kostenträgern und als Arbeitsgrundlage für am Fall beteiligte Berufsgruppen. Nicht am diagnostischen Prozess beteiligte Personen sollen nachvollziehen können, um was für einen Fall es sich handelt, wie die Diagnostiker*innen zu ihren Erkenntnissen gelangten und warum bestimmte Empfehlungen für Maßnahmen und Interventionen gegeben wurden (u. a. Reichenbach/Thiemann 2013). Ein guter Bericht ist letztlich nichts anderes als die verdichtete, verschriftlichte Dokumentation des fallanalytischen Prozesses, wie er im dritten Kapitel beschrieben wurde.

Gutachten übernehmen darüber hinaus eine zusätzliche Funktion. Sie sollen Expert*innen anderer Professionen dezidierte fachfremde Informationen zur Verfügung stellen, mithilfe derer sie schließlich professionseigene Fragen beantworten können. So werden u. a. Gutachten von Fachkräften Sozialer Arbeit von Familiengerichten angefordert, wenn Entscheidungen getroffen werden müssen, bei welchen es eine spezifische Expertise der Sozialen Arbeit bedarf – z. B. bei Sorgerechtsfragen und hier konkreter zu Fragen erzieherischer bzw. pädagogischer Kompetenzen der Eltern oder dem Entwicklungsstand der Kinder vor dem Hintergrund des Kindeswohls bzw. der Kindeswohlgefährdung. Und da von Jurist*innen nicht erwartet werden kann, dass sie selbst über die notwendige Expertise verfügen, werden die Gutachten von Fachkräften Sozialer Arbeit erstellt, wenngleich Empfehlungen zur rechtlichen Entscheidung selbst unzulässig sind (u. a. Rosch 2012). Gutachten sind in der Regel zudem deutlich umfänglicher und stärker an wissenschaftlichen Erkenntnissen reflektiert als Berichte. Außerdem wird erwartet, dass Gutachten formal den wesentlichen Kriterien für Wissenschaftlichkeit genügen. Dies stünde grundsätzlich auch Berichten gut, wird aber nicht in jedem Fall verlangt.

10.2 Allgemeine Anforderungen an die formale Gestaltung von Berichten und Gutachten

Transparenz, Nachvollziehbarkeit, Nachprüfbarkeit und Kommunizierbarkeit sind die grundlegendsten formalen Anforderungen an Berichte und Gutachten. Was ist unter diesen Anforderungen zu verstehen und wie sind diese einzulösen?

Transparenz. Um Transparenz herzustellen, bedarf es der Mitteilung aller relevanten Informationen zum Fall. So banal das auf den ersten Blick auch erscheinen mag, so ist diese Forderung einzulösen keine Selbstverständlichkeit. Es geht darum, ein so umfänglich wie mögliches und reales Bild des Falles zu erstellen, zudem deutlich zu machen, wie (mit welchen Mitteln und Methoden) man zu diesem Bild gelangte und wozu der Bericht bzw. das Gutachten überhaupt verfasst wurde. Transparenz meint also die absolute Offenheit über Beweggründe, Vorgehen, Ergebnisse, Interpretation und Empfehlung.

Nachvollziehbarkeit und Kommunizierbarkeit. Transparenz, Nachvollziehbarkeit und Kommunizierbarkeit hängen eng zusammen. Um Ergebnisse und Interpretationen der Verfasser*innen von Gutachten und Berichten nachvollziehen zu können, muss das gesamte Prozedere so transparent wie möglich beschrieben sein. Besonders bei Gutachten ist zudem darauf zu achten, dass auch und besonders fachfremde Leser*innen die Empfänger*innen sind. Insofern ist im Besonderen auf eine möglichst einfache und klare Sprache in der Darstellung von Sachverhalten zu achten. Das bedeutet u. a., Fremdworte zu vermeiden, wo sie sich vermeiden lassen, oder aber – wenn sie sich nicht vermeiden lassen – zu erläutern. Darüber hinaus bedeutet dies, möglichst kurze Sätze zu verfassen, alles Notwendige darzustellen und nichts Relevantes auszulassen. Es bedeutet aber auch, auf Redundanz zu verzichten sowie doppelte Verneinungen und poetische Ausschweifungen zu vermeiden. Zuletzt muss kenntlich gemacht werden, was Beschreibungen, Erklärungen und Bewertungen (Interpretationen bzw. Deutungen) sind. Und selbstredend ist auf logische Konsistenz (Widerspruchsfreiheit) und theoretische Kohärenz zu achten (bzw. empirische Evidenz, u. a. Bergmann 2018).

Nachprüfbarkeit. Unter der Voraussetzung von Transparenz und Nachvollziehbarkeit erhalten Leser*innen der Gutachten und Berichte detaillierte Informationen darüber, was sie wie tun müssen, um die Diagnostik selbstständig zu wiederholen und zu den gleichen Ergebnissen gelangen können (Replizierbarkeit). Darüber hinaus werden Berichte und Gutachten so verfasst (Trennung von Beobachten, Beschreiben usw.), dass Leser*innen in die Lage versetzt werden, eigene Schlüsse ziehen zu können.

10.3 Konkretes zum Aufbau

Um die grundlegendsten formalen Anforderungen von Transparenz, Nachvollziehbarkeit, Nachprüfbarkeit und Kommunizierbarkeit erfüllen zu können, wurden verschiedene Vorschläge (u. a. Borg-Laufs/Seidenstücker/Röchling 2021, Westhoff/Kluck 2013) zur Form ausgearbeitet. Grob beinhalten diese mindestens folgende Punkte:

- Daten zur diagnostizierten Person,
- Beschreibung von Ziel und Zweck des Gutachtens/Berichts,
- (Kurz-)Beschreibung der diagnostischen Verfahren sowie Begründungen für deren Auswahl,
- Beschreibung der Ergebnisse der diagnostischen Verfahren inkl. Zusammenfassung der mündlichen und schriftlichen Ergebnisse aus Gesprächen
- und eine zusammenfassende Interpretation und Gewichtung der Ergebnisse sowie Schlussfolgerungen und Empfehlungen.

Gutachten enthalten in der Regel zudem eine Zusammenfassung auf ca. ein bis zwei Seiten. Bei Berichten kann man auf Zusammenfassungen verzichten, da die Berichte selbst gewöhnlich nicht sehr umfangreich (zwischen zwei bis zehn Seiten) sind.

Daten zur Person. Neben relevanten biologischen Kennwerten wie Alter, Geschlecht, Größe und Gewicht werden relevante biografische Informationen u. a. zur Herkunft, Bildung, zum Familienstand und zur Vorgeschichte beschrieben. Mit relevanten Kennwerten oder Informationen ist gemeint, dass alle vor dem Hintergrund der Ziel- und Zweckbestimmung des Berichts bzw. Gutachtens notwendigen Informationen berücksichtigt werden müssen. Auf alles Weitere sollte aus Gründen der Redundanzvermeidung und damit einhergehender möglicher Verzerrungen verzichtet werden.

Beschreibung des Ziels und Zwecks des Berichts/Gutachtens. In der Regel gibt es konkrete fachliche Gründe zur Erstellung eines Berichts und erst recht zur Erstellung von Gutachten. Berichte werden u. a. erstellt, um bei Kostenträgern die Finanzierung von Maßnahmen zu beantragen, zu rechtfertigen oder andere als die eigenen Maßnahmen zu empfehlen. Darüber hinaus werden Berichte verfasst, um Fachkräfte gleicher oder anderer Professionen, die ebenfalls an dem Fall arbeiten, zu informieren oder auch um von den Klient*innen selbst für anderes verwendet zu werden. Diese Gründe werden transparent gemacht und damit gleichsam der Zweck des Berichts. Für Gutachten gilt darüber hinaus, dass sie in ihrem Zweck in der Regel von außen bestimmt sind. So soll z. B. in Jugendrechtsfragen die Form und das Maß der Strafe ggf. auch davon abhängig gemacht werden, welche Entwicklungspotenziale der oder die Jugendliche zeigt, wie also die Prognose zur psychosozialen Entwicklung ausfällt und was von der jeweiligen Strafmaßnahme an pädagogischem oder therapeutischem Effekt zu erwarten ist.

(Kurz)-Beschreibung der diagnostischen Verfahren sowie Begründungen für deren Auswahl. Zur Transparenz gehört es, auch diejenigen Mittel und Methoden zu beschreiben, vermittels derer man zu den eigenen Erkenntnissen und Interpretationen gelangt. Zudem wird beschrieben, aus welchen Gründen man sich für diese und keine anderen Mittel und Methoden entschieden hat. Dabei ist es selbstredend, dass auf solche Mittel und Methoden zugegriffen wird, welche den zu untersuchenden Gegenstand am besten abzubilden im Stande sind und die gesetzten Zwecke erfüllen bzw. die gesetzten Ziele des Berichts bzw. Gutachtens erreichen lassen. Um als Leser*in den Wert bzw. die Brauchbarkeit der Instrumente – und damit letztlich auch der Ergebnisse – beurteilen zu können, ist es darüber hinaus notwendig, im Gutachten und Bericht über die inhaltliche und formale Güte der Instrumente Kenntnis zu geben (handelt es sich z. B. um nomothetische Instrumente und welche Werte nehmen hier Reliabilität, Validität usw. an?).

Beschreibung der Ergebnisse der diagnostischen Verfahren inkl. Zusammenfassung der mündlichen und schriftlichen Ergebnisse aus Gesprächen. Nachdem transparent gemacht wurde, wer zu welchem Zweck und mit welchen Mitteln untersucht wird/wurde, werden die Ergebnisse in einer rein beschreibenden Weise dargestellt (s. o.). Tatsachen werden als Tatsachen beschrieben, Erzählungen als Erzählungen – also

u. a. im Konjunktiv. „Frau Y. schildert, sie habe große Angst vor dem Vater der Kinder; Angst, dass er diese entführen könnte und ihnen was böses antue." Tatsachenbeschreibung ist, dass Frau Y. etwas sagt. Die Aussage von Frau Y. hingegen wird in den Konjunktiv gesetzt. Ein weiteres Beispiel für eine Tatsachenschilderung ist auf Ergebnisse aus einem Fragebogenverfahren bezogen: „In der Skala ‚Ängstlichkeit' zeigt sich bei Frau Y. ein mit einer Standardabweichung (SD = 5) über dem Durchschnitt liegender Wert von 60." Genauso auch können Beobachtungen rein beschreibend als Ergebnisse berichtet werden: „L. sagte zu seiner Mutter: ‚Du bist eine fette Hure, du Fotze!', woraufhin Frau M. in Tränen ausbrach."

An dieser Stelle drängt sich die Frage auf, wie mit Erkenntnissen aus idiografischen Verfahren umzugehen ist, handelt es sich doch bei diesen selbst bereits um Interpretations- und eben keine Tatsachenaussagen. Nun, da bereits in der Beschreibung der Verfahren kenntlich gemacht wurde, welche Aussagefähigkeit idiografisch ermittelte Ergebnisse besitzen, kann in der Ergebnisdarstellung auf den Konjunktiv verzichtet werden. „Fünf Kategorien lassen sich bilden (Angst, Neuanfang, Erziehung, Familie und Autonomie). Aussagen von J. wie ‚Ich wache morgens schon mit Panik im Kopf auf' werden der Kategorie Angst zugeordnet." Dennoch ist in der zusammenfassenden Interpretation der Ergebnisse nochmals deutlich darauf hinzuweisen, dass es sich um Interpretationsaussagen handelt.

Zusammenfassende Interpretation und Gewichtung der Ergebnisse (auch als Interpretationen kenntlich gemacht) sowie Schlussfolgerungen und Empfehlungen. Die Deutung der Ergebnisse und weiterführenden bzw. zusammenschauenden Interpretationen werden in einem separaten Kapitel bzw. Unterpunkt des Gutachtens bzw. Berichts abgehandelt. Dabei sind die Deutungen so nah wie möglich an den Erkenntnissen orientiert und die Interpretationen an wissenschaftlichen Tatsachen ausgerichtet. Handelt es sich bei den Deutungen und Interpretationen jedoch um Vermutungen, so sind diese auch als solche kenntlich zu machen. Spekulationen[28] hingegen sind gänzlich zu vermeiden.

10.4 Zwei Beispiele für Berichte[29]

Die beiden nachfolgenden Beispiele sollen verdeutlichen, wie – im ersten Fall – Berichte aussehen können und wie – im zweiten Fall – sie in keinem Fall aussehen sollten. In beiden Fällen sind die Berichte kurzgehalten (Berichte sind in der Regel zwischen zwei bis zehn Seiten lang), wobei dies im ersten Fall zum einen dar-

28 Unter Spekulation wird hier verstanden, dass vor dem Hintergrund nur weniger Indizien Schlüsse gezogen oder Verhaltenserwartungen formuliert werden.

29 Für ausführliche Mustergutachten sei auf Borg-Laufs/Seidenstücker/Röchling (2021) verwiesen. Ein solches hier darzustellen, würde den Rahmen des Buches deutlich überdehnen, da Gutachten in der Regel zwischen 20 bis 100 Seiten umfassen.

auf zurückzuführen ist, dass Ziel und Zweck in einer vorläufigen Orientierung und zuweisungsdiagnostischen Empfehlung liegen, und zum anderen darauf, dass viele Informationen als bekannt vorausgesetzt werden können (Redundanzvermeidung). Im zweiten Beispiel ist die Kürze u. a. darauf zurückzuführen, dass die oben formulierten grundlegenden formalen Anforderungen nicht eingelöst werden. Es wird nicht zwischen Beobachtung und Beschreibung auf der einen und Erklärung und Bewertung auf der anderen Seite unterschieden. Es werden zudem weder die Wege noch Mittel der Erkenntnisgewinnung transparent gemacht noch wird im Einzelnen konkretisiert. Vielmehr bleibt der Bericht vage in der Beschreibung der Ergebnisse und spekulativ in der Bewertung.

Beispiel 1: Zuweisungsdiagnostische Grobeinschätzung

Susannne K. (BA/MA)
Tagesgruppe R.
Goethestraße 7
19… R…

Jugendamt Grevesmühlen
c/o Frau L. Kwatziok
Börzower Weg 3
23936 Grevesmühlen R. den 10.09.2021

Grobeinschätzung zum Entwicklungsstand von Lukas F…

Zum Anliegen des Diagnostischen Berichts
Sie baten im Zuge der weiteren Hilfeplanung von Lukas F. um eine erste diagnostische Einschätzung zu seinem aktuellen Entwicklungsverlauf aus unserer Sicht und damit Verbunden um mögliche Empfehlungen. Diesem orientierungs- und zuweisungsdiagnostischen Zweck kommen wir an dieser Stelle nach, wobei wir uns bei der Begutachtung auf ein einzelnes Instrument fokussieren. Um die hier vorgestellten Befunde also zu sichern, müsste eine umfängliche Diagnostik angeschlossen werden.
Vorbemerkungen zu Person und Instrument
Lukas F. (geb. 24.01.2011) besucht seit dem 01.04.2021 unsere Tagesgruppe in R. Seine (psychosoziale) Geschichte wird als bekannt vorausgesetzt.

Die nachfolgend gegebene erste Einschätzung des aktuellen Entwicklungsstandes von Lukas fußt auf Daten aus einer strukturierten Beobachtung vermittels hauseigenem Beobachtungsbogen. Der Beobachtungsbogen erlaubt die grobe Einschätzung dreier Entwicklungsbereiche (sensomotorische, psychosoziale und familiäre Entwicklung), wobei die ersten beiden Beobachtungsbereiche aus je fünf Items bestehen. Der letzte Beobachtungsbereich setzt sich aus zwei Items zusammen.

Jedem dieser Items liegen mehrere Aufgaben zugrunde, welche über die Aufenthaltsdauer je zweier ganzer Tage in der Tagesgruppe beobachtet und je auf einer Fünf-Punkt-Skala von „stark auffällig" bis „sehr gut entwickelt" eingeschätzt werden. Der Beobachtungsbogen selbst stellt ein Screening-Verfahren dar. Er liefert also wichtige Hinweise zu Auffälligkeiten und deren Spezifität, ersetzt jedoch keine ausführliche Diagnostik, da zur Güte keine belastbaren Erkenntnisse vorliegen und Referenzwerte fehlen. Die Einschätzung ist also wesentlich abhängig von der Expertise der beobachtenden Fachkraft. Für dieses Screening wurde sich entschieden, da mit verhältnismäßig wenig Aufwand in kurzer Zeit (im Zeitraum von sechs Tagen Beobachtung; täglich ein anderer Beobachtungsbereich) bei ausreichendem fachlichem Hintergrund eine grobe Einschätzung möglich ist und mehr auch nicht gefordert wurde.

Ergebnisse

Einschätzung des sensomotorischen Entwicklungsbereichs

Der sensomotorische Entwicklungsstand von Lukas F. (beobachtet: 1. Hand-Auge-Koordination, 2. Feinmotorik, 3. Gleichgewichtsregulation, 4. grobmotorische Geschicklichkeit, 5. Kraft, Ausdauer und Sprachmotorik) scheint unauffällig bis gut ausgebildet. Das Werfen und Fangen von Gegenständen gelingen Lukas gut, genauso wie das Binden von Schnürsenkeln oder das Ausschneiden bzw. Ausmalen von Vordrucken. Lukas Gangbild scheint altersgerecht entwickelt und er verfügt über gute Fähigkeiten, sich kreuzkoordiniert zu bewegen. Auch seine expressiv-sprachlichen Fähigkeiten scheinen altersgerecht ausgebildet zu sein.

Einschätzung des psychosozialen Entwicklungsbereichs

Auch der psychosoziale Entwicklungsstand von Lukas F. (beobachtet: 1. Kontaktfähigkeit zu anderen Kindern, 2. Kontakt bzw. Kommunikation zu Bezugspersonen, 3. Umgang in Gruppe, 4. Emotionales Befinden, 5. Verhalten in Gruppe und Erziehern gegenüber) erscheint unauffällig bis gut. Lukas wirkt sehr offen – bisweilen auch ein wenig unehrlich anderen Kindern gegenüber. Den Erzieher*innen gegenüber verhält er sich immer freundlich, zugewandt und akkurat, ohne dabei unauthentisch zu wirken. In die Gruppe hat sich Lukas sehr gut eingefügt, wobei mitunter der Eindruck entsteht, dass er sich gern in den Mittelpunkt rückt. Einzig seine Gefühlslage scheint hin und wieder auffällig. Er hinterlässt den Eindruck, oftmals und unangemessen Schuldgefühle zu haben und so eine Tendenz zur Depressivität zu entwickeln.

Einschätzung der familiären Verhältnisse

Über zwei Elterngespräche, welche in den letzten zwei Wochen vor dem Hintergrund des Anliegens einer diagnostischen Einschätzung zur weiteren Hilfeplanung geführt wurden, erschienen die Eltern aufgeschlossen. Zudem hat sich besonders die Mutter – von Anbeginn des Tagesgruppenebesuchs an – Lukas gegenüber aktiv unterstützend gezeigt (sie verweilt bei Bedarf noch hier, um

Lukas bei den Hausaufgaben zu begleiten, setzt Ratschläge zur Kommunikation direkt – sichtbar – um und scheint dieses auch zu verinnerlichen [Konstanz im beobachteten veränderten Verhalten]). Und auch wenn die elterliche Rollenverteilung klassisch ungünstig erscheint (wie aus Ihrem Bericht zu entnehmen) und auch die finanzielle Situation kritisch sei, so scheinen die Eltern sich liebend um Lukas zu mühen und im Interesse und zum Wohle von Lukas zu handeln.

Interpretation und Empfehlung
Da der Entwicklungsstand von Lukas in den drei untersuchten Bereichen zurzeit keine tieferen Bedenken erzeugt, erscheinen weitere Maßnahmen, neben den aktuellen Angeboten von Tagesgruppe und SPFH, nicht indiziert. Allerdings sehen wir einen Bedarf, die vermutete ungünstige Entwicklung von Lukas Selbstwertgefühl im Blick zu behalten und bei Bedarf sowohl eine genauere als auch umfangreichere (ganzheitlicher) Diagnostik folgen zu lassen.

Mit kollegialen Grüßen
Susanne K.
Sozialarbeiterin/Sozialpädagogin (BA/MA)

Beispiel 2: Ein Abschlussbericht von ungenügender Qualität

Sven F. (BA/MA)
Familienanaloge Wohngruppe K.
Ernst-Thälmann-Weg 12
19… K…

Jugendamt Grevesmühlen
c/o Frau L. Kwatziok
Börzower Weg 3
23936 Grevesmühlen K. den 18.6.2022

Abschlussbericht Ariel S.
Ariel S. (geb. 09.04.2012) ist 10 Jahre alt und lebt seit gut einem halben Jahr in unserer stationären Kinder- und Jugendhilfeeinrichtung. Zu Beginn lief alles gut; er brachte sich in die Gruppe ein, hielt sich an die Hausregeln, ging regelmäßig zur Schule und war auch sonst nicht ernsthaft auffällig. Als die obligatorischen Eingewöhnungswochen jedoch vorbei waren, begannen die Schwierigkeiten. Erst beschränkten sich die Probleme auf die Schule – so hatte er mehrere körperliche Auseinandersetzungen mit Klassenkameraden, griff gar einmal eine Lehrerin an und schwänzte zuletzt regelmäßig über mehrere Tage den Unterricht – später jedoch verhielt er sich in der Wohngruppe nicht anders. Er übertrat stetig die Regeln (rauchte, trank Alkohol, spielte Computer wie es im beliebte, kam zur und

ging aus der Einrichtung wie es ihm passte), konnte sich bei zwischenmenschlichen Meinungsverschiedenheiten und Konflikten nicht zurückhalten, schlug mehrmalig auf andere Kinder der Gruppe ein und setzte sich den Erzieherinnen und Sozialpädagog*innen gegenüber zur Wehr. Zuletzt wurde deutlich, dass Ariel keine Frustrationstoleranz hatte, teilweise vollkommen ausflippte und sogar auf eine Erzieherin einschlug. Zudem wurde er über die letzten drei Monate mehrmalig polizeilich auffällig (Brandstiftung, Diebstahl).

Im Zuge der Gesamtentwicklung und über einen zeitlichen Verlauf von gut drei Monaten wurden immer wieder Zwie- und Gruppengespräche mit Ariel geführt, allerdings ohne sichtliche Besserung. Auch Gespräche mit den Eltern und parallel stattfindende Erziehungsberatung hatten keinen Einfluss auf sein Verhalten, sodass wir uns schlussendlich entschieden haben, Ariel aus der Einrichtung zu entlassen.

Da mit unserer Einrichtung bereits die dritte dieser Art gescheitert ist, ist davon auszugehen, dass bei Ariel sozialpädagogische Förderung nicht greift und seine psychosoziale Entwicklung als prognostisch äußerst ungünstig einzuschätzen ist.

Mit freundlichen Grüßen
Sven F.
Sozialarbeiter/Sozialpädagoge (BA/MA)

10.5 Abschließende Bemerkungen zu Gutachten

Die gutachterliche Tätigkeit in der Sozialen Arbeit ist eine sehr verantwortungsvolle, zumal die Entscheidungen, welche unter Zuhilfenahme der Gutachten getroffen werden, mit weitreichenden Konsequenzen verbunden sind. Vor dem Hintergrund des normativen Anspruchs von Sozialer Arbeit ist es also umso wichtiger, eindringlich auf Notwendigkeit der Einhaltung der im Buch besprochenen Kriterien für gute Diagnostik und der in diesem Kapitel besprochen formalen Anforderungen zur Gutachtenerstellung hinzuweisen. Gute Diagnostik (in Prozessgestaltung, Haltung, Auswahl der Instrumente, Durchführung, Auswertung, Analyse sowie Interpretation der Ergebnisse) ist die Grundvoraussetzung für fachgerechte und sachlich korrekte Gutachten. Das diese Voraussetzungen in vielen Fällen nicht erfüllt werden, zeigen Studien zur Qualität von Gutachten.

Aus einer Studie (Salewski/Stürmer 2013) zur Qualität von vom Familiengericht bestellten Gutachten geht hervor, dass in 56 % der Gutachten aus der gerichtlichen Fragestellung heraus keine fachspezifischen und den Begutachtungsprozess ausdrücklich führenden Hypothesen hergeleitet wurden. Zudem wurde in der überwiegenden Mehrheit der Gutachten (85,5 %) die Auswahl der eingesetzten diagnostischen Verfahren nicht fachspezifischen begründet. In 35 % der Gutachten fand die Datenerhebung außerdem ausschließlich über Verfahren statt, welche den Gütekriterien hochwertiger diagnostischer Instrumente nicht oder nur marginal genügen. Und nur in zwei der Fälle wurde auf die möglichen methodischen Einschränkungen der Ergebnisse hingewiesen. „[I]n den verbleibenden 39 Fällen ist dies nicht der Fall. Insgesamt erweist sich damit – je nach zugrundeliegendem Kriterium – zwischen einem Drittel bis über 50 % der Gutachten als mängelbehaftet“ (Salewski/Stürmer 2013, S. 2).

Abgesehen vom fachlich unsauberen Arbeiten von Gutachter*innen resultieren aller Voraussicht nach eine Reihe weiterer Probleme auch daraus, dass Gutachtenaufträge nicht mit den professionseigenen Kompetenzbereichen abgeglichen und dadurch formal unzulässige Aufträge angenommen werden. Bergmann (2018) bringt es auf den Punkt, wenn er schreibt:

> „Unzulässig sind im Beweisbeschluss auch alle Fragen, die auf eine Bewertung abzielen, die nicht anhand objektivierbarer und wissenschaftlich anerkannter Methoden oder Erfahrungssätze vorgenommen werden kann. Die Beurteilung des für das Kindeswohl ‚Besten‘ zum Beispiel kann nicht einer Gutachterin übertragen werden. Diese Frage ist als subjektiv wertende und einzelfallbezogene normative Beurteilung nicht delegierbare Aufgabe des Richters [...]. Hier sind [...] Sachverständige gehalten, sich dem Wunsch vieler Gerichte nach klar definierten Handlungsempfehlungen zu versperren. Nur wenn sich eine fachlich eindeutige Festlegung unstrittig klar festlegen lässt, darf auch eine spezifische Handlungsempfehlung ausgesprochen werden [...]. Wird z. B. in einem Verfahren nach § 1671 Abs. 1 Nr. 2 BGB bei der Beauftragung einer Gutachterin im Beweisbeschluss die Frage gestellt: ‚Welche Sorgerechtsregelung entspricht dem Wohl des Kindes am besten?‘, so wird einer Gutachterin damit die Beantwortung gleich mehrerer Rechtsfragen übertragen. Unzulässig Normative Fragen dürfen einer Gutachterin generell nicht übertragen werden.« (S. 326)

Und weiter:

> „Eigene Tatsachenfeststellungen darf eine Gutachterin nur durchführen, wenn diese Tatsachen nur durch ihre fachliche Expertise feststellbar sind (z. B.: psychiatrische Diagnose, medizinische Diagnose, psychologische und/oder pädagogische Feststellungen zur Erziehungskompetenz der Eltern, Resilienz des Kindes, Hochkonflikthaftigkeit der Eltern, Ressourcen der Eltern, etc.)“. (S. 322)

Fazit

Berichte zu verfassen gehört zu den regelmäßigen Tätigkeiten von Fachkräften Sozialer Arbeit. Sie dienen in Kommunikation zwischen Fachkräften gleicher und verschiedener Berufsgruppen der Befundvermittlung zum Fall und sind sonach immer diagnostisch, wenngleich sie mehr umfassen (z. B. Beschreibungen der Interventionen und deren Verläufe). Diagnostische Berichte im Speziellen zeichnen sich nun dadurch aus, dass die Diagnostik im Mittelpunkt steht, Sinn und Zweck also die Vermittlung diagnostischer Befunde und daraus resultierender Empfehlungen ist. Im formalen und inhaltlichen Anspruch jedoch werden keine Unterschiede gemacht, geht es letztendlich doch um die sach- und fachgerechte bzw. wahrheitsgetreue Vermittlung von Tatsachen- und Interpretationsaussagen. Für Gutachten ist es – aufgrund der Tragweite potenzieller Konsequenzen der unter Hinzunahme der Gutachten getroffenen fachfremden Entscheidungen – zudem zwingend geboten, wissenschaftlichen Standards zu genügen, um diese Funktion erfüllen zu können. Dies mag zwar für Berichte in vielen Fällen nicht gefordert sein, ist aber zumindest in jenen Fällen notwendig, in welchen Berichte mit Folgeentscheidungen verbunden sind (z. B. Bewilligung, Durchführung, Beendigung, Wechsel usw. von Maßnahmen). Dieselben grundlegenden Ansprüche, die in diesem Lehrbuch für hochwertige und sachgerechte sozialarbeitswissenschaftliche Diagnostik geltend gemacht wurden (sei es Form oder Haltung, Wahl der Mittel und Umgang im fallanalytischen Prozess), gelten auch für die Vermittlung der Befunde in Form von Berichten und Gutachten. Und wo diese in ihrer Vollumfänglichkeit nicht umzusetzen sind, gilt es, dies transparent zu machen.

Zielevaluation

Abschließend zu diesem Kapitel ein paar Fragen und Reflexionsaufgaben:

- Nennen Sie die Zwecke diagnostischer Berichte und beschreiben Sie die zusätzliche Funktion von Gutachten.
- Nennen Sie die vier grundlegendsten formalen Anforderungen an Berichte sowie Gutachten und beschreiben Sie eine von diesen ausführlich.
- Beschreiben Sie eine konkrete Form von Berichten und Gutachten und gehen Sie auf zwei Aspekte/Merkmale dieser Form ausführlich ein.
- Wo sind Grenzen der Zuständigkeit sozialarbeitswissenschaftlicher Gutachten auszumachen und worauf müssen Fachkräfte Sozialer Arbeit daher achten?

Vertiefende Literatur

Zur Vertiefung dieser Inhalte sind die zwei folgenden Texte empfohlen:

- Borg-Laufs, M./Seidenstücker, B./Röchling, W. (2021): Gutachterliche Stellungnahmen in der Sozialen Arbeit. Weinheim: Beltz Juventa.
- Rosch, D. (2012): Bedeutung und Standards von sozialarbeiterischen Gutachten bzw. gutachtlichen Stellungnahmen in kindes(schutz)rechtlichen Verfahren. Aktuelle Juristische Praxis (AJP)/Pratique Juridique Actuelle (PJA), 21 (2), 173–186.

Literatur

Bergmann, M. (2018): Zur Qualität familiengerichtlicher Gutachten: Die Pflicht des Sachverständigen zur Überprüfung des richterlichen Beweisbeschlusses im familiengerichtlichen Verfahren. RPsych, 4 (3), 320–330.

Borg-Laufs, M./Seidenstücker, B./Röchling, W. (2021): Gutachterliche Stellungnahmen in der Sozialen Arbeit. Weinheim: Beltz Juventa.

Pantuček-Eisenbacher, P. (2019): Soziale Diagnostik. Verfahren für die Praxis Sozialer Arbeit (4. Aufl.). Göttingen: Vandenhoeck & Ruprecht.

Reichenbach, C./Thiemann, H. (2013): Lehrbuch diagnostischer Grundlagen der Heil- und Sonderpädagogik. Dortmund: Borgmann.

Rosch, D. (2012): Bedeutung und Standards von sozialarbeiterischen Gutachten bzw. gutachtlichen Stellungnahmen in kindes(schutz)rechtlichen Verfahren. Aktuelle Juristische Praxis (AJP)/Pratique Juridique Actuelle (PJA), 21 (2), 173–186.

Salewski C./Stürmer, S. (2013): Qualitätsmerkmale in der familienpsychologischen Begutachtung. Untersuchungsbericht 1. https://www.fernuni-hagen.de/psychologie/qpfg/pdf/Untersuchungsbericht1_FRPGutachten_1.pdf (Zugriff am 20.01.2022).

Westhoff, K./Kluck, M. L. (2013): Psychologische Gutachten schreiben und beurteilen. Heidelberg: Springer.

Register

Abbildungs- und Tabellenregister